南水北调中线工程文物保护项目
河南省考古发掘报告
第18号

淇县西杨庄墓地、黄庄墓地Ⅰ区发掘报告

河南省文物局　编　著

科学出版社
北　京

内 容 简 介

本书作为淇县西杨庄墓地、黄庄墓地Ⅰ区的发掘报告,对两个墓地发现的52座两汉、宋元时期墓葬,21个灰坑,8条灰沟,1口水井以及1个积石坑进行了全面、详细的叙述。其中,墓葬的材料是本报告的主体内容。这批材料对认识淇县地区两汉、宋元时期的政治、经济、文化等状况提供了新的实物资料。

本书适合从事考古学、历史学的研究者以及大专院校相关专业的师生阅读、参考。

图书在版编目 (CIP) 数据

淇县西杨庄墓地、黄庄墓地Ⅰ区发掘报告 / 河南省文物局编著. —北京:科学出版社,2015.3

(南水北调中线工程文物保护项目河南省考古发掘报告;18)

ISBN 978-7-03-043824-9

Ⅰ.①淇⋯ Ⅱ.①河⋯ Ⅲ.①汉墓–发掘报告–淇县 Ⅳ.①K878.85

中国版本图书馆CIP数据核字(2015)第053809号

责任编辑:柴丽丽 张亚娜 / 责任校对:邹慧卿

责任印制:肖 兴 / 封面设计:陈 敬

科学出版社 出版

北京东黄城根北街16号

邮政编码:100717

http://www.sciencep.com

中国科学院印刷厂 印刷

科学出版社发行 各地新华书店经销

*

2015年3月第 一 版 开本:889×1194 1/16

2015年3月第一次印刷 印张:10 3/4 插页:50

字数:310 000

定价:218.00元

(如有印装质量问题,我社负责调换)

Reports on the Cultural Relics Conservation
in the South-to-North Water Diversion Project
Henan Vol.18

Xiyangzhuang Cemetery and I District of Huangzhuang Cemetery in Qixian County

Administration of Cultural Heritage of Henan Province

Science Press
Beijing

南水北调中线工程文物保护项目

河南省考古发掘报告编辑委员会

主　　　任	陈爱兰

副　主　任　孙英民　郑小玲　马萧林　邓培全　尚宇鸣
　　　　　　齐耀华　刘正才　张志清

编　　　委　王　琴　康国义　张慧明　张斌远　秦文波
　　　　　　杨振威　王瑞琴　马培良　孔祥珍　王家永
　　　　　　韦耀国　常志兵　李　勇　湛若云　任　伟
　　　　　　许晓鹏　车俊朝　张长海　褚源新　邢心田
　　　　　　张　琳

总　　　编　陈爱兰
执 行 总 编　孙英民　马萧林
副　总　编　张志清

南水北调中线工程文物保护项目

河南省考古发掘报告第18号

《浚县西杨庄墓地、黄庄墓地Ⅰ区发掘报告》

主　编

闫建新　牛合兵

副主编

王　宝　范永禄

执　笔

张长安　赵晓瑞

项目承担单位

河南省文物考古研究院

鹤壁市文物工作队

前　言

作为举世瞩目的特大型水利建设项目，南水北调中线工程的文物保护工作在河南是史无前例的。无论是工程涉及区域之广大，还是文物点分布的密集程度和价值之高，在河南的考古史上都是前所未有的。因此，当黄河小浪底水利枢纽工程和长江三峡库区的文物保护工作结束后不久，随着南水北调中线工程设计规划和施工的渐次展开，世人的目光便开始聚焦古老的中原大地。如何在配合特大型工程建设的同时，使中原大地珍贵的文化遗产得到有效保护，成为河南文物部门的重要任务。

南水北调中线工程包括水源地和总干渠两个主要项目。水源地丹江口水库地跨河南、湖北两省，总淹没面积达370平方公里，其中河南省境内占170平方公里，约占总面积的46%。总干渠起自河南省淅川县的陶岔，流经河南、河北、北京、天津等省市，全长1276公里，其中河南境内达731公里，约占总长度的58%。从南阳盆地沿太行山东麓北行，流经南阳、平顶山、许昌、郑州、焦作、新乡、鹤壁、安阳8个省辖市32个县（市、区），南水北调中线工程纵贯了古代中原的核心区域。在淹没区和总干渠沿线及其附近分布的文物点，既有旧石器时代的化石地点和古人类遗迹，也有新石器时代的大型聚落，更有数量众多、内涵丰富的反映不同文化风格及其交融过程的历史时期的城址、墓葬群、古代建筑和石刻艺术等。可以说，纵贯河南南北的总干渠，在中原大地形成了一条极为难得的融汇各个文化发展时期和各种文化因素的古代文化廊道。

南水北调中线工程河南段的文物保护工作，有以下几个显著特点：

一是全国文物考古队伍积极参与。1994~2005年，河南省组织协调省内外有关文物考古、科研和工程设计单位，对南水北调中线工程丹江口河南淹没区和总干渠沿线进行文物调查、复核和确认工作。经国家有关部门复核确认，南水北调中线工程共涉及河南境内文物点330处。2005年，南水北调中线工程河南段文物保护抢救工作正式启动。河南省文物考古研究所和中国社会科学院考古研究所、武汉大学历史系、陕西省考古研究院等来自全国各地的50余家文物考古单位，先后参加南水北调中线工程河南段的文物保护抢救工作。河南省文物局积极组织协调，在工作中强化大局意识、质量意识、安全意识和服务意识，组织专家现场指导，安排部署市县文物部门进行巡视，为考古发掘单位提供优良的工作环境，确保工程建设和文物保护工程顺利进行。

二是保护抢救了一大批珍贵文物。南水北调文物保护不仅工程浩大，而且总干渠绝大部分是开挖明渠，更容易造成文物的破坏和损害。我们组织考古队伍提前介入，对将要开工渠段的已知文物点进行抢救发掘，有效地保护了文物。其中不乏历史价值、科学价值、艺术价值颇高的珍贵文物。如徐家岭墓地清理的一座战国早期楚国贵族墓葬，出土的一件小口鼎上铸有多达49字的清晰铭文，铭文上有岁星纪年和墓主人身份等，对于研究墓葬年代及墓主人身份提供了重要资料；鹤壁关庄墓地发现的清代西安府守备之墓，出土了一批金质头饰，造型优美，制作精细，特别是一件印有喜鹊登梅图案的金冠，工艺精良，有极高的艺术价值；博爱聂村墓地出土的4件唐代三彩钵，做工精湛，造型精美，是唐三彩器物中不可多得的精品。

三是考古发现具有重要的科学研究价值。如鹤壁刘庄遗址在全国首次发现分布密集、排列规律的大面积先商文化墓地，填补了先商文化发掘和研究工作的一项空白，是该研究领域的重大学术突破；安阳固岸墓地在我国第一次发现了以二十四孝为题材的东魏时期围屏石榻，首次发现了明确纪年的东魏墓葬，出土了大批北齐时期陶俑、瓷器和多方北齐、东魏墓志等重要文物，是研究豫北地区北朝时期的丧葬习俗和陶塑艺术，白瓷、黑瓷的起源和制作工艺，以及北齐和东魏时期的书法艺术的宝贵资料；卫辉大司马墓地唐代乞扶令和夫妇合葬墓的发掘，为研究我国隋唐时期的官吏体制、书法艺术和社会的繁盛提供了新证据；温县徐堡发现了龙山、西周、春秋、战国、汉、宋、明和清时期连续叠压的古城址，是目前黄河流域所发现的龙山文化城址中保存较好、规模较大的一座城址，填补了豫西北龙山城址发现的空白；荥阳薛村遗址为二里头文化晚期到早商文化时期的大型遗址，该遗址的发掘保护工作，对于研究薛村遗址聚落的结构、内部功能区的划分及其特点，探讨夏、商文化的演变的态势和更替有重要的学术意义和科学研究价值；荥阳关帝庙遗址发现了保存完整的商代晚期小型聚落，聚落功能齐全，分居住区、制陶区、祭祀区、墓葬区四部分，在我国商代考古发掘中尚属首次；新郑唐户遗址发现了大面积裴李岗文化时期的居住基址，房址形制结构特点和排水系统的使用，反映了裴李岗文化时期较为先进的建筑理念。

四是考古发掘与课题研究有机结合。在发掘过程中，不仅注重各类文物的抢救保护，而且采用现代科技手段，最大可能地采集各类标本。特别是对于出土的人骨、兽骨进行了性别、年龄、病理以及DNA等方面的鉴定；按照国家地理信息标准，对每处文物点都测量绘制了要素齐全的总平面图，为今后文物普查和保护奠定了基础。如武汉大学历史系对辉县大官庄墓地的一座9个墓室的大型汉墓，进行了发掘现场三维重建和近景摄影测绘技术的全面测绘，通过数字测绘技术、计算机虚拟现实技术，建立了三维的考古对象模型；山东大学在博爱西金城遗址发掘中，设立了主要涉及古地貌、动物、植物、石器、陶器以及遗址资源域十余个子课题的环境考古课题，是开展多学科综合研究的一次重大尝试。

河南省南水北调工程文物保护工作走过了艰辛而光荣的历程。我们积极探索大型项目建设中文物保护抢救工作的新路子，更新管理理念，创新管理机制，培育专业队伍，提升研究层次，取得了非凡的荣誉。安阳固岸墓地、鹤壁刘庄遗址、荥阳娘娘寨遗址、荥阳关帝庙遗址、新郑唐户遗址、新郑胡庄墓地等6个项目先后被评为"全国十大考古新发现"。鹤壁刘庄遗址、荥阳娘娘寨遗址、荥阳关帝庙遗址、新郑唐户遗址、新郑胡庄墓地、淅川沟湾遗址等6

个项目荣获"全国田野考古质量奖"。国家文物局授予河南省文物局南水北调文物保护办公室"全国文化遗产保护工作先进集体"荣誉称号。

　　河南省南水北调中线工程文物保护工作一直受到各级领导的关心和社会各界的支持。全国政协张思卿副主席曾率团视察河南省南水北调工程文物保护工作。国务院南水北调办公室和国家文物局各位领导多次亲临一线检查指导，帮助排忧解难。河南省委、省政府多次召开会议，研究解决文物抢救保护工程中的重大问题。南水北调中线干线工程建设管理局、南水北调中线水源有限责任公司、河南省南水北调中线干线工程领导小组办公室、河南省人民政府移民工作领导小组办公室对南水北调文物保护工作也给予了大力支持和帮助。国家诸多考古学家多次深入到文物保护抢救现场，对重大学术问题和考古发掘质量给予帮助指导。社会各界特别是新闻媒体给予极大关注和广泛宣传。

　　为了更好地利用考古资料开展学术研究，充分展示河南省南水北调中线工程文物保护项目考古发掘的巨大成果，河南省文物局积极组织考古发掘单位及时对考古发掘资料进行整理和研究，编辑出版考古发掘报告，以期进一步推动文物保护和考古学研究工作。

河南省文物局
2010年5月

目 录

第一章 绪言 (1)
　一、地理位置、自然环境 (1)
　二、历史沿革 (1)
　三、墓地的发掘 (3)
第二章 西杨庄墓地 (4)
　第一节 概述 (4)
　第二节 遗迹 (8)
　　一、墓葬 (8)
　　二、灰坑、水井 (89)
　　三、灰沟、积石坑 (98)
　第三节 汉代遗迹的年代 (104)
　　一、墓葬 (104)
　　二、灰坑、灰沟 (108)
　第四节 宋元时期遗迹的年代 (108)
　　一、墓葬 (108)
　　二、灰坑、水井 (109)
　第五节 对西杨庄墓地的几点认识 (109)
　第六节 结语 (110)
第三章 黄庄墓地Ⅰ区 (111)
　第一节 概述 (111)
　第二节 遗迹 (111)
　　一、墓葬 (111)
　　二、灰坑 (151)
　　三、灰沟 (152)
　第三节 结语 (154)
后记 (156)

插图目录

图一　墓地地理位置示意图 (2)
图二　西杨庄墓地发掘区域布方位置图 (5)
图三　2006QXⅠT4847～2006QXⅠT5247南壁剖面图 (6)
图四　西杨庄墓地遗迹分布图 (7)
图五　2006QXⅠM1平、剖面图 (8)
图六　2006QXⅠM1出土陶耳杯及货泉钱拓片 (9)
图七　2006QXⅠM2平、剖面图 (10)
图八　2006QXⅠM3平、剖面图 (11)
图九　2006QXⅠM3出土器物 (13)
图一〇　2006QXⅠM3出土陶器 (13)
图一一　2006QXⅠM3出土陶器 (14)
图一二　2006QXⅠM3出土器物 (15)
图一三　2006QXⅠM3出土铜钱拓片 (16)
图一四　2006QXⅠM4平、剖面图 (18)
图一五　2006QXⅠM4出土陶器 (19)
图一六　2006QXⅠM4出土陶器及五铢钱拓片 (20)
图一七　2006QXⅠM4出土陶耳杯 (21)
图一八　2006QXⅠM4出土陶魁 (22)
图一九　2006QXⅠM4出土器物 (22)
图二〇　2006QXⅠM4出土器物 (23)
图二一　2006QXⅠM4出土陶灶 (24)
图二二　2006QXⅠM4出土陶圈厕 (24)
图二三　2006QXⅠM5平、剖面图 (25)
图二四　2006QXⅠM5出土器物 (26)
图二五　2006QXⅠM6平、剖面图 (27)
图二六　2006QXⅠM6出土陶器及陶壶刻划符号拓片 (28)
图二七　2006QXⅠM7平、剖面图 (28)

图二八	2006QXⅠM7出土瓷瓜棱罐及铜钱拓片	（29）
图二九	2006QXⅠM8平、剖面图	（30）
图三〇	2006QXⅠM8出土陶罐及纹饰拓片	（31）
图三一	2006QXⅠM9平、剖面图	（32）
图三二	2006QXⅠM9出土器物及拓片	（33）
图三三	2006QXⅠM10平、剖面图	（34）
图三四	2006QXⅠM10出土陶器	（35）
图三五	2006QXⅠM10出土陶器及陶罐纹饰拓片	（36）
图三六	2006QXⅠM11平、剖面图	（38）
图三七	2006QXⅠM11出土器物及陶罐刻划符号拓片	（39）
图三八	2006QXⅠM12平、剖面图	（40）
图三九	2006QXⅠM12出土陶器	（41）
图四〇	2006QXⅠM12出土陶器	（42）
图四一	2006QXⅠM12出土陶器及五铢钱拓片	（43）
图四二	2006QXⅠM12出土陶耳杯	（44）
图四三	2006QXⅠM12出土陶灶及附属器物	（45）
图四四	2006QXⅠM13平、剖面图	（46）
图四五	2006QXⅠM13出土陶器及陶罐刻划符号拓片	（47）
图四六	2006QXⅠM14平、剖面图	（48）
图四七	2006QXⅠM14出土器物	（50）
图四八	2006QXⅠM14出土陶器	（51）
图四九	2006QXⅠM14出土陶罐及纹饰拓片	（52）
图五〇	2006QXⅠM14出土陶器	（53）
图五一	2006QXⅠM15平、剖面图	（54）
图五二	2006QXⅠM15出土陶器	（55）
图五三	2006QXⅠM15出土陶器及陶罐纹饰、刻划符号拓片	（56）
图五四	2006QXⅠM16平、剖面图	（57）
图五五	2006QXⅠM16出土器物	（58）
图五六	2006QXⅠM17平、剖面图	（59）
图五七	2006QXⅠM17出土陶器	（61）
图五八	2006QXⅠM17出土陶器	（62）
图五九	2006QXⅠM17出土陶壶	（63）
图六〇	2006QXⅠM18平、剖面图	（64）
图六一	2006QXⅠM18出土陶器	（65）
图六二	2006QXⅠM19平、剖面图	（66）

图六三	2006QXⅠM20平、剖面图	（66）
图六四	2006QXⅠM20出土瓷碗	（67）
图六五	2006QXⅠM21平、剖面图	（67）
图六六	2006QXⅠM22平、剖面图	（68）
图六七	2006QXⅠM22出土陶器	（69）
图六八	2006QXⅠM22出土器物	（70）
图六九	2006QXⅠM23平、剖面图	（71）
图七〇	2006QXⅠM23出土器物	（72）
图七一	2006QXⅠM24平、剖面图	（72）
图七二	2006QXⅠM24出土陶器及陶罐刻划符号拓片	（73）
图七三	2006QXⅠM25平、剖面图	（74）
图七四	2006QXⅠM26平、剖面图	（75）
图七五	2006QXⅠM26出土瓷碗及铜钱拓片	（76）
图七六	2006QXⅠM27平、剖面图	（78）
图七七	2006QXⅠM27出土陶器及纹饰拓片	（79）
图七八	2006QXⅠM27出土陶器	（80）
图七九	2006QXⅠM27出土器物及陶罐纹饰拓片	（81）
图八〇	2006QXⅠM27出土陶器	（82）
图八一	2006QXⅠM27出土陶耳杯	（82）
图八二	2006QXⅠM27出土陶器	（84）
图八三	2006QXⅠM27出土器物	（85）
图八四	2006QXⅠM27出土铜钱拓片	（86）
图八五	2006QXⅠM28平、剖面图	（87）
图八六	2006QXⅠM29平、剖面图	（87）
图八七	2006QXⅠM30平、剖面图	（88）
图八八	2006QXⅠM30出土陶器及陶罐刻划符号拓片	（89）
图八九	2006QXⅠH1平、剖面图	（90）
图九〇	2006QXⅠH1出土陶器	（91）
图九一	2006QXⅠH1出土器物	（91）
图九二	2006QXⅠH1出土陶器	（92）
图九三	2006QXⅠH1出土器物	（92）
图九四	2006QXⅠH1出土瓷器	（93）
图九五	2006QXⅠH4平、剖面图	（95）
图九六	2006QXⅠH4出土陶罐	（95）
图九七	2006QXⅠH6平、剖面图	（96）

图九八	2006QXⅠH7平、剖面图	（96）
图九九	2006QXⅠH7出土器物	（97）
图一〇〇	2006QXⅠH12平、剖面图	（97）
图一〇一	2006QXⅠJ1平、剖面图	（98）
图一〇二	2006QXⅠG1平、剖面图	（99）
图一〇三	2006QXⅠG2平、剖面图	（100）
图一〇四	2006QXⅠG3平、剖面图	（101）
图一〇五	2006QXⅠG4平、剖面图	（101）
图一〇六	2006QXⅠG5平、剖面图	（102）
图一〇七	2006QXⅠG6平、剖面图	（103）
图一〇八	2006QXⅠ积石坑平、剖面图	（103）
图一〇九	黄庄墓地Ⅰ区遗迹分布图	（112）
图一一〇	2006QHⅠM1平、剖面图	（113）
图一一一	2006QHⅠM1出土陶器	（113）
图一一二	2006QHⅠM2平、剖面图	（114）
图一一三	2006QHⅠM3平、剖面图	（114）
图一一四	2006QHⅠM4平、剖面图	（115）
图一一五	2006QHⅠM5平、剖面图	（116）
图一一六	2006QHⅠM6平、剖面图	（117）
图一一七	2006QHⅠM6出土陶钵	（117）
图一一八	2006QHⅠM7平、剖面图	（118）
图一一九	2006QHⅠM8平、剖面图	（119）
图一二〇	2006QHⅠM8出土陶器	（119）
图一二一	2006QHⅠM9平、剖面图	（120）
图一二二	2006QHⅠM9出土陶罐	（121）
图一二三	2006QHⅠM10平、剖面图	（122）
图一二四	2006QHⅠM10出土陶器	（123）
图一二五	2006QHⅠM10出土陶器	（124）
图一二六	2006QHⅠM11平、剖面图	（125）
图一二七	2006QHⅠM12平、剖面图	（126）
图一二八	2006QHⅠM13平、剖面图	（126）
图一二九	2006QHⅠM14平、剖面图	（127）
图一三〇	2006QHⅠM15平、剖面图	（128）
图一三一	2006QHⅠM15出土陶舫	（129）
图一三二	2006QHⅠM15出土陶器	（130）

图一三三	2006QHⅠM16平、剖面图	（131）
图一三四	2006QHⅠM17平、剖面图	（132）
图一三五	2006QHⅠM17出土陶器	（133）
图一三六	2006QHⅠM17出土陶器	（134）
图一三七	2006QHⅠM18平、剖面图	（136）
图一三八	2006QHⅠM18出土器物	（138）
图一三九	2006QHⅠM18出土器物	（139）
图一四○	2006QHⅠM19平、剖面图	（141）
图一四一	2006QHⅠM19出土陶器	（142）
图一四二	2006QHⅠM19出土陶器	（143）
图一四三	2006QHⅠM20平、剖面图	（144）
图一四四	2006QHⅠM20出土陶罐	（145）
图一四五	2006QHⅠM21平、剖面图	（146）
图一四六	2006QHⅠM21出土陶器	（147）
图一四七	2006QHⅠM21出土陶器	（148）
图一四八	2006QHⅠM21出土陶钫	（149）
图一四九	2006QHⅠM21出土陶钫	（150）
图一五○	2006QHⅠM22平、剖面图	（150）
图一五一	2006QHⅠH1平、剖面图	（151）
图一五二	2006QHⅠH2平、剖面图	（152）
图一五三	2006QHⅠH3平、剖面图	（152）
图一五四	2006QHⅠH4平、剖面图	（153）
图一五五	2006QHⅠG1平、剖面图	（153）
图一五六	2006QHⅠG2平、剖面图	（154）

图版目录

图版一　　西杨庄墓地
图版二　　西杨庄墓地M2、M3
图版三　　西杨庄墓地M4、M6
图版四　　西杨庄墓地M5
图版五　　西杨庄墓地M7、M8
图版六　　西杨庄墓地M9、M10
图版七　　西杨庄墓地M12
图版八　　西杨庄墓地M14
图版九　　西杨庄墓地M11、M13、M15
图版一〇　西杨庄墓地M15
图版一一　西杨庄墓地M17
图版一二　西杨庄墓地M18、M20
图版一三　西杨庄墓地M21、M22
图版一四　西杨庄墓地M23、M24
图版一五　西杨庄墓地M25、M26
图版一六　西杨庄墓地M26
图版一七　西杨庄墓地M27
图版一八　西杨庄墓地M30
图版一九　西杨庄墓地J1、H7
图版二〇　西杨庄墓地H12、积石坑
图版二一　西杨庄墓地G1、G2
图版二二　西杨庄墓地G3、G4
图版二三　西杨庄墓地G5、G6
图版二四　西杨庄墓地M1、M3出土器物
图版二五　西杨庄墓地M3出土陶器
图版二六　西杨庄墓地M3、M4出土器物
图版二七　西杨庄墓地M4出土陶耳杯

图版二八　西杨庄墓地M4出土器物
图版二九　西杨庄墓地M4出土陶器
图版三〇　西杨庄墓地M4出土陶器
图版三一　西杨庄墓地M6、M8、M9出土陶器
图版三二　西杨庄墓地M9、M10出土陶器
图版三三　西杨庄墓地M10出土陶器
图版三四　西杨庄墓地M10、M11出土陶器
图版三五　西杨庄墓地M11、M13出土器物
图版三六　西杨庄墓地M12出土陶器
图版三七　西杨庄墓地M12出土陶器
图版三八　西杨庄墓地M12出土陶耳杯
图版三九　西杨庄墓地M12出土陶器
图版四〇　西杨庄墓地M14出土陶耳杯
图版四一　西杨庄墓地M14出土器物
图版四二　西杨庄墓地M14出土陶器
图版四三　西杨庄墓地M14、M15出土陶罐
图版四四　西杨庄墓地M15出土陶器
图版四五　西杨庄墓地M15、M16出土陶器
图版四六　西杨庄墓地M16、M17出土器物
图版四七　西杨庄墓地M17出土陶器
图版四八　西杨庄墓地M17、M18出土陶器
图版四九　西杨庄墓地M18、M22出土陶器
图版五〇　西杨庄墓地M22出土陶器
图版五一　西杨庄墓地M22、M23出土器物
图版五二　西杨庄墓地M24、M27出土陶器
图版五三　西杨庄墓地M27出土陶罐
图版五四　西杨庄墓地M27出土陶器
图版五五　西杨庄墓地M27出土陶器
图版五六　西杨庄墓地M27出土陶器
图版五七　西杨庄墓地M27出土器物
图版五八　西杨庄墓地M27、M30出土器物
图版五九　西杨庄墓地H4、H7、M5出土器物
图版六〇　西杨庄墓地M7、M20、M26、H1出土器物
图版六一　西杨庄墓地H1出土陶器
图版六二　西杨庄墓地H1出土瓷器

图版六三　黄庄墓地Ⅰ区
图版六四　黄庄墓地Ⅰ区M3
图版六五　黄庄墓地Ⅰ区M4
图版六六　黄庄墓地Ⅰ区M6
图版六七　黄庄墓地Ⅰ区M7
图版六八　黄庄墓地Ⅰ区M8
图版六九　黄庄墓地Ⅰ区M9
图版七〇　黄庄墓地Ⅰ区M10
图版七一　黄庄墓地Ⅰ区M15
图版七二　黄庄墓地Ⅰ区M17
图版七三　黄庄墓地Ⅰ区M18
图版七四　黄庄墓地Ⅰ区M19
图版七五　黄庄墓地Ⅰ区M20
图版七六　黄庄墓地Ⅰ区M21
图版七七　黄庄墓地Ⅰ区H1、H2
图版七八　黄庄墓地Ⅰ区H4、G2
图版七九　黄庄墓地Ⅰ区M8、M9出土陶器
图版八〇　黄庄墓地Ⅰ区M10出土陶器
图版八一　黄庄墓地Ⅰ区M10出土陶钫
图版八二　黄庄墓地Ⅰ区M15出土陶钫
图版八三　黄庄墓地Ⅰ区M15、M17出土陶器
图版八四　黄庄墓地Ⅰ区M17出土陶器
图版八五　黄庄墓地Ⅰ区M17出土陶壶
图版八六　黄庄墓地Ⅰ区M18出土陶器
图版八七　黄庄墓地Ⅰ区M18、M19出土陶钫
图版八八　黄庄墓地Ⅰ区M18、M19出土器物
图版八九　黄庄墓地Ⅰ区M19出土陶器
图版九〇　黄庄墓地Ⅰ区M19出土陶器
图版九一　黄庄墓地Ⅰ区M20、M21出土陶器
图版九二　黄庄墓地Ⅰ区M21出土陶钫

第一章 绪　言

一、地理位置、自然环境

淇县位于河南省北部地区的太行山东麓，地处鹤壁市的南部，地理坐标为东经113°59′23″~114°17′54″、北纬35°30′05″~35°48′26″。西依亘古绵延的太行山脉，与河南省林州市连山接壤，东临淇河，与浚县共水，北与鹤壁市（政府所在地）毗邻，南与卫辉市接壤。地势西北高，海拔多在100~1000米，最高海拔1019米，东南低，最低海拔63.8米，高低差距955.2米。西和西北为山区，东和东南为平原和泊洼，北、东、南三面环水，所有内河均属于海河流域的卫河水系，并向东南汇集注入卫河。

淇县境内广泛出露寒武系和奥陶系地层，前寒武系出露很少，仅见基岩区的太古界变质岩，与震旦系和玄武系呈不整合接触。震旦系出露仅数十米厚，甚至缺失。古生界缺失上奥陶统至下石炭统。由于新生界覆盖，上石炭统出露不全，二迭系无出露。地质勘探表明，新生界有上、下第三系和第四系。

西杨庄、黄庄两墓地集中地分布在淇县铁西区的西杨庄村西南约300米及黄庄村东约1000米处，黄庄墓地有Ⅰ区和Ⅱ区之分，Ⅰ区在黄庄村东，Ⅱ区在黄庄村东南。黄庄墓地Ⅱ区的材料另行报道。其地貌特征西北高敞，向东南渐趋低下，附近浅沟纵横。西杨庄墓地的北侧环绕有常年干涸的季节性河沟，当地村民俗称其"杨庄河"。地表以下0.5~1.5米深则为远古时期的太行山东麓扇形冲积平原所形成的河（湖）相沉积。东距淇县政府所在地约4千米（图一；图版一，1）。

西杨庄、黄庄墓地分别发现于20世纪下半叶的80年代中期，两墓地相距约300米，本质上属于一个墓地，由于土地的辖属范围不同，故被确定为两处古代墓葬。

二、历　史　沿　革

淇县，古为沫邑，夏代为冀、兖二州之域。商王武丁、武乙曾迁都于沫，帝乙于约公元前1115年定都于此，其子帝辛（纣）更名朝歌。约公元前1066年，周灭殷后，武王以朝歌地封纣子武庚禄父，设"三叔监殷"，以监武庚。约公元前1063年，武庚叛周被杀，成王将朝歌及

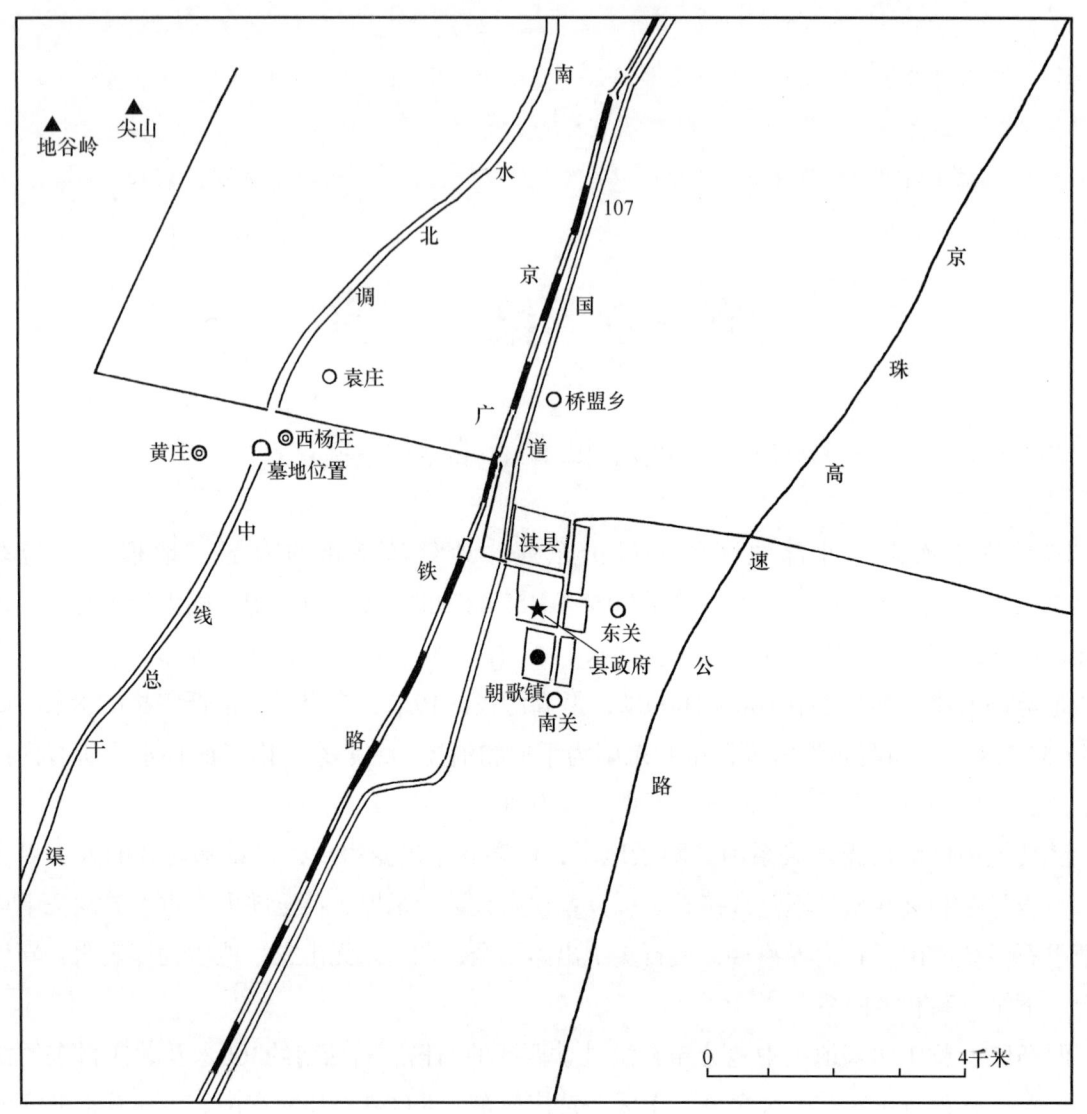

图一　墓地地理位置示意图

"三监"之地封给武王少弟康叔为卫国,都邑仍置朝歌。春秋(前770~前476年)时改为朝歌邑。战国(前475~前221年)属魏国辖。秦时,朝歌邑属三川郡。秦末,西楚霸王项羽分魏析置殷国,都城设于朝歌。西汉(前206年~25年)初,于殷旧址设朝歌县,属河内郡。新莽时改朝歌为雅歌;东汉时又复置朝歌县。建安十七年(212年)改属魏郡辖。三国时曹魏升朝歌为郡属冀州,辖朝歌、汲、共、林虑、获嘉、修武六县。晋时改朝歌郡为汲郡,朝歌县属之,属冀州。南北朝时,刘宋改朝歌县属司州部河内郡。北魏分朝歌西北置临淇县,属林虑郡。东魏天平元年(534年)复置朝歌县,天平二年(535年)分朝歌县北为魏德县。北周武帝改义州(今卫辉市)为汲郡,治所在朝歌。隋时,初年改汲郡为卫州。开皇十六年(596年)分朝歌东南置清淇县,大业二年(606年)废清淇县和朝歌县,改置卫县,仍置汲郡于县治。唐时,武德元年(618年)又置清淇县,贞观元年(627年)改朝歌殷墟地以西为卫县鹿台乡,十七年(643年)又废清淇县,长安三年(703年)又复置。五代、宋、金时依旧。元宪宗五年(1255

年）于鹿台乡置淇州，卫县废为集，并置临淇县。至元三年（1266年）废临淇县入淇州。明洪武元年（1368年）改淇州为淇县，属卫辉府。清、民国时依旧。1954年并入汤阴县。1962年恢复淇县建制。1986年由安阳市辖改属鹤壁市辖至今[①]。

南水北调中线总干渠自河南省辉县进入鹤壁市淇县境内，并向北延伸，自黄庄村西南向东北穿越黄庄村、西杨庄村，其总干渠用地占压西杨庄墓地、黄庄墓地的分布范围。

三、墓地的发掘

2006年7月，鹤壁市文物工作队与郑州大学、武汉大学历史学院分别组成了南水北调中线西杨庄、黄庄墓地考古发掘队，对两墓地先后进行了田野考古发掘，河南省文物考古研究院赵新平、韩朝会同志分别担任两个工地的领队。西杨庄墓地的发掘编号为"2006QXⅠ"，地理坐标为东经114°08′781″、北纬35°37′210″；黄庄墓地Ⅰ区的发掘编号为"2006QHⅠ"，地理坐标为东经114°08′605″、北纬35°7′36″。两墓地的海拔在90～100米。实际开探方59个，发掘面积5900平方米，共发现墓葬52座、灰坑21个、灰沟8条、积石坑1处、水井1口。

---

① 淇县志编纂委员会：《淇县志》，中州古籍出版社，1996年，第80、81页。

第二章　西杨庄墓地

第一节　概　　述

西杨庄墓地分布面积较大，但由于近年来当地村民买土、挖沙和砖厂生产用土等起土现象严重，墓地破坏严重，大量的墓葬已经被挖掉。此次发掘受南水北调中线总干渠占地范围的限制，主要集中在西杨庄村西南约300米的一台地间。发掘区的南北两端为较大的起土坑。钻探结果表明，发掘区的西侧虽然是墓地的分布范围和南水北调中线总干渠的占压面积，但钻探发现的墓葬仅有1座（2006QXⅠM30），因此在实际布探方时将发掘区的位置主要选定在总干渠的东侧。本次发掘所布探方共37个，编号分别为：2006QXⅠT4743、2006QXⅠT4744、2006QXⅠT4745、2006QXⅠT4746、2006QXⅠT4747、2006QXⅠT4748、2006QXⅠT4843、2006QXⅠT4844、2006QXⅠT4845、2006QXⅠT4846、2006QXⅠT4847、2006QXⅠT4848、2006QXⅠT4944、2006QXⅠT4945、2006QXⅠT4946、2006QXⅠT4947、2006QXⅠT4948、2006QXⅠT5045、2006QXⅠT5046、2006QXⅠT5047、2006QXⅠT5048、2006QXⅠT5146、2006QXⅠT5147、2006QXⅠT5148、2006QXⅠT5246、2006QXⅠT5247、2006QXⅠT5248、2006QXⅠT5249、2006QXⅠT5250、2006QXⅠT5346、2006QXⅠT5347、2006QXⅠT5348、2006QXⅠT5349、2006QXⅠT5350、2006QXⅠT5351、2006QXⅠT5352、2006QXⅠT5353，其中2006QXⅠT4743与2006QXⅠT4843均处在当地村民挖沙的残存范围内，故放弃，不予采集发掘资料（图二）。

历年的文物调查和本次的发掘表明，西杨庄墓地附近没有发现早期文化的遗存，可见西汉以前尚未有人类在这里居住。进入西汉以来，人类开始居住于此，且逐渐增多，如在其附近的黄庄、大马庄、关庄等村庄亦分布有大量的两汉时期墓葬，历经宋、元、明、清，直至现今。本次的发掘发现有宋元时期墓葬和同时期的灰坑、水井等遗迹。发掘情况进一步表明，时间相对早的墓葬大多保存完好，但有空墓存在，如2006QXⅠM19、2006QXⅠM21、2006QXⅠM28、2006QXⅠM29。东汉时期墓葬被盗严重，宋代墓葬大多分布在发掘区的东北部，唯2006QXⅠM5、2006QXⅠM7位于发掘区的中南部，其他如2006QXⅠM20、2006QXⅠM21、2006QXⅠM25、2006QXⅠM26、2006QXⅠM28则位于发掘区的东部。遗迹间的打破现象较少，墓葬间无打破叠压，打破现象多集中在东汉时期的墓葬与灰沟、灰坑之间，如2006QXⅠM2、2006QXⅠM12、2006QXⅠM14、2006QXⅠM27、2006QXⅠM29。

图二　西杨庄墓地发掘区域布方位置图

从地层上来看，总的地层分为3层，以2006QXⅠT4847～2006QXⅠT5247南壁地层为例说明如下（图三）：

第1层：现代耕土层，土质松软，呈灰褐色。厚20～25厘米。

第2层：厚15～20厘米。包含物很少，偶见有白瓷片，个别带有简单的彩绘和一些较小的灰色陶片。从包含物分析，应为近现代扰土层，呈黄褐色，质地较第1层硬。宋元时期的遗迹均发现于该层下，向下打破第3层与生土。

第3层：厚45～60厘米。从整个发掘区的情况看，该层包含物较少。从包含物分析，应为汉代的文化堆积层，质地较硬，呈褐灰色。汉代墓葬等遗迹均开口于该层之下，并向下打破生土。

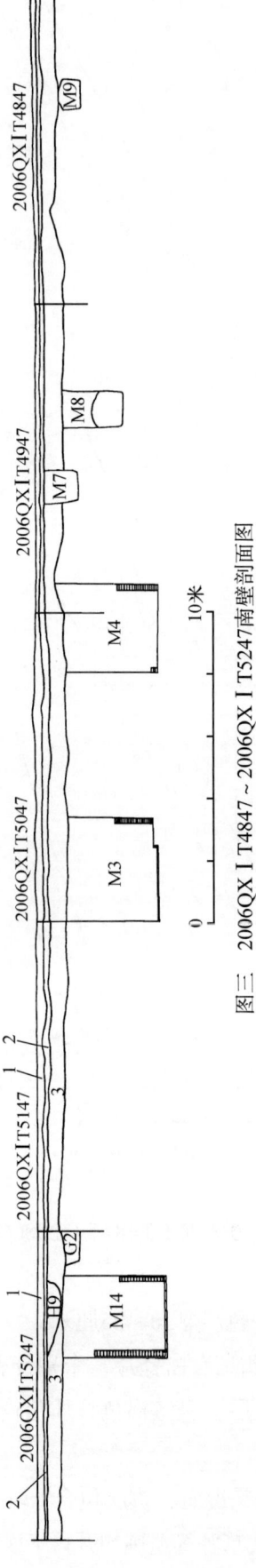

图三 2006QXⅠT4847~2006QXⅠT5247南壁剖面图

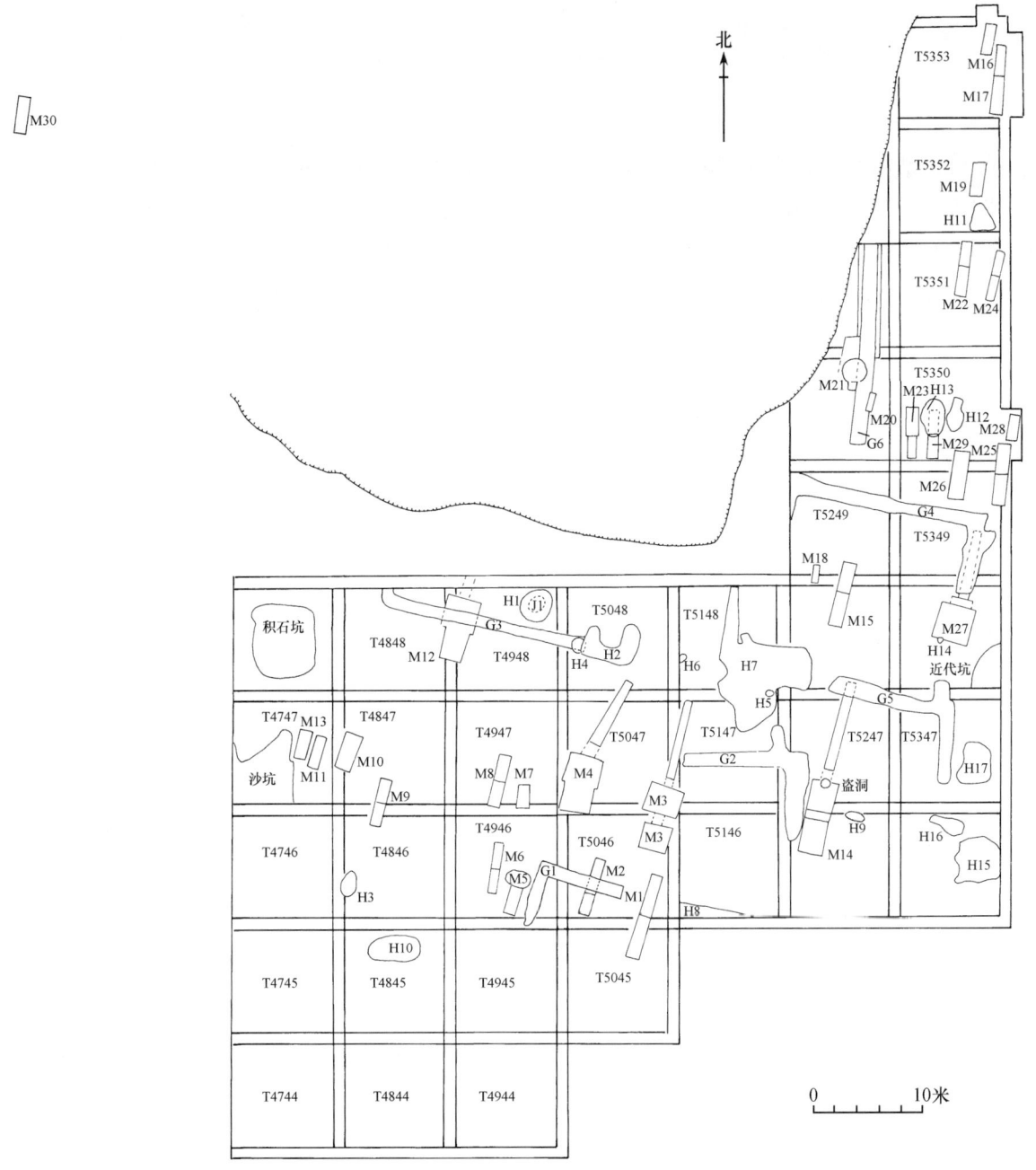

图四　西杨庄墓地遗迹分布图

第3层以下为深褐红色的生土。

此外，由于墓地范围内附近村民起土严重，所以在个别探方第2层缺失，如总发掘区西南部的2006QXⅠT4743、2006QXⅠT4744、2006QXⅠT4745、2006QXⅠT4843、2006QXⅠT4844、2006QXⅠT4944等探方。

从西杨庄墓地的发掘情况看，墓葬形制以土洞墓为主，土坑墓、砖室墓间或有之。从时代上来看，以两汉时期的墓葬为主，晚于两汉时期的墓葬较少。整个墓地遗迹单位编号不分时代早晚，按照发现的早晚先后顺序予以统一编号（图四）。现将发掘的收获报告如下。

第二节 遗 迹

西杨庄墓地发现各类遗迹55处，其中墓葬30座、灰坑17个、水井1口、灰沟6条、积石坑1个（图版一，2）。其中汉代墓葬23座，宋元时期墓葬7座。在30座墓葬中，2006QXⅠM19、2006QXⅠM21、2006QXⅠM28、2006QXⅠM29为空墓。灰坑及灰沟多为汉代遗存，唯2006QXⅠH1、2006QXⅠJ1为北宋时期遗存。2006QXⅠH2的时代更晚，应为近现代遗存，本报告中不予叙述。

一、墓 葬

（一）2006QXⅠM1

1. 墓葬形制

位于2006QXⅠT5046东壁下。土洞墓，南北向分布，方向15°，由墓道、墓门、墓室、耳室组成（图五）。

墓道位于墓室北部，长方形竖井式，壁面整齐，底呈斜坡状。墓口距地表深1米，长3米，宽1米；底坡长2.8米；南端深4米，北端深3.3米。

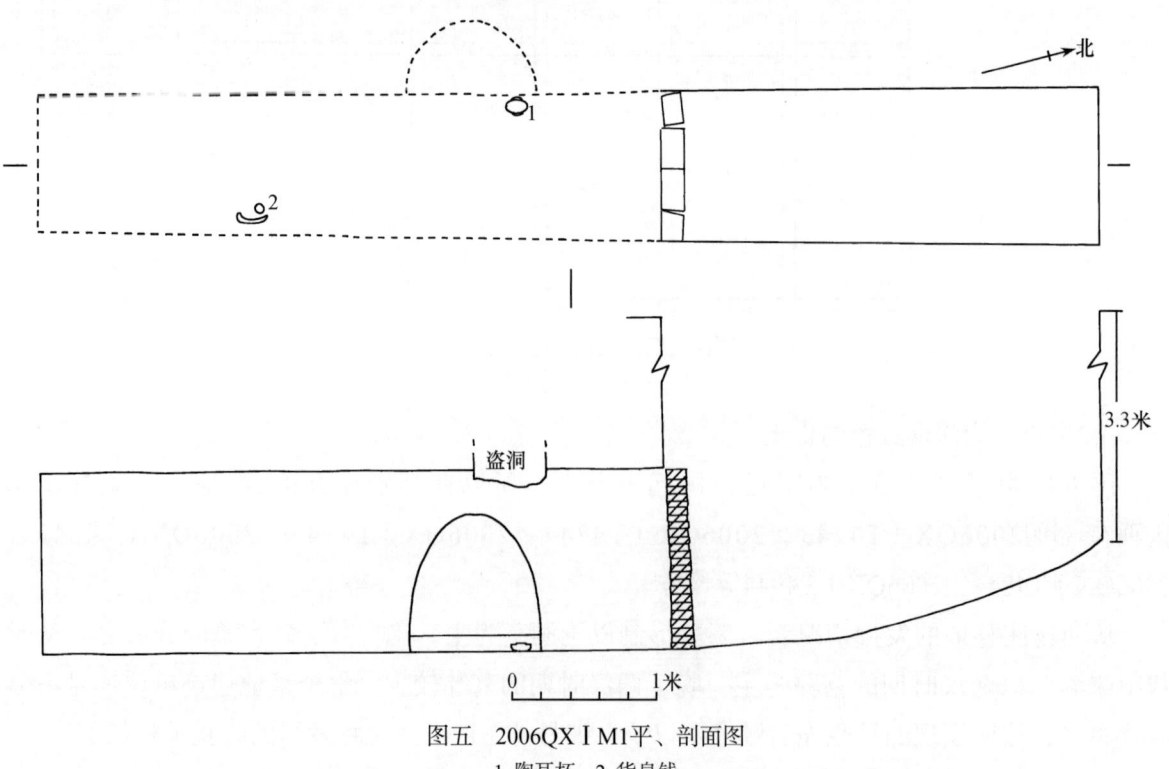

图五 2006QXⅠM1平、剖面图
1. 陶耳杯 2. 货泉钱

墓室为拱形土洞，平面呈长方形。长4.3米，宽1米，高1.2米。洞口有封门砖，以平砖东西向砌筑。宽1米，高1.2米。

耳室位于墓室西壁北端，平面呈半圆形。宽0.48米，高0.9米，进深约0.5米。其下部有一高台，距墓底高0.1米。

墓葬被盗严重，在墓室的北端发现有盗洞。随葬器物大部分被盗，仅在墓室的西壁北端发现陶耳杯1件，南部发现货泉钱1枚。

2. 随葬器物

陶耳杯　1件。标本2006QXⅠM1：1，泥质灰陶。长椭圆形，双耳上翘，耳较肥厚，深腹，平底。口长径13.6、口短径8.7、高5厘米（图六，1；图版二四，1）。

货泉钱　1枚。标本2006QXⅠM1：2，正面轮、郭低平，"货"字略显模糊。背面轮、郭略高。直径2.2、穿阔0.8厘米（图六，2）。

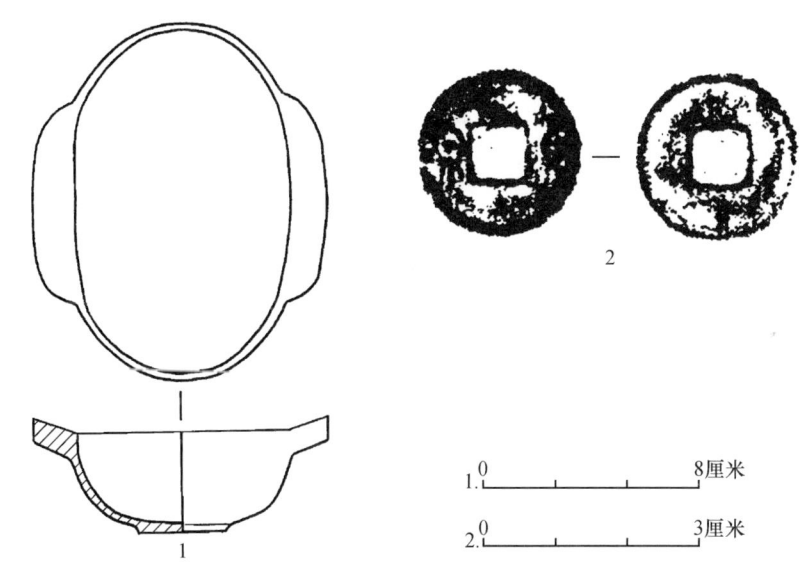

图六　2006QXⅠM1出土陶耳杯及货泉钱拓片
1.陶耳杯（2006QXⅠM1：1）　2.货泉钱拓片（2006QXⅠM1：2）

（二）2006QXⅠM2

位于2006QXⅠT5046的南部。土洞墓，南北向分布，方向14°，由墓道、墓门、墓室组成（图七；图版二，1）。

墓道位于墓室北部，长方形竖井式。墓口距地表深1.1米，长2.24米，宽0.92米，深2.7米。

墓室为拱形土洞，平面呈长方形。长2.9米，宽0.93米。洞口高1.1米，宽与墓道等宽，并见封门砖残存，以平砖东西向砌筑，略外弧。墓室内仅在中部见有一排南北向的铺地砖。

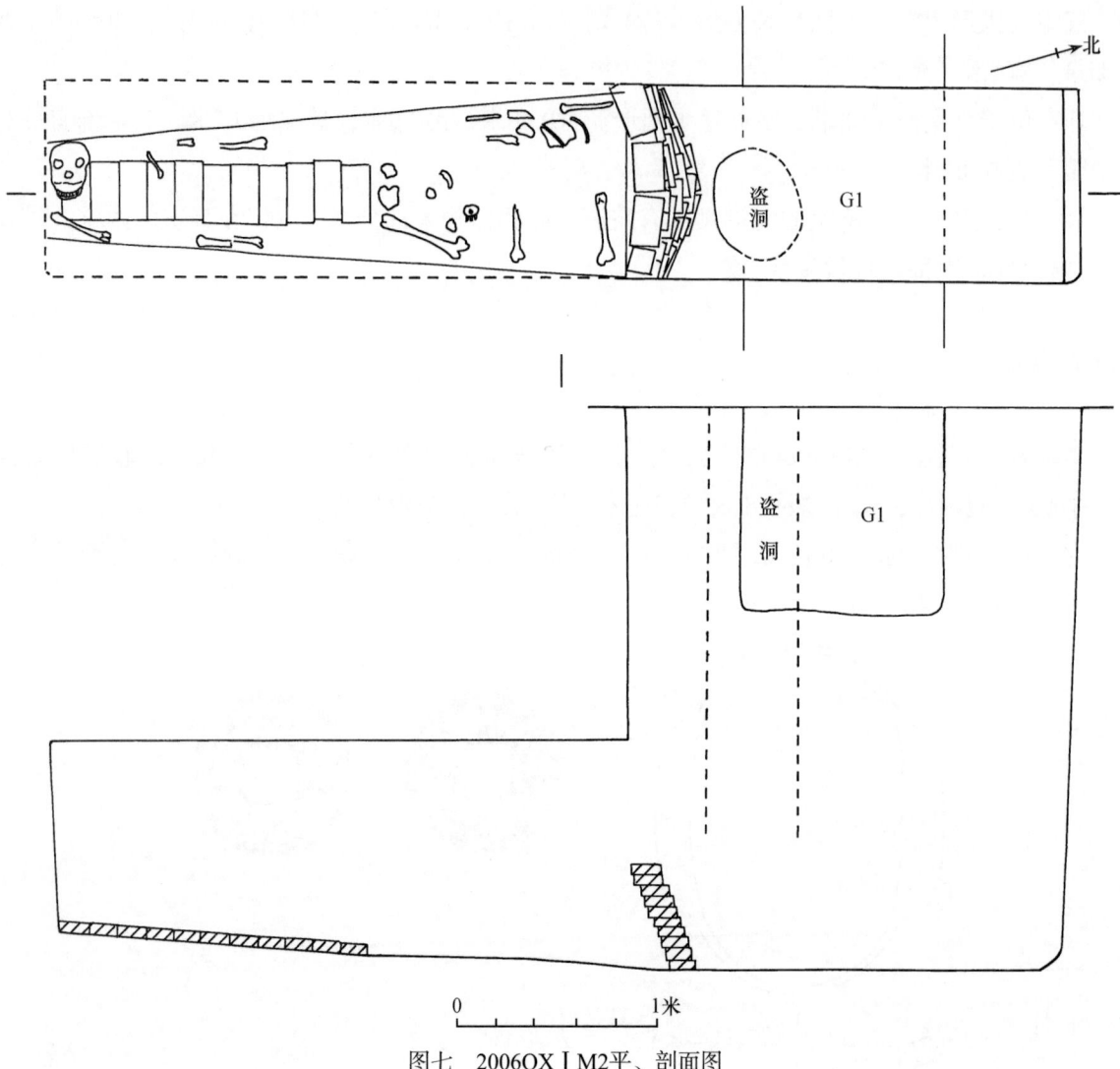

图七 2006QXⅠM2平、剖面图

墓葬被盗严重，在墓室的封门砖外侧发现有盗洞。墓主遗骨保存极度零乱，在清理墓室时，于墓室北端西部发现半个骨盆，而在南壁下发现头骨。这种情况表明，墓被盗后可能又被地表所渗入的水所扰乱。因此，墓主的葬式不详，头向西，面向上，应不是原始保留。墓主为男性，年龄为20~25岁。未发现随葬器物。

（三）2006QXⅠM3

1. 墓葬形制

位于2006QXⅠT5046东北部，大部分分布于2006QXⅠT5047内。砖室墓，南北向分布，方向15°，由墓道、墓门、前甬道、前室、后甬道、后棺室组成（图八；图版二，2）。

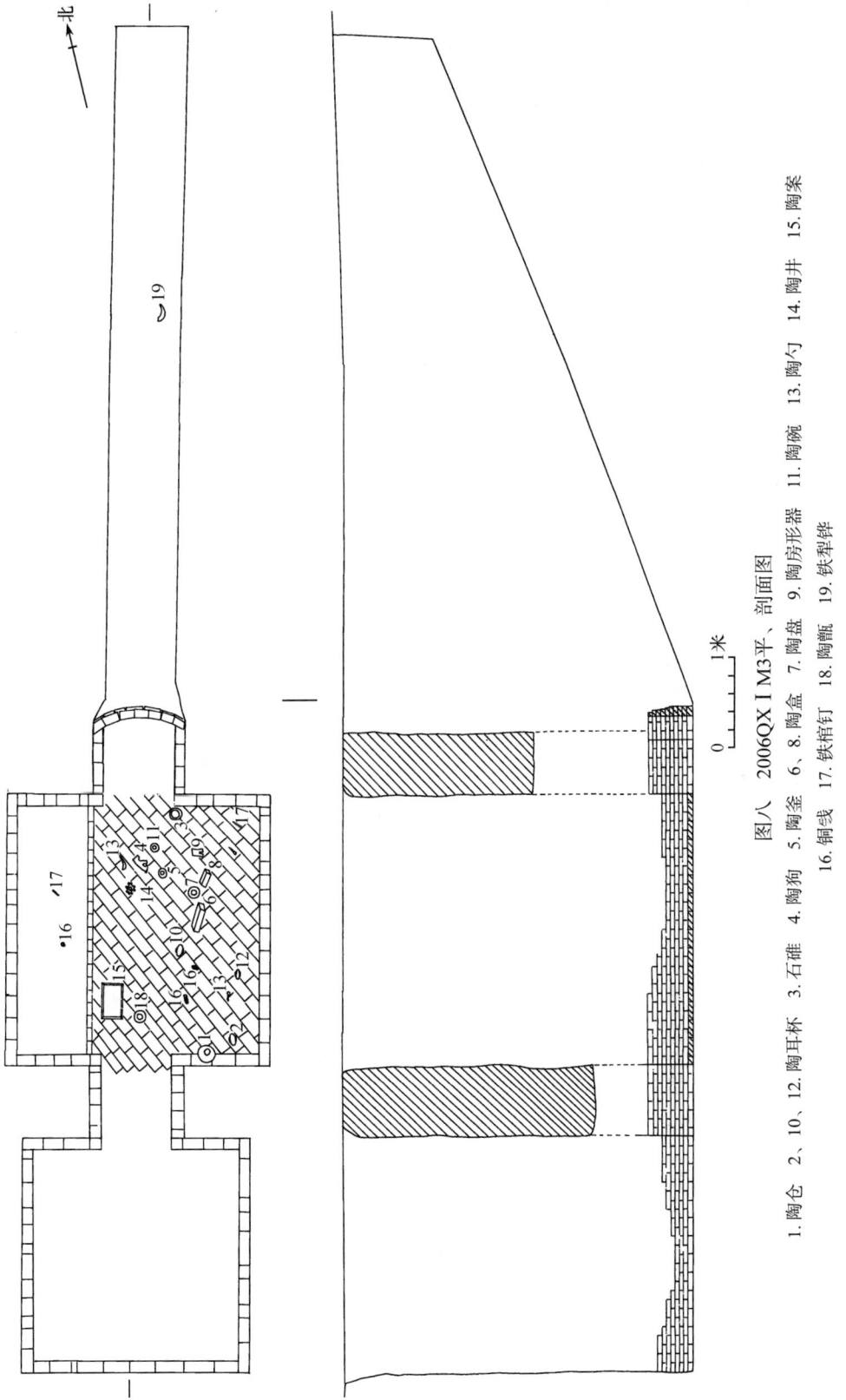

图八 2006QXⅠM3平、剖面图

1.陶仓 2、10、12.陶耳杯 3.石碓 4.陶狗 5.陶釜 6、8.陶盒 7.陶盘 9.陶房形器 11.陶碗 13.陶勺 14.陶井 15.陶案 16.铜钱 17.铁棺钉 18.陶甑 19.铁犁铧

墓道为斜坡式。墓口距地表深0.5米，长7.7米，宽0.9米；底长7.9米；深1.1~4米。墓道底部有不规则的阶梯痕迹，在填土中出土1件残铁犁铧。

前甬道位于墓道与前室之间。长约1米，宽0.8米，残高0.5米。有封门砖与墓室相隔，封门砖残高约0.4米。

前室为方形。边长3米。墓室西侧有棺床，以灰砖立筑床边，底部无铺地砖，内填土做床面。长2.8米，宽0.82米，高0.15米。棺床上发现铁棺钉和棺灰，推测葬具应为木棺。人骨保存状况较差，且四处散落，故人骨情况不明。前室东侧底部以平砖斜铺。前室墓底向上高约0.58米处残留砖砌结构。墓顶应为穹隆顶。前室内发现较多随葬品，出土器物多为残片，可辨器形有陶耳杯、陶釜、陶盒、陶碗、陶勺、陶案、石碓、陶狗、陶盘等。

后甬道位于前、后室之间。长0.75米，宽0.87米，残高1.15米，砖砌结构残高0.47米。

后室为方形。边长2.5米。无铺地砖，四壁残砖很低，最高处不过0.3米，顶部结构不明，依据残存迹象分析，其结构与前室一致，亦应为穹隆顶，出土器物仅有五铢钱。

2. 随葬器物

陶仓　1件。标本2006QXⅠM3:1，泥质灰陶。敛口，圆唇，圆肩，斜腹，平底，最大径在肩部。口径10、最大径14.5、底径9、高17.8厘米（图九，1；图版二五，1）。

陶盘　1件。标本2006QXⅠM3:7，泥质灰陶。器物略有变形，敞口，平沿，重唇，斜腹，平底。口径15.8、底径8.7、高3.5厘米（图一〇，3；图版二五，4）。

陶釜　1件。标本2006QXⅠM3:5，泥质灰陶。敛口，圆沿，圆唇，扁腹，平底。口径6、腹径12.5、底径2.5、高7.2厘米（图一〇，1；图版二六，1）。

陶耳杯　3件。泥质灰陶。标本2006QXⅠM3:2，长椭圆形，耳平直，浅腹，平底。双耳刻划有网状几何纹。口长径10.5、口短径5.8、高3厘米（图九，3）。标本2006QXⅠM3:10，长椭圆形，双耳上翘，耳较肥厚，深腹，平底。口长径14、口短径7.8、高4.5厘米（图一一，1；图版二四，2）。标本2006QXⅠM3:12，长椭圆形，双耳微上翘，浅腹，平底。口长径10.5、口短径6、高3.5厘米（图一一，3；图版二四，3）。

陶碗　1件。标本2006QXⅠM3:11，泥质灰陶。敞口，斜沿，弧腹，平底，假圈足。口径12、底径5、高4厘米（图一一，2；图版二五，5）。

陶勺　1件。标本2006QXⅠM3:13，泥质灰陶，捏制。勺头圆形，圜底，柄上翘。通长14.5、勺头高4厘米（图一一，4；图版二六，4）。

陶盒　2件。泥质灰陶。标本2006QXⅠM3:6，内盒，长方形，深腹，直壁，平底。长30、宽10、高9.7厘米（图一〇，2；图版二五，3）。标本2006QXⅠM3:8，内盒，略呈椭圆形，深腹，斜壁，平底。长18、宽8.6、高7.5厘米（图一〇，4；图版二五，2）。

陶甑　1件。标本2006QXⅠM3:18，泥质灰陶。敞口，平折沿，方唇，斜腹，平底。底

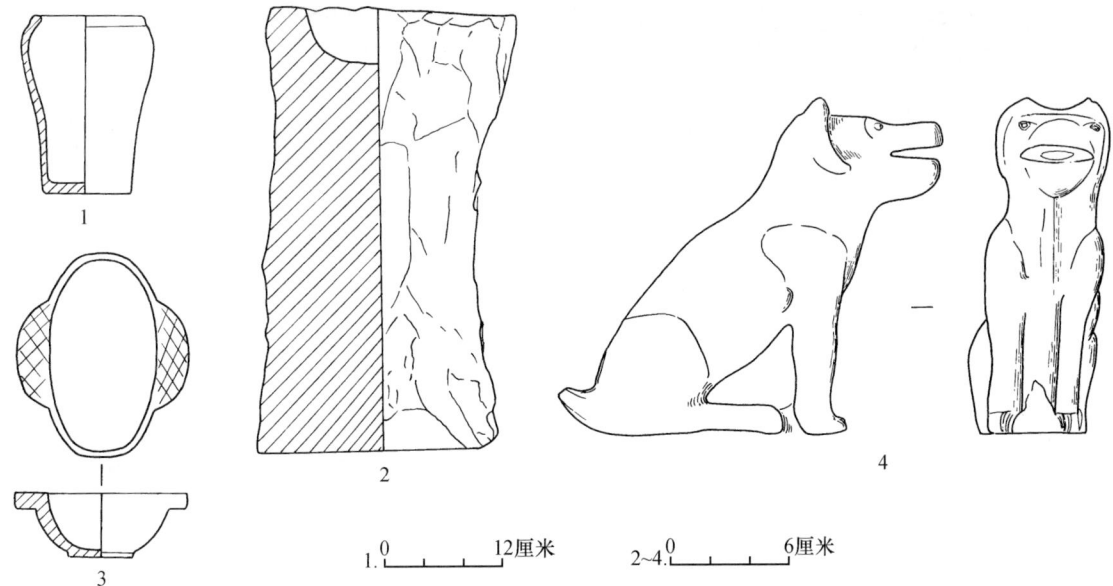

图九 2006QXⅠM3出土器物
1. 陶仓（2006QXⅠM3：1） 2. 石碓（2006QXⅠM3：3） 3. 陶耳杯（2006QXⅠM3：2）
4. 陶狗（2006QXⅠM3：4）

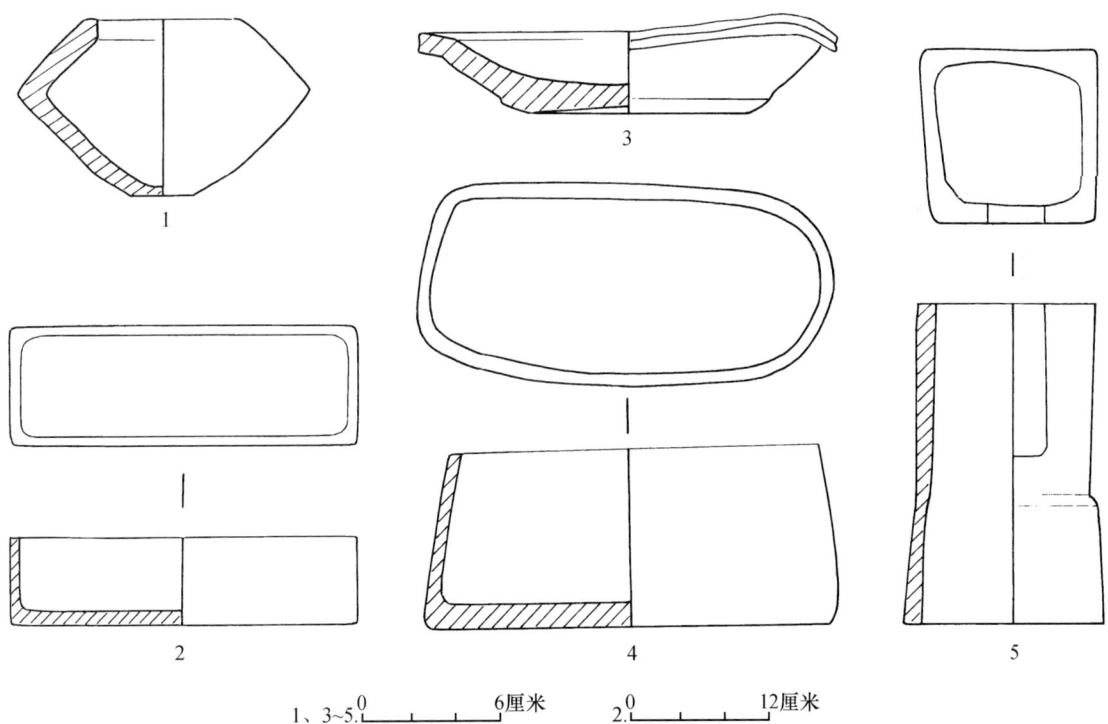

图一〇 2006QXⅠM3出土陶器
1. 陶釜（2006QXⅠM3：5） 2、4. 陶盒（2006QXⅠM3：6、2006QXⅠM3：8） 3. 陶盘（2006QXⅠM3：7）
5. 陶房形器（2006QXⅠM3：9）

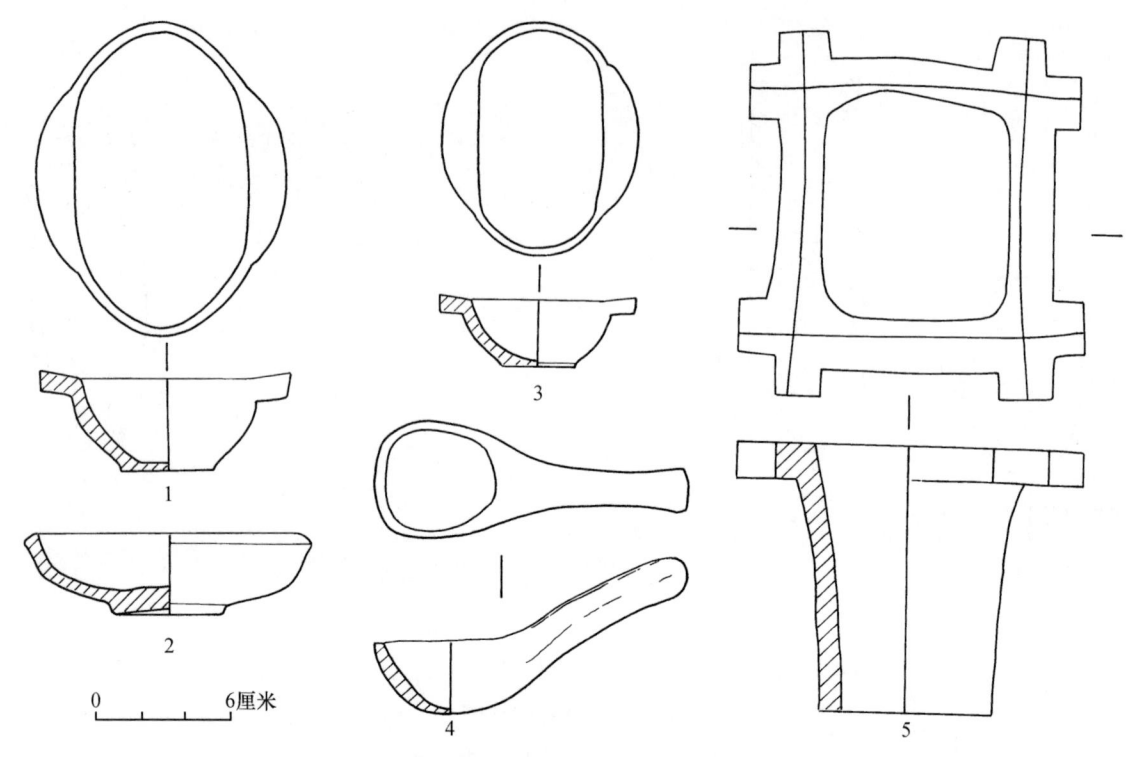

图一一　2006QXⅠM3出土陶器
1、3.陶耳杯（2006QXⅠM3：10、2006QXⅠM3：12）　2.陶碗（2006QXⅠM3：11）　4.陶勺（2006QXⅠM3：13）
5.陶井（2006QXⅠM3：14）

部有单个箅孔。口径13、底径4.8、高7厘米（图一二，2；图版二五，6）。

陶案　1件。标本2006QXⅠM3：15，泥质灰陶。长方形平板状，四边上折。长42、宽30厘米（图一二，1；图版二六，3）。

陶狗　1件。标本2006QXⅠM3：4，泥质灰陶。中空，呈坐卧姿，双耳耸立，嘴微张，前腿直立，后腿卧地，尾巴翘起。高17厘米（图九，4；图版二四，4）。

陶房形器　1件。标本2006QXⅠM3：9，泥质灰陶，模制。方形体，中空，上小下大，上部一侧有长方形的门框。底部长8.4、宽7.8厘米，上部边长7.4厘米，门框宽2.5、高6.3厘米，通高13.2厘米。整体形状应为复合体，此件为陶厕的残存部分（图一○，5；图版二四，5）。

陶井　1件。标本2006QXⅠM3：14，泥质灰陶。方形，无井架，上大下小，中空，无底。上口平面有井字形井栏，并刻划有单线条的井字纹。高12厘米（图一一，5；图版二六，2）。

石碓　1件。标本2006QXⅠM3：3，灰白色石灰岩。圆柱形，上部为浅盘状，束腰，实心体。高22厘米（图九，2；图版二四，6）。

铁犁铧　1件。标本2006QXⅠM3：19，残，直刃，断面呈V字形。残长18厘米（图一二，3；图版二六，5）。

铁棺钉　2枚。标本2006QXⅠM3：17，锈蚀严重，器形不详。残长8厘米（图一二，4）。

铜钱　38枚。标本2006QXⅠM3：16，其中货泉钱5枚、大泉五十钱2枚，余皆为五铢钱。

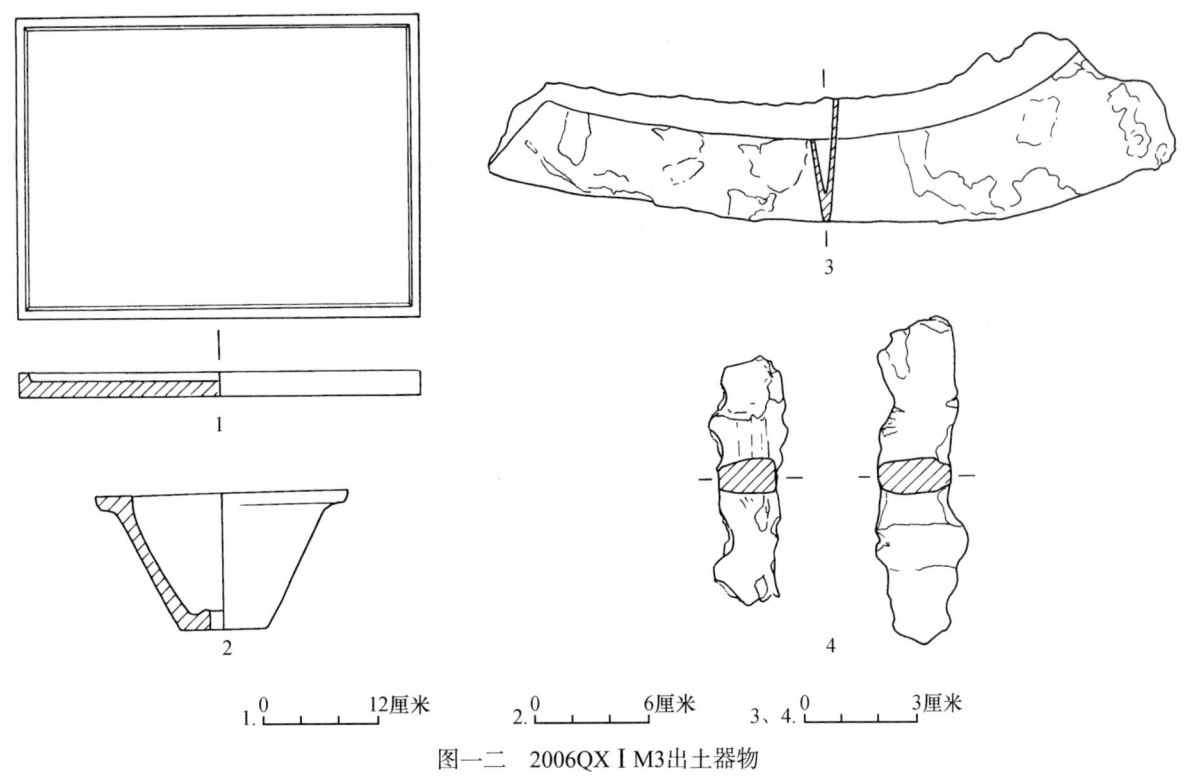

图一二　2006QXⅠM3出土器物
1. 陶案（2006QXⅠM3∶15）　2. 陶甑（2006QXⅠM3∶18）　3. 铁犁铧（2006QXⅠM3∶19）
4. 铁棺钉（2006QXⅠM3∶17）

货泉　5枚。形制相同，正背面有轮有郭，篆体。其中1枚穿上有星点，1枚背面轮一侧有横点。直径2.3、穿阔0.8~1厘米（图一三，1、2）。

大泉五十　2枚。其中1枚正面轮高，肉平润，方穿，背面轮、郭明显；另1枚正面轮、郭明显，无钱铭，背面平，无轮无郭。直径2.7、穿阔1厘米（图一三，3、4）。

五铢　31枚。正面有轮无郭，宽窄不一，背面穿明显。分四型。

A型　4枚。"五"字瘦窄，交笔微斜曲，其中1枚"五"字上下两横笔出头。"铢"字金字头较小，呈三角形，下四点短小；"朱"字上横笔方折或圆折。直径2.5~2.6、穿阔1厘米（图一三，5~8）。

B型　6枚。"五"字两交笔圆弧较大，显得肥硕。"铢"字金字头呈三角形或箭镞形，大部分"金"字头较大，下四点较长；"朱"字上下两横笔圆折略外侈。直径2.5~2.6、穿阔1厘米（图一三，9、10、16、18）。

C型　20枚。"五"字较B型瘦窄，两交笔圆折。"铢"字"金"字头呈三角形，下四点较长；"朱"字上下两横笔圆折。直径2.5~2.6、穿阔1厘米（图一三，11~15、17）。其中1枚"朱"字高于"金"字（图一六，13），1枚为合背五铢（图一三，15）。

D型　1枚。"五"字两交笔圆折，亦显得肥硕，但与B型有别。"铢"字"金"字头呈三角形，较小，下四点短小；"朱"字上下两横笔圆折，上横笔略外侈。正面及背面穿下部见点状记号（图一三，19）。

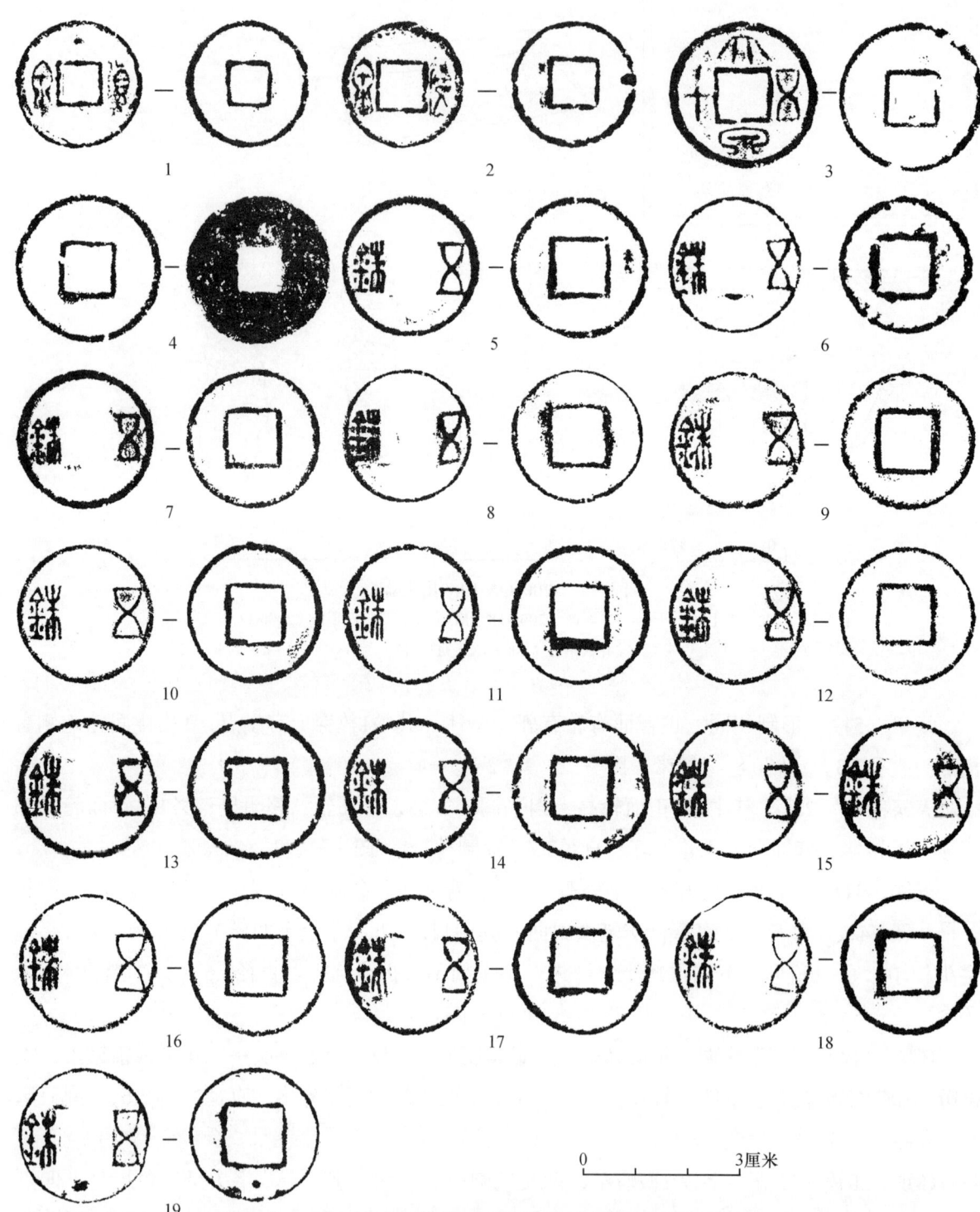

图一三 2006QXⅠM3出土铜钱拓片
（2006QXⅠM3∶16）
1、2.货泉 3、4.大泉五十 5~8.A型五铢 9、10、16、18.B型五铢 11~15、17.C型五铢 19.D型五铢

（四）2006QXⅠM4

1. 墓葬形制

位于2006QXⅠT5047西南部。砖室墓，南北向分布，方向18°，由墓道、墓门、甬道、墓室组成（图一四；图版三，1）。

墓道位于前室北端，斜坡式。墓口距地表深1米，长7.18米，宽0.9米；底长7.5米；深0.54~2.5米。

甬道由于早期盗墓时被毁，形状已不存在，应为圆拱形土洞。长约1米，宽0.9米。

墓门为圆拱形。宽与墓道同，残高1.45~1.9米。

前室平面呈方形。长2.4米，宽2.86米。从其残存形制，推断顶应为攒尖顶。墓底有铺地砖，呈席纹状平铺。

后室平面呈长方形。长2.8米，宽1.82米。依其残存形制推断顶为拱形顶。后室无铺地砖。

墓葬毁坏严重，遗骨发现甚少，故葬式及其他无从得知。不见葬具痕迹，但据残存的铁棺钉推测其葬具应为木棺。

随葬器物由于墓葬被盗严重，出土时大部分已成为碎片，可辨器形有陶灶、陶圈厕、陶盘、陶甑、陶盒、陶魁、陶勺、陶奁、陶瓮、陶井、陶案等，另外还见有五铢钱、铁片、铁棺钉、铁锸等计27件（套）。

2. 随葬器物

陶盘　2件。泥质灰陶。标本2006QXⅠM4：4，敞口，平沿，方唇，斜腹，外腹壁略显折腹，平底。内腹壁有压磨的弦纹两周。口径20.4、底径10.4、高4厘米（图一五，1；图版二九，4）。标本2006QXⅠM4：23，敞口，平沿，斜唇，平底内凹。内腹壁有压磨的弦纹。口径20、底径9.5、高4.5厘米（图一六，2；图版二九，5）。

陶甑　1件。标本2006QXⅠM4：5，泥质灰陶。敞口，平沿，斜腹，平底，底部无孔。口径10.6、底径4.2、高5厘米（图一五，2；图版二九，6）。

陶盒　2件。泥质灰陶。标本2006QXⅠM4：7，盖长方形，盝形顶，顶面下凹，有长方形的深槽，槽四角有四个乳钉。盖的周壁有白色的卷云纹彩绘。长34、宽16、高14.5厘米。内盒长方形，深腹，直壁，平底。长27.5、宽12、高9.5厘米（图一五，3；图版三〇，2）。标本2006QXⅠM4：8，仅为外盖，器形与2006QXⅠM4：7相同。长30、宽16、高14.4厘米（图一五，4；图版三〇，1）。

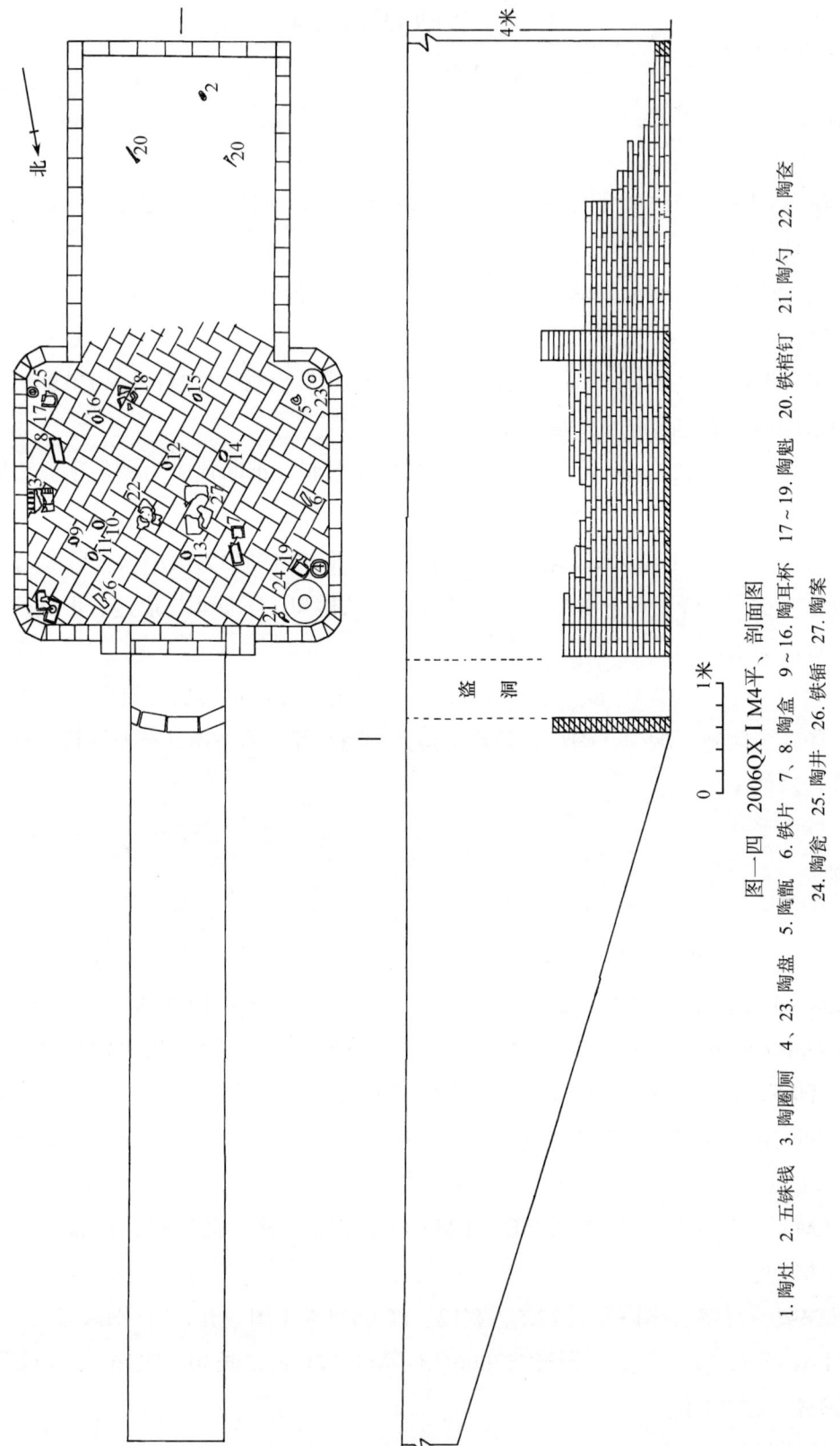

图一四 2006QXⅠM4平、剖面图

1.陶灶 2.五铢钱 3.陶圈厕 4、23.陶盘 5.陶瓶 6.铁片 7、8.陶盒 9~16.陶耳杯 17~19.陶魁 20.铁棺钉 21.陶勺 22.陶瓷 24.陶瓮 25.陶井 26.铁锸 27.陶案

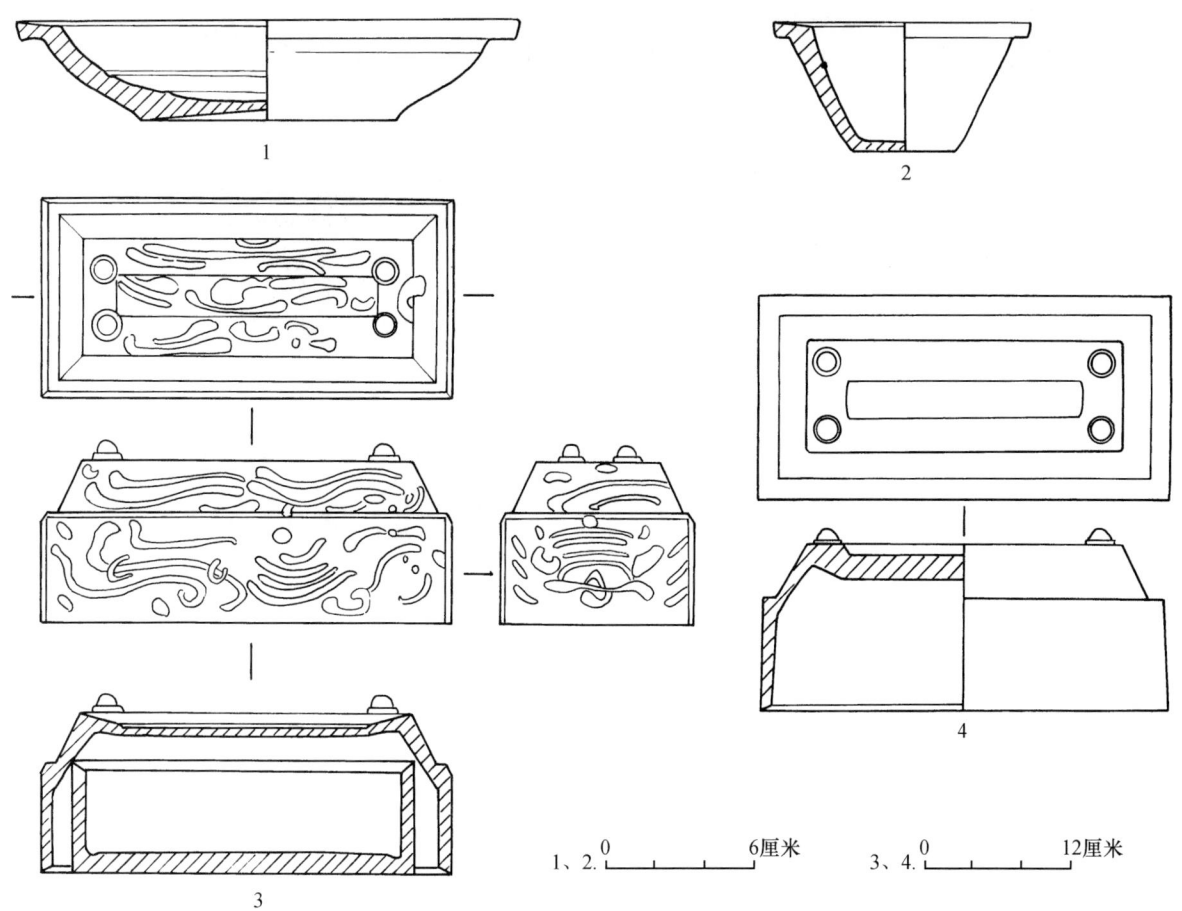

图一五　2006QXⅠM4出土陶器
1.陶盘（2006QXⅠM4：4）　2.陶甑（2006QXⅠM4：5）　3、4.陶盒（2006QXⅠM4：7、2006QXⅠM4：8）

陶耳杯　8件。泥质灰陶。其中标本2006QXⅠM4：9、2006QXⅠM4：10器形相同，长椭圆形，双耳上翘，耳较肥厚，深腹，平底。标本2006QXⅠM4：11、2006QXⅠM4：12、2006QXⅠM4：13、2006QXⅠM4：14、2006QXⅠM4：15、2006QXⅠM4：16器形较小，双耳微上翘或较平。标本2006QXⅠM4：9，口长径13、口短径8、高5厘米（图一七，1；图版二七，1）。标本2006QXⅠM4：10，口长径13、口短径8、高5厘米（图一七，2；图版二七，2）。标本2006QXⅠM4：11，口长径12、口短径7、高4厘米（图一七，3；图版二七，3）。标本2006QXⅠM4：12，口长径10.8、口短径6、高3.5厘米（图一七，4；图版二七，4）。标本2006QXⅠM4：13，口长径10.5、口短径6.3、高3.5厘米（图一七，5；图版二七，5）。标本2006QXⅠM4：14，口长径10.8、口短径6.5、高3.5厘米（图一七，6；图版二七，6）。标本2006QXⅠM4：15，口长径10.5、口短径6.3、高3.5厘米（图一七，7；图版二八，1）。标本2006QXⅠM4：16，口长径10.5、口短径6.8、高3.5厘米（图一七，8）。

陶魁　3件。泥质灰陶。标本2006QXⅠM4：17，残，口略呈长方形，方沿，无唇，斜腹，平底，长柄略曲上翘，柄端回勾。通长26、高9厘米（图一八，1；图版二九，2）。标本

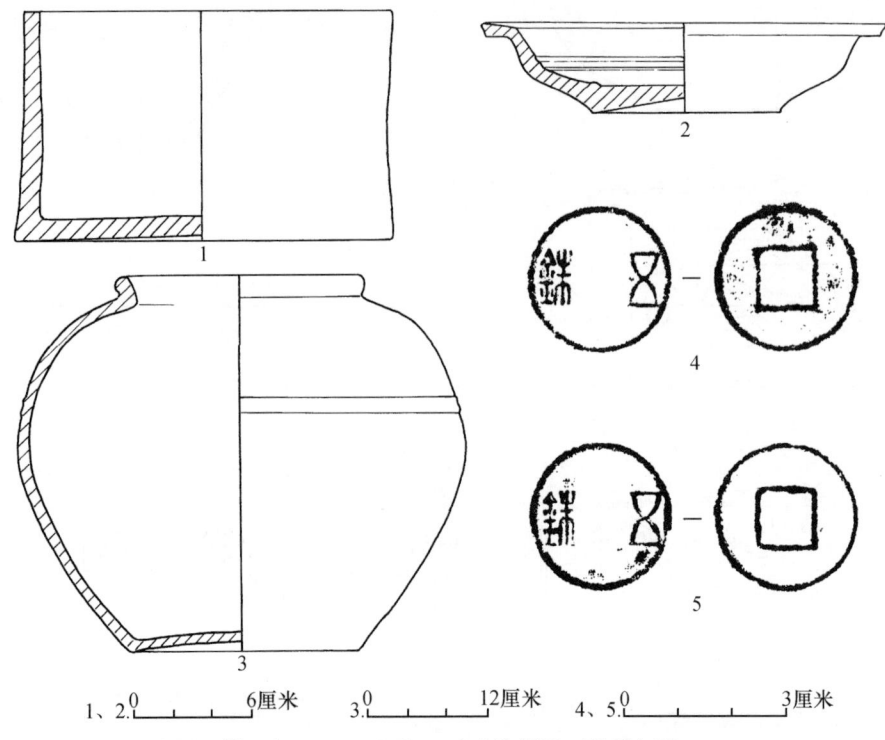

图一六 2006QXⅠM4出土陶器及五铢钱拓片
1.陶奁（2006QXⅠM4：22） 2.陶盘（2006QXⅠM4：23） 3.陶瓮（2006QXⅠM4：24）
4.A型五铢钱拓片（2006QXⅠM4：2-1） 5.B型五铢钱拓片（2006QXⅠM4：2-2）

2006QXⅠM4：18，残，口近方形，圆沿，圆唇，斜腹，平底。唇下有两周凹弦纹。通长25、高8厘米（图一八，2；图版二九，3）。标本2006QXⅠM4：19，口呈长方形，垂唇，深腹，平底，直柄回勾。通长22、高7.3厘米（图一九，1；图版二九，1）。

陶勺 1件。标本2006QXⅠM4：21，泥质灰陶。瓢形，圆底，长曲柄。通长13.5、勺头高3厘米（图一九，3；图版二六，6）。

陶奁 1件。标本2006QXⅠM4：22，泥质灰陶。直口，方唇，直壁，平底。口径17、底径19、高11厘米（图一六，1；图版三〇，3）。

陶瓮 1件。标本2006QXⅠM4：24，泥质灰陶。敞口，卷沿，圆唇，丰肩，鼓腹，平底内凹。上腹部饰带状弦纹。口径25、腹径45、底径23、高36厘米（图一六，3；图版二八，3）。

陶案 1件。标本2006QXⅠM4：27，泥质灰陶，模制。长方形平板状，四边上折。长42、宽31厘米（图二〇，2；图版二八，5）。

陶灶 1套。标本2006QXⅠM4：1-1，泥质灰陶。残，灶面呈长方形，有两个圆形灶眼，大者直径9.5厘米，上置泥质灰陶釜（标本2006QXⅠM4：1-2），敛口，圆沿，扁腹，圜底，口径5.5、腹径10.5、高6厘米；小者直径4厘米。灶前有挡火墙，前壁下部有长方形灶门，灶门上部出檐。后侧为建筑状，并饰以条状的屋脊和筒瓦。灶前挡火墙和灶面刻划有"⊠"形的网

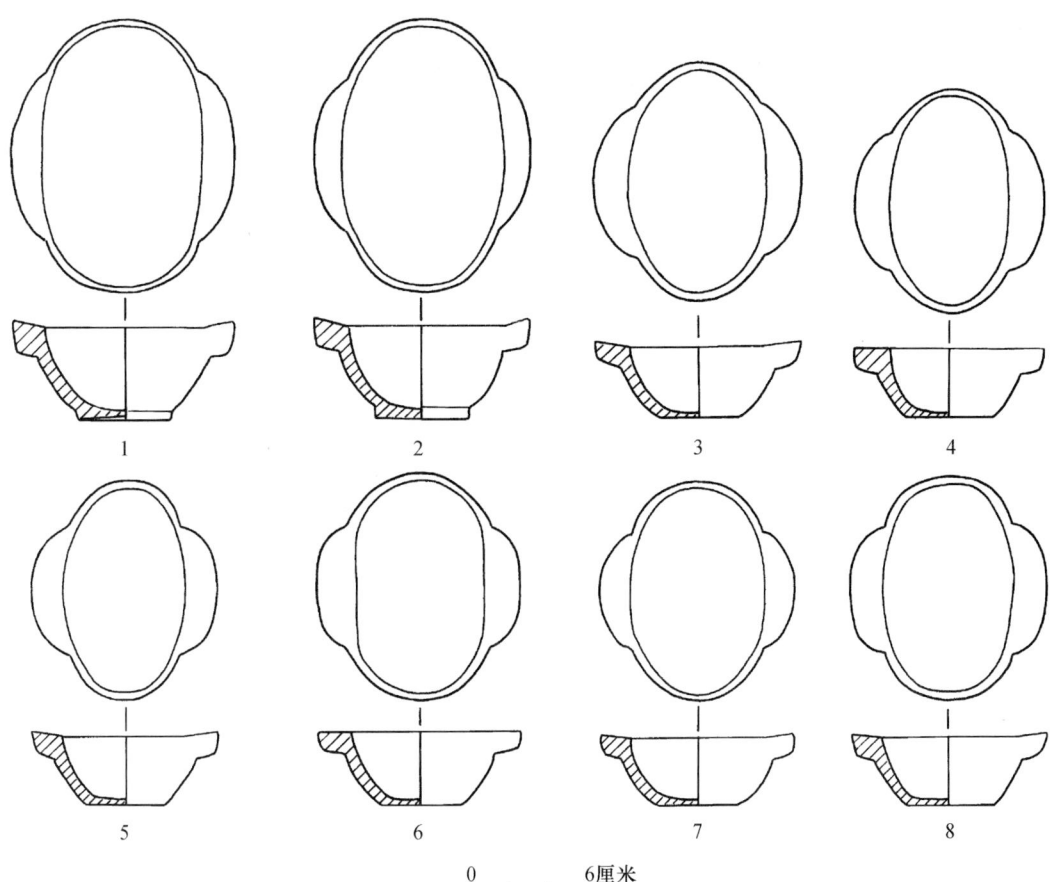

图一七　2006QXⅠM4出土陶耳杯
1. 2006QXⅠM4:9　2. 2006QXⅠM4:10　3. 2006QXⅠM4:11　4. 2006QXⅠM4:12　5. 2006QXⅠM4:13
6. 2006QXⅠM4:14　7. 2006QXⅠM4:15　8. 2006QXⅠM4:16

状线条。灶面长19、宽16.5厘米，通长26.8、通高15厘米（图二一；图版三〇，5、6）。

陶圈厕　1件。标本2006QXⅠM4:3，泥质灰陶。残，方形，平底，四周墙壁有双面坡屋形顶。一角有一方形的高台茅厕，厕口向外，下有长方形孔。厕所长9、宽7.8厘米，器体长28、宽26.4、通高12.2厘米（图二二；图版三〇，4）。

陶井　1件。标本2006QXⅠM4:25，泥质灰陶。井口圆形，井字形井栏，上置人字形井架。井身曲壁，最大径在上腹部，平底。井口直径7.5、腹径12、底径10、井筒高20、通高31厘米（图二〇，1；图版二八，4）。

铁片　1件。标本2006QXⅠM4:6，器形不详。

铁锸　1件。标本2006QXⅠM4:26，残，长方形，直刃，断面呈V字形。长17、宽5厘米（图二〇，3；图版二八，2）。

铁棺钉　2件。标本2006QXⅠM4:20，锈蚀严重，器形可辨。玳瑁状，方形锥体。长20、帽宽2.6厘米（图一九，2）。

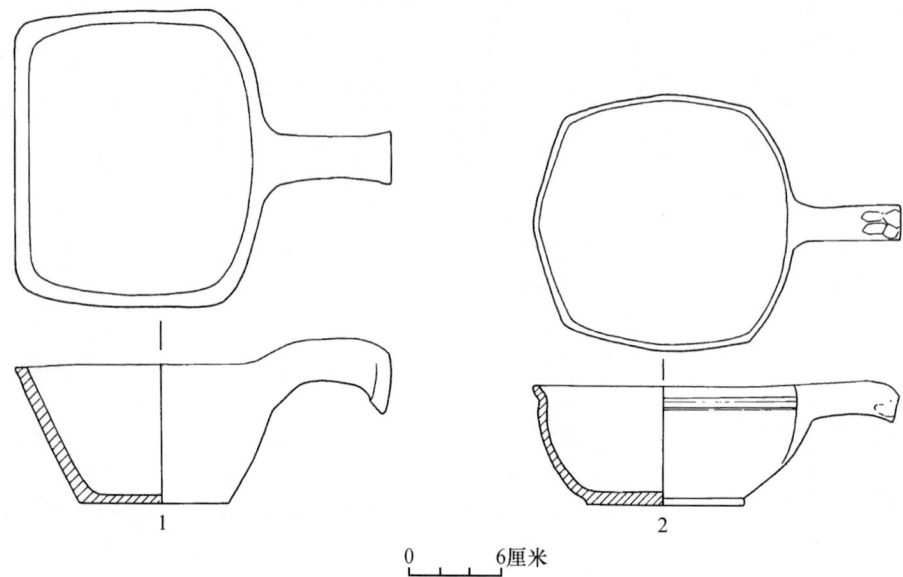

图一八 2006QXⅠM4出土陶魁
1. 2006QXⅠM4:17 2. 2006QXⅠM4:18

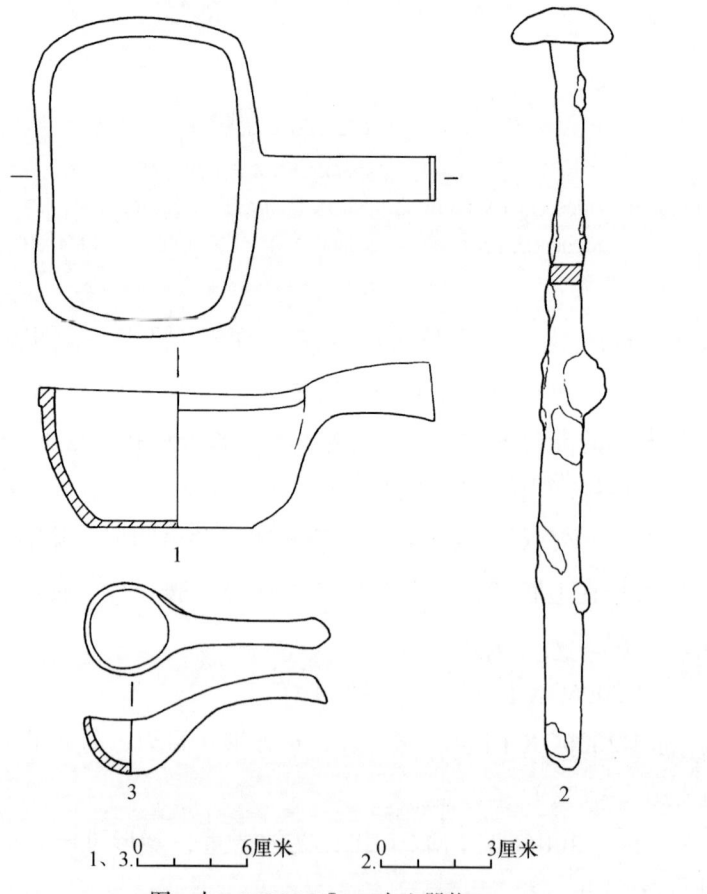

图一九 2006QXⅠM4出土器物
1. 陶魁（2006QXⅠM4:19） 2. 铁棺钉（2006QXⅠM4:20） 3. 陶勺（2006QXⅠM4:21）

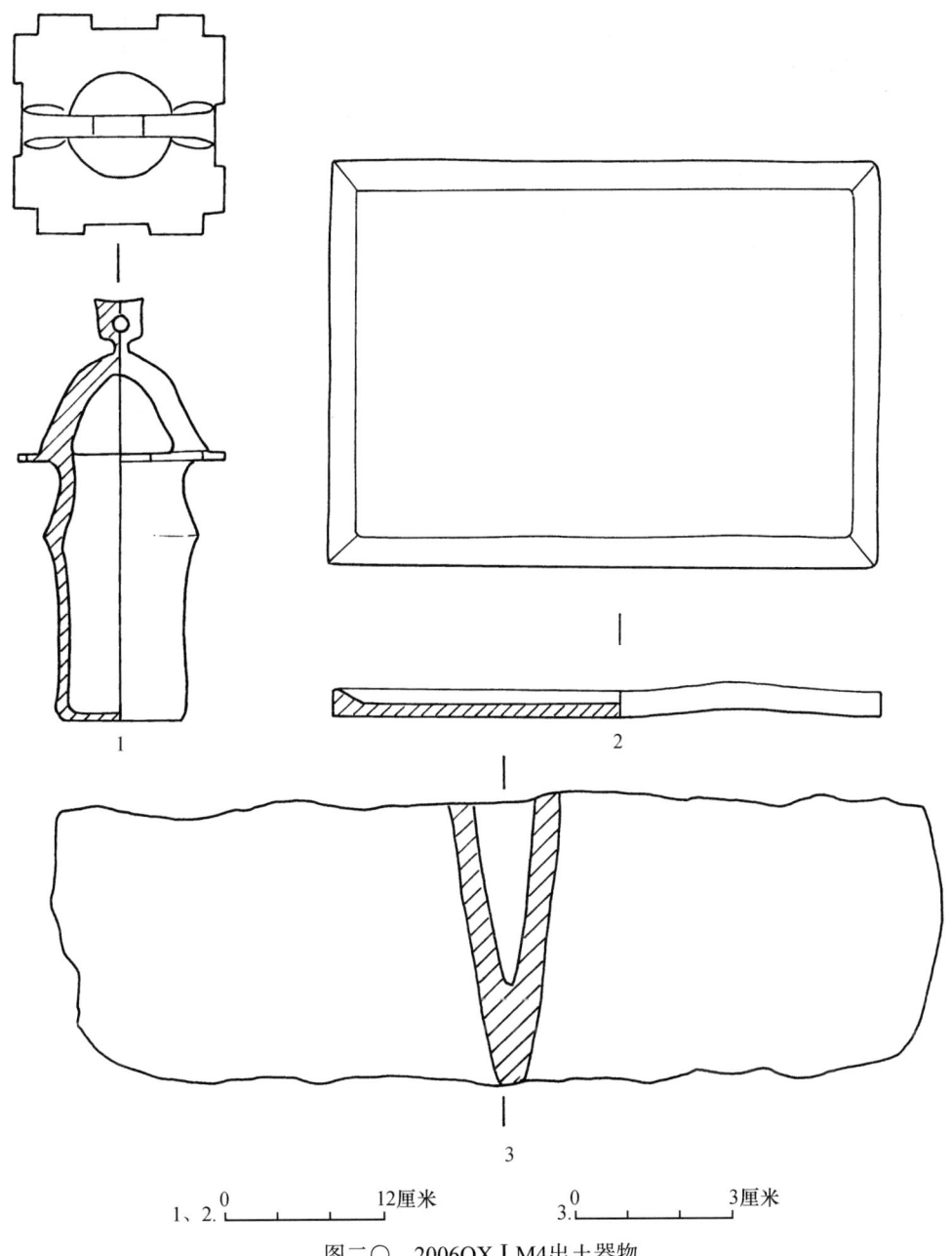

图二〇 2006QXⅠM4出土器物
1.陶井（2006QXⅠM4：25） 2.陶案（2006QXⅠM4：27） 3.铁锸（2006QXⅠM4：26）

五铢钱 5枚，3枚残，2枚完整。标本2006QXⅠM4：2，分二型。

A型 1枚。"五"字两交笔弯曲。"铢"字金字头呈三角形，下四点较长；"朱"字上下两横笔圆折。直径2.6、穿阔1厘米（图一六，4）。

B型 1枚。"铢"字金字旁四竖笔较短，呈点状；"朱"字上下两横笔有别，上笔方折，下笔圆折。直径2.6、穿阔1厘米（图一六，5）。

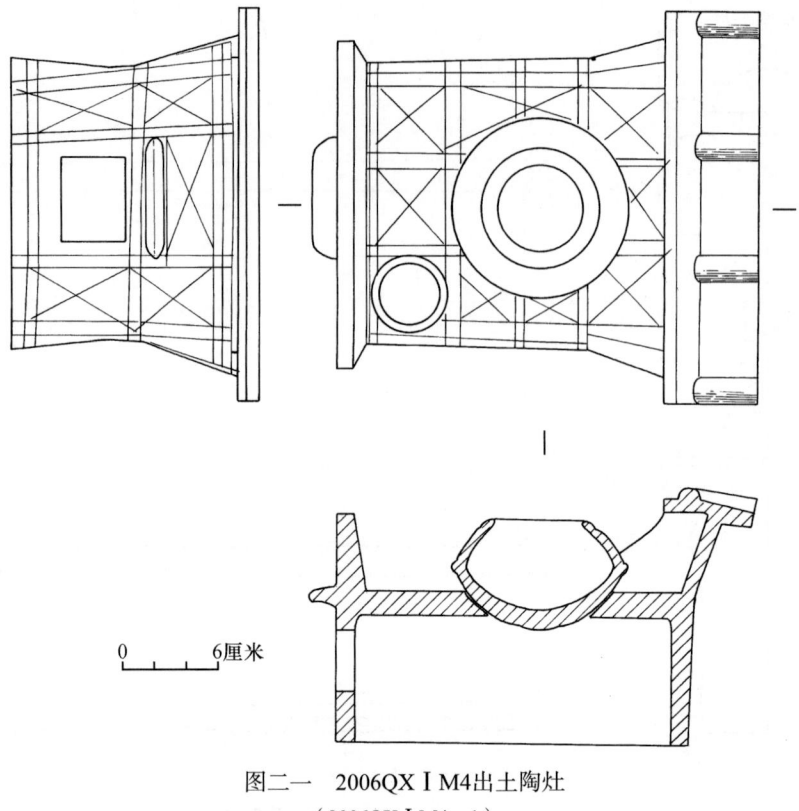

图二一　2006QXⅠM4出土陶灶
（2006QXⅠM4：1）

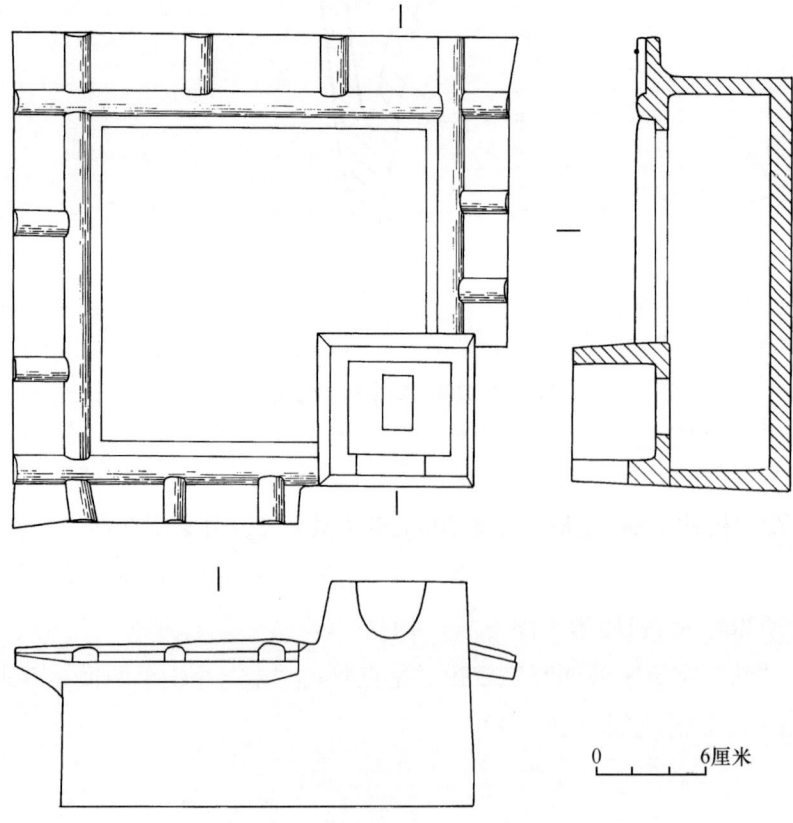

图二二　2006QXⅠM4出土陶圈厕
（2006QXⅠM4：3）

（五）2006QXⅠM5

1. 墓葬形制

位于2006QXⅠT4946的中南部。该墓为一座带梯形墓道的圆形土洞墓，南北向分布，北端平直，方向198°。墓口距地表深1米，墓深2.5米（图二三；图版四，1）。

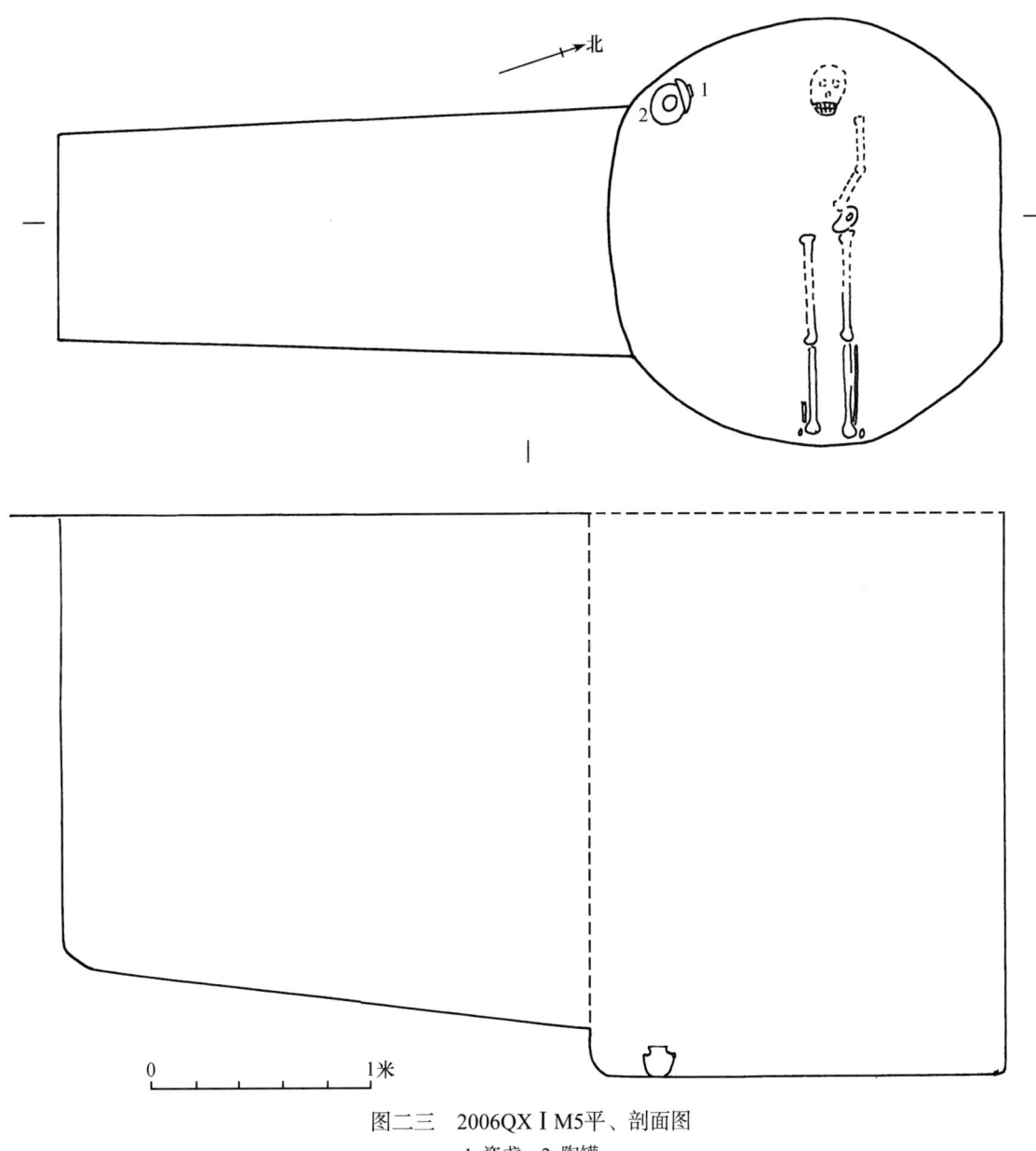

图二三　2006QXⅠM5平、剖面图
1. 瓷盏　2. 陶罐

墓道位于墓室南端。长2.6米，宽0.9~1.1米，深2.3米。内填土为五花土。

墓室呈圆形，北端较直。直径1.82~1.86米。墓主头向西，为男性，骨架腐朽严重，仰身直肢葬，年龄40~50岁，其他不详。未发现葬具痕迹。随葬品位于墓主头部南侧，计瓷盏1件、陶罐1件（图版四，2）。

2. 随葬器物

瓷盏　1件。标本2006QXⅠM5：1，灰黄胎，施泛黄青釉。敞口，圆沿，圆唇，浅弧腹，圈足，圈足较矮。内腹底部上凸，见支烧痕三处，呈鼎足状分布，似为饼垫烧制。外底部及圈足露胎。口径12、足径4、高4厘米（图二四，1；图版五九，5）。

陶罐　1件。标本2006QXⅠM5：2，泥质灰陶。束口，圆沿，圆唇，弧肩，双系，斜腹，平底。口径14、腹径21、底径12.5、高17.5厘米（图二四，2；图版五九，6）。

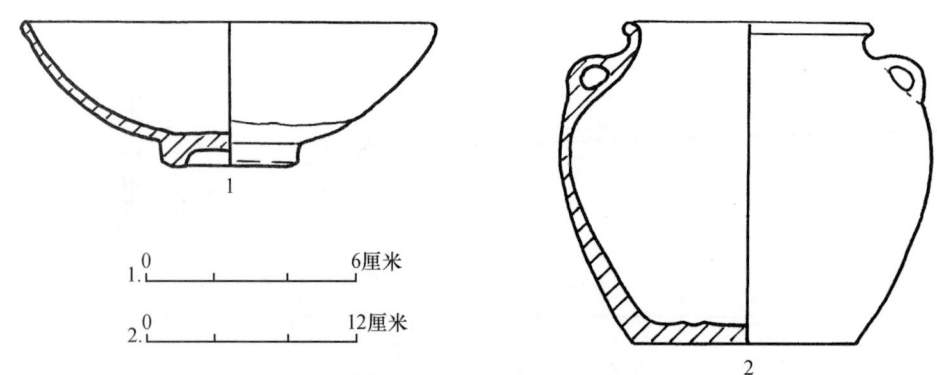

图二四　2006QXⅠM5出土器物
1. 瓷盏（2006QXⅠM5：1）　2. 陶罐（2006QXⅠM5：2）

（六）2006QXⅠM6

1. 墓葬形制

位于2006QXⅠT4946的中部偏西。土洞墓，南北向分布，方向12°，由墓道、墓室、耳室组成（图二五；图版三，2）。

墓道位于墓室北端，长方形竖井式。墓口距地表深1米，长2米，宽0.8米，深1.4米。

墓室为拱形土洞，平面呈长方形。长1.6米，宽0.8米，高0.7米。墓室内发现有棺灰痕，但形状已不完整。残长1.8米，宽0.53米，厚2.5厘米，北端超出墓室约0.2米。墓主为仰身直肢葬，头向北，面向东，右手置于腹前，大部分遗骨腐朽严重。

耳室位于墓室西壁与墓道之间，拱形土洞。宽0.7米，高0.45米，进深0.4米。随葬器物置于耳室内，计陶罐2件、陶壶1件。

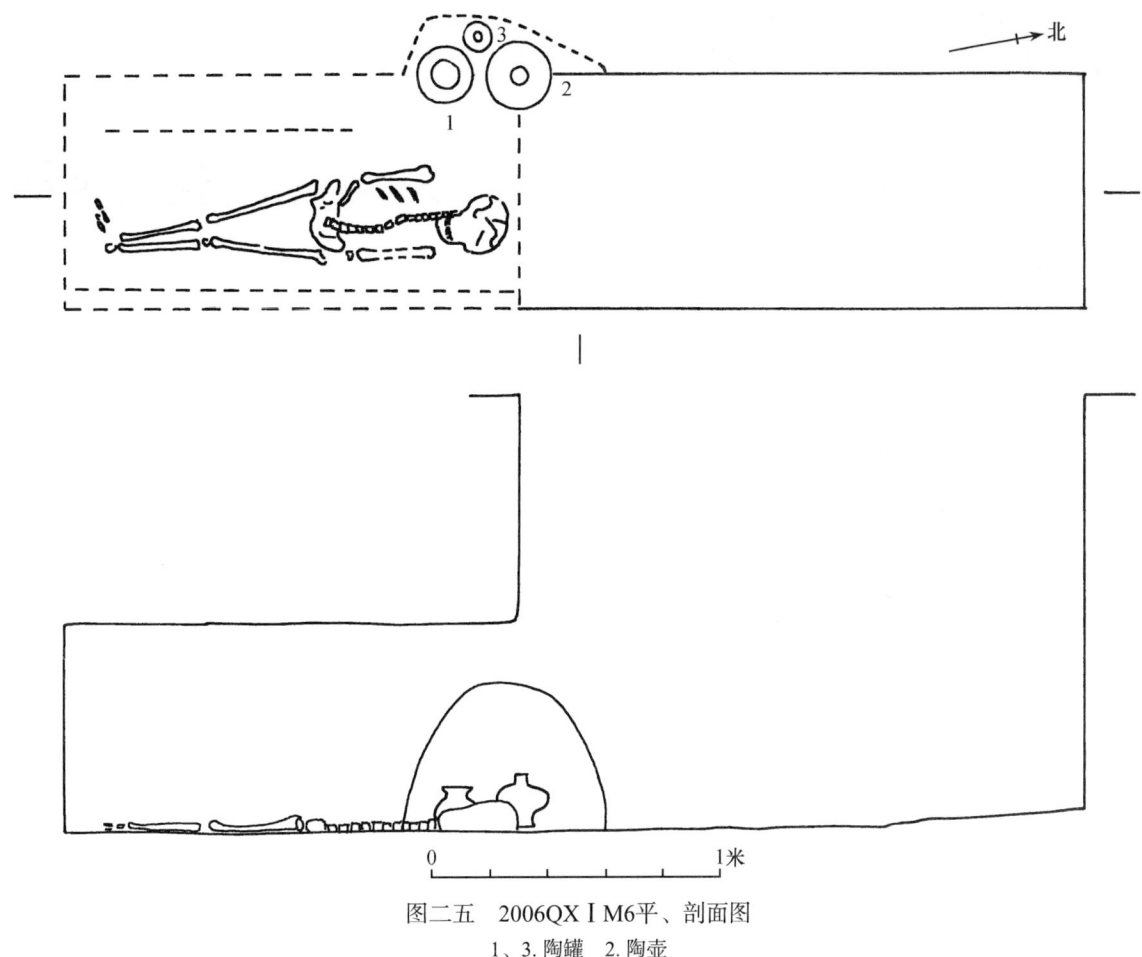

图二五 2006QXⅠM6平、剖面图
1、3. 陶罐 2. 陶壶

2. 随葬器物

陶罐 2件。泥质灰陶。标本2006QXⅠM6：1，口沿部分残，圆肩，斜腹，平底。肩腹部饰弦断绳纹。腹径21.5、底径11.3、残高24厘米（图二六，1；图版三一，3）。标本2006QXⅠM6：3，侈口，斜唇，束颈，圆肩，圆腹，底径大于口径。口径9、腹径18、底径9.5、高20厘米（图二六，3；图版三一，5）。

陶壶 1件。标本2006QXⅠM6：2，泥质灰陶。口残，细长颈，斜肩，斜腹，平底。肩部有一"M"形刻划符号。腹径24.4、底径11.5、残高22厘米（图二六，2、4；图版三一，4）。

（七）2006QXⅠM7

1. 墓葬形制

位于2006QXⅠT4947南壁下。竖穴土坑墓，方向185°。墓口大于墓底，整体形状为倒梯

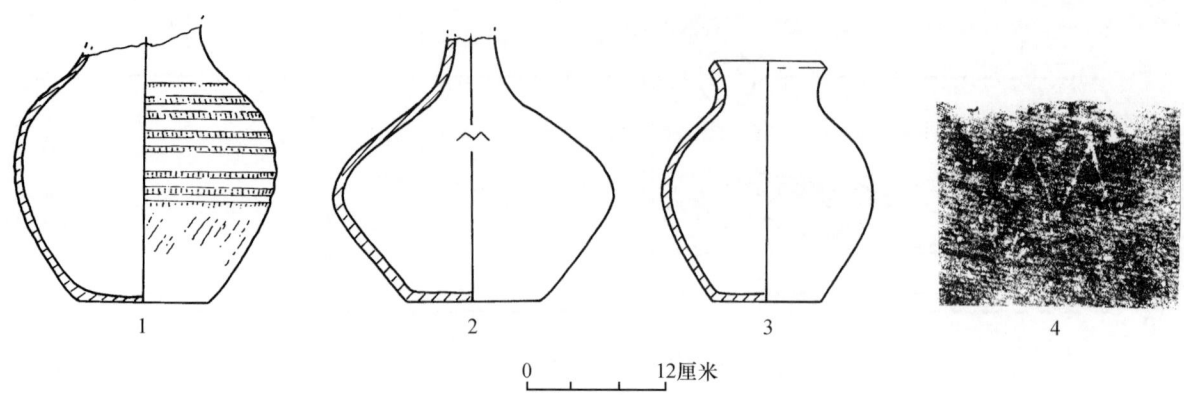

图二六　2006QXⅠM6出土陶器及陶壶刻划符号拓片
1、3.陶罐（2006QXⅠM6：1、2006QXⅠM6：3）　2.陶壶（2006QXⅠM6：2）
4.陶壶刻划符号拓片（2006QXⅠM6：2）

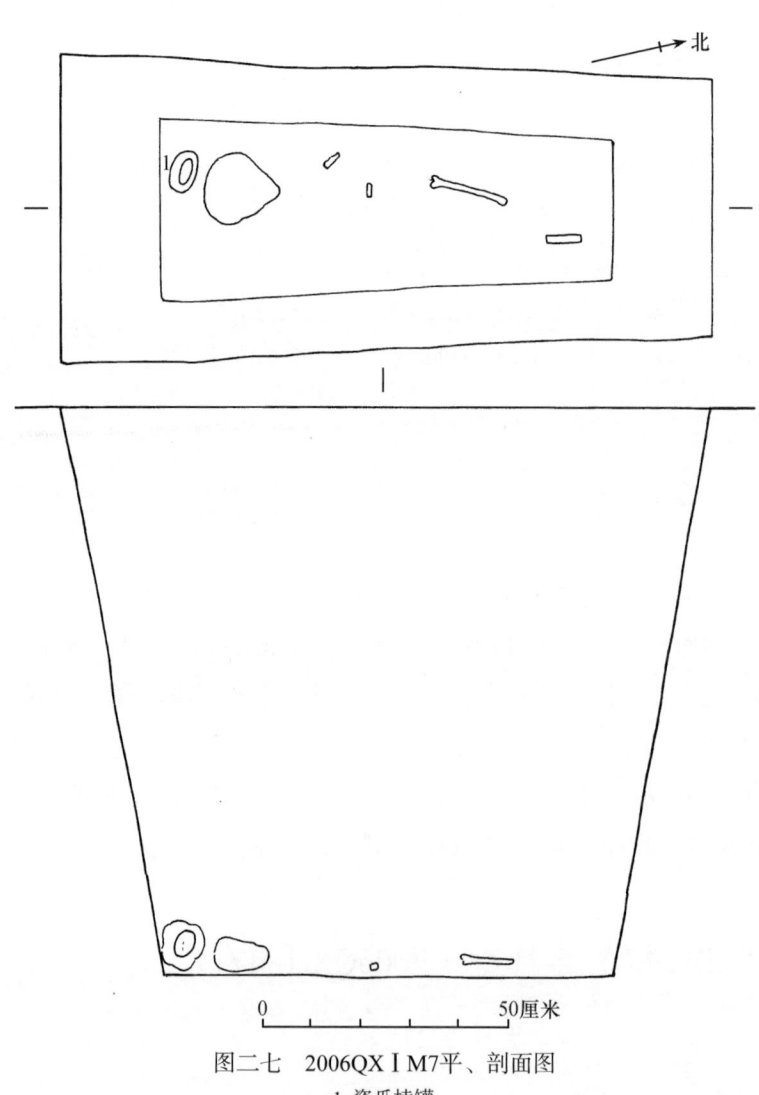

图二七　2006QXⅠM7平、剖面图
1.瓷瓜棱罐

形。墓口距地表深0.3米，长1.3米，宽0.5~0.6米；底长0.9米，宽0.26~0.33米；深1.1米。墓主头向南，面向上，仰身直肢葬，长0.8米左右，骨骼较小，应为一儿童，保存差，大部分缺失。在墓主头部左侧偏上位置发现瓷瓜棱罐1件。另外，在填土中发现有3枚铜钱，其中2枚为"至道元宝"，1枚为"开元通宝"（图二七；图版五，2）。

2. 随葬器物

瓷瓜棱罐　1件。标本2006QXⅠM7:1，灰黄胎，施黄釉，外腹下部及圈足露胎，釉质较差，脱釉现象严重。直口，圆沿，圆唇，扁腹，圈足，圈足外撇。器腹被分作五个等份，呈瓜棱状。口径7.2、腹径12、足径5.4、高6.8厘米（图二八，1；图版六〇，1）。

铜钱　3枚，其中开元通宝钱1枚、至道元宝钱2枚。

开元通宝　1枚。标本2006QXⅠM7:2，钱文楷书，直读。"开"字右竖笔内弧，"元"字下横笔左上挑。直径2.4、穿阔0.8厘米（图二八，2）。

至道元宝　2枚。钱文楷书，旋读。标本2006QXⅠM7:3，笔画细腻。直径2.5、穿阔0.7厘米（图二八，3）。标本2006QXⅠM7:4，笔画粗重。直径2.5、穿阔0.7厘米（图二八，4）。

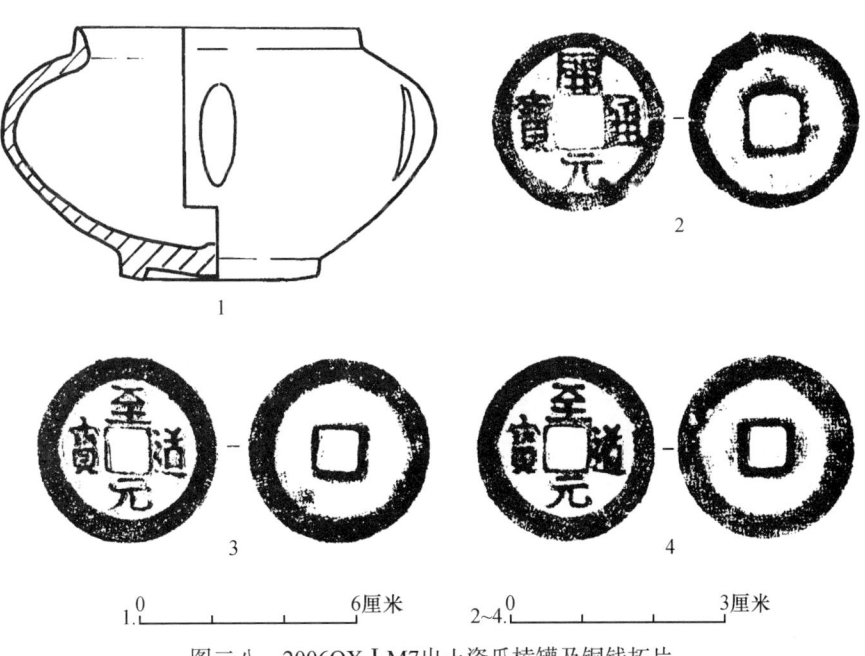

图二八　2006QXⅠM7出土瓷瓜棱罐及铜钱拓片
1. 瓷瓜棱罐（2006QXⅠM7:1）　2. 开元通宝钱拓片（2006QXⅠM7:2）
3、4. 至道元宝钱拓片（2006QXⅠM7:3、2006QXⅠM7:4）

（八）2006QXⅠM8

1. 墓葬形制

位于2006QXⅠT4947的中部偏西。土洞墓，南北向分布，方向16°，由墓道、墓室组成（图二九；图版五，1）。

墓道位于墓室北端，长方形竖井式，底略呈斜坡状。墓口距地表深0.9米，长2.5米，宽1.2米，深2.64米。

墓室为拱形土洞，平面呈长方形。长2.2米，宽0.9米，高1.1米。墓主为仰身屈肢葬，头向北，面向上，下肢屈向西侧，双手叠置于腹前。墓室内残存木棺灰痕。长1.65米，宽0.56~0.78米，厚2厘米。在墓主头部北侧发现随葬器物2件，均为陶罐，两陶罐之间发现有少量的禽类（鸡？）遗骨。

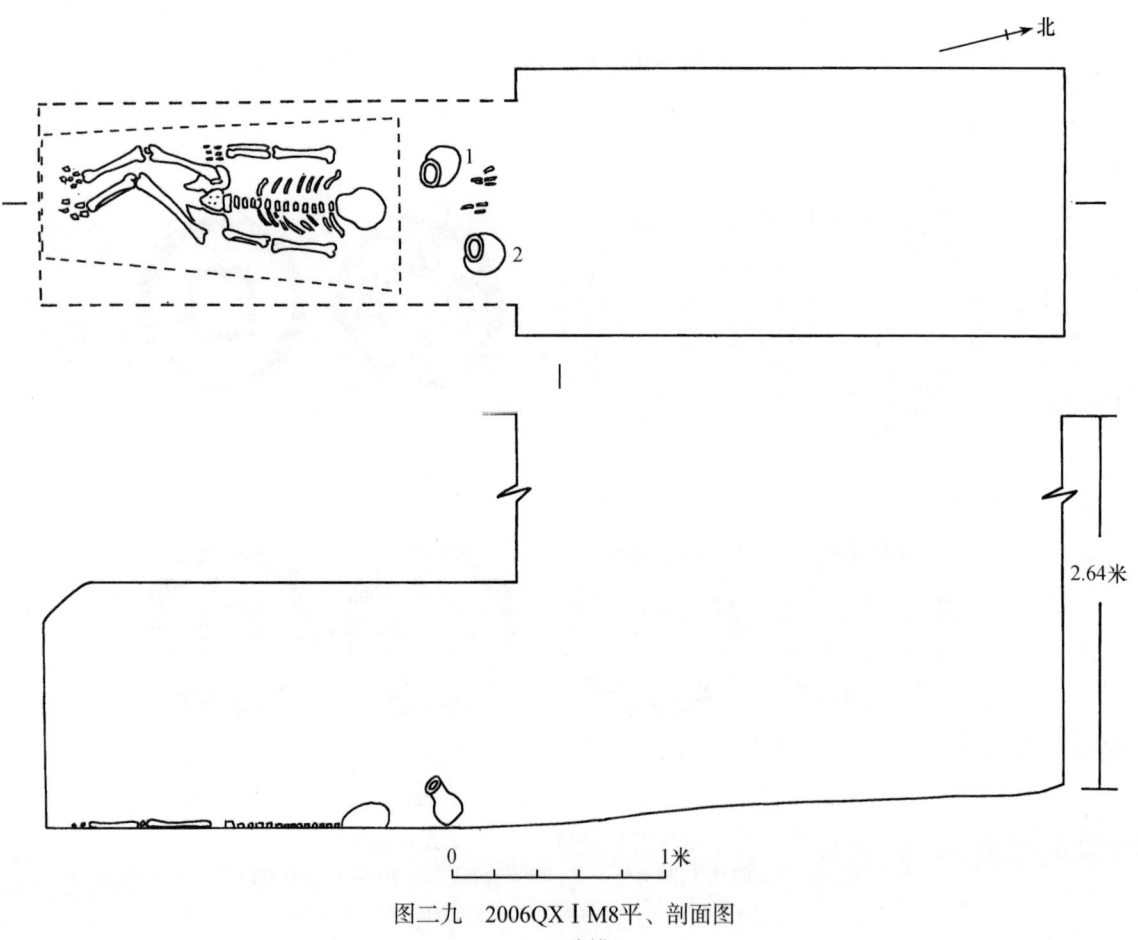

图二九　2006QXⅠM8平、剖面图
1、2. 陶罐

2. 随葬器物

陶罐 2件。泥质灰陶。敞口，平沿，方唇，束颈，鼓腹，平底。肩腹部饰弦断绳纹。标本2006QXⅠM8∶1，口径9.5、腹径21.6、底径10.5、高23.5厘米（图三〇，1；图版三一，1）。标本2006QXⅠM8∶2，口径9.5、腹径21、底径10.4、高23厘米（图三〇，2；图版三一，2）。

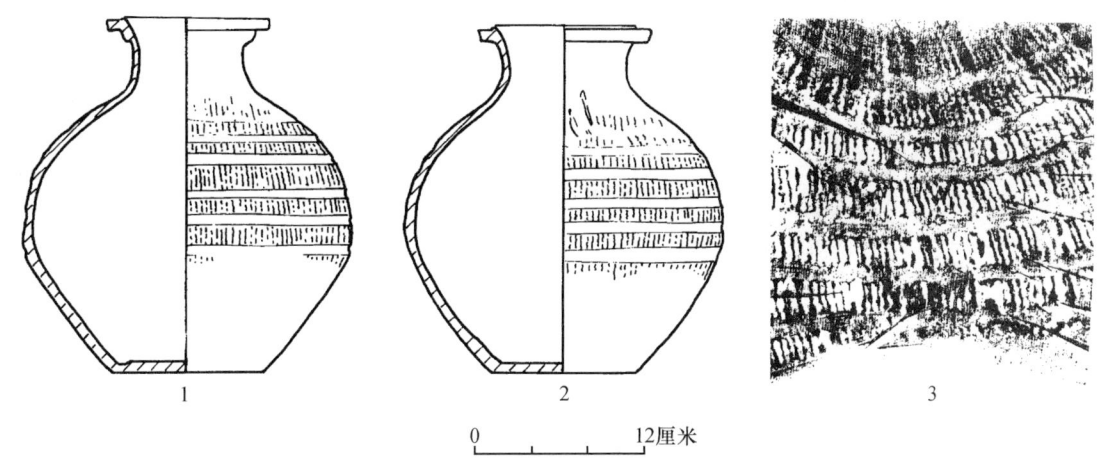

图三〇 2006QXⅠM8出土陶罐及纹饰拓片
1、2.陶罐（2006QXⅠM8∶1、2006QXⅠM8∶2） 3.陶罐纹饰拓片（2006QXⅠM8∶1）

（九）2006QXⅠM9

1. 墓葬形制

位于2006QXⅠT4847的南部，其中一部分分布在2006QXⅠT4846内。土洞墓，南北向分布，方向15°，由墓道、墓室组成（图三一；图版六，1）。

墓道位于墓室的北端，长方形竖井式，四壁规整。墓口距地表深1.16米，长2.5米，宽0.8米，深1.26米。

墓室为拱形土洞，平面呈长方形。长1.9米，宽0.8米，高0.7米。墓主为仰身直肢葬，头北脚南，面向西侧，不见棺痕残存。随葬品位于墓道南部，另外在墓主头部南侧发现有家禽（鸡？）遗骨，应与下葬前生者祭祀死者有关，由于遗骨严重腐朽，无法收集。随葬器物计4件，其中陶罐3件、铜钱2枚。

2. 随葬器物

陶罐 3件。标本2006QXⅠM9∶1，泥质灰陶，通体施陶衣。敞口，平沿，方唇，折肩，斜腹，平底。肩部饰弦线状暗纹，腹上部饰绳纹及单弦线，绳纹漫漶不清。口径10、腹径42、底径16、高33厘米（图三二，1；图版三一，6）。标本2006QXⅠM9∶2，泥质灰陶。侈口，折沿，斜尖唇，圆肩，圆腹，平底。肩腹部饰弦断绳纹。口径10、腹径22、底径13、高25厘米（图三二，2、6；图版三二，1）。标本2006QXⅠM9∶3，泥质灰陶，器腹施陶衣。侈口，折沿，沿内侧微凸，尖唇较厚，圆肩，斜腹，平底。肩腹部饰弦断绳纹，下腹部有削痕。口径10.5、腹径23、底径11.5、高27.5厘米（图三二，3；图版三二，2）。

半两钱　2枚。标本2006QXⅠM9∶4，皆残。无轮无郭，背面平。钱体轻薄，似榆荚半两，小篆右读，文字平整，笔画方折。"两"字呈"￼"形，"半"字之头部呈"￼"状。直径2.1、穿阔0.8厘米（图三二，4、5）。

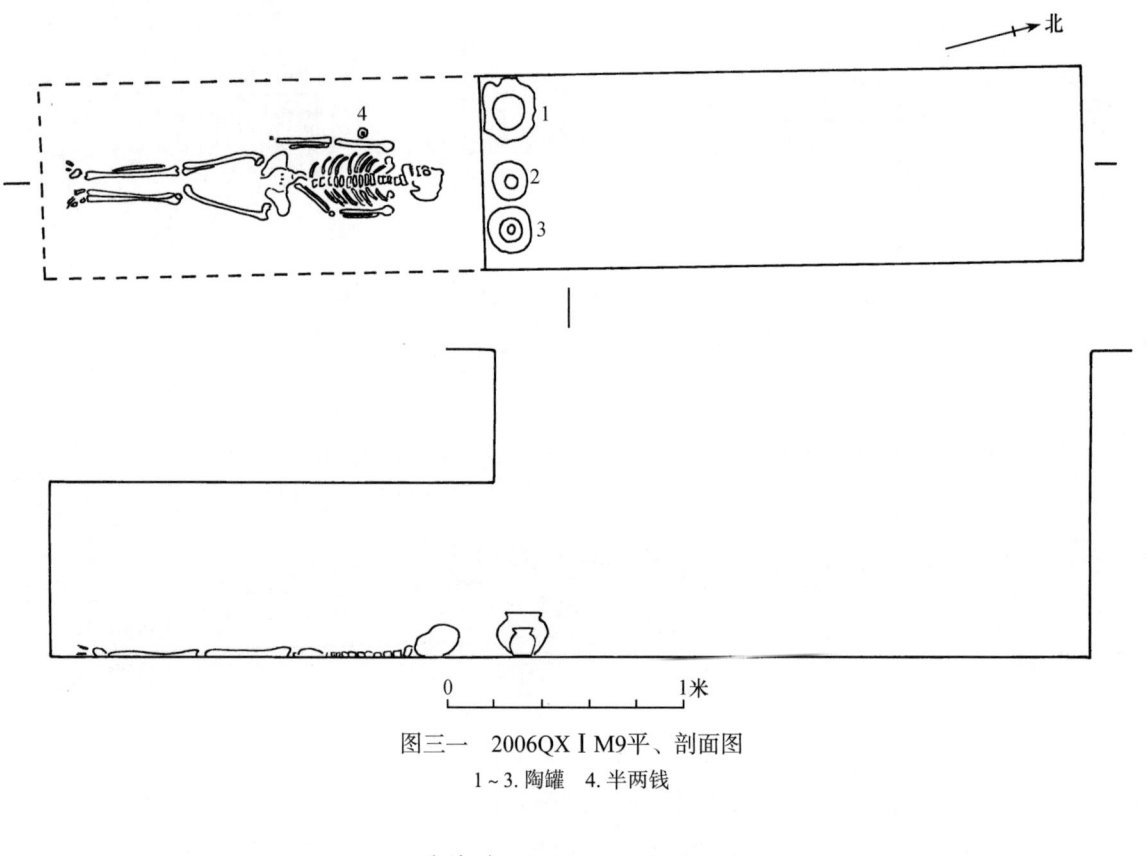

图三一　2006QXⅠM9平、剖面图
1~3.陶罐　4.半两钱

（十）2006QXⅠM10

1. 墓葬形制

位于2006QXⅠT4747的东隔梁下。长方形竖穴土坑砖室墓，南北向分布，方向15°。墓口距地表深0.75米，长3米，宽1.3米，深3.18米。砖室四壁以灰砖错缝平砌，底部中间一排砖为南北向竖铺，两侧砖为东西向横铺。砖长58厘米，宽12厘米，厚10厘米。未发现葬具，但见有分布面积较大的灰白色木质灰痕，推测应为覆盖砖室的木板。墓主为仰身直肢葬，头向北，头骨损毁，面向不详，整个骨架已朽为粉状，性别、年龄无法得知。随葬器物均放置在砖室内

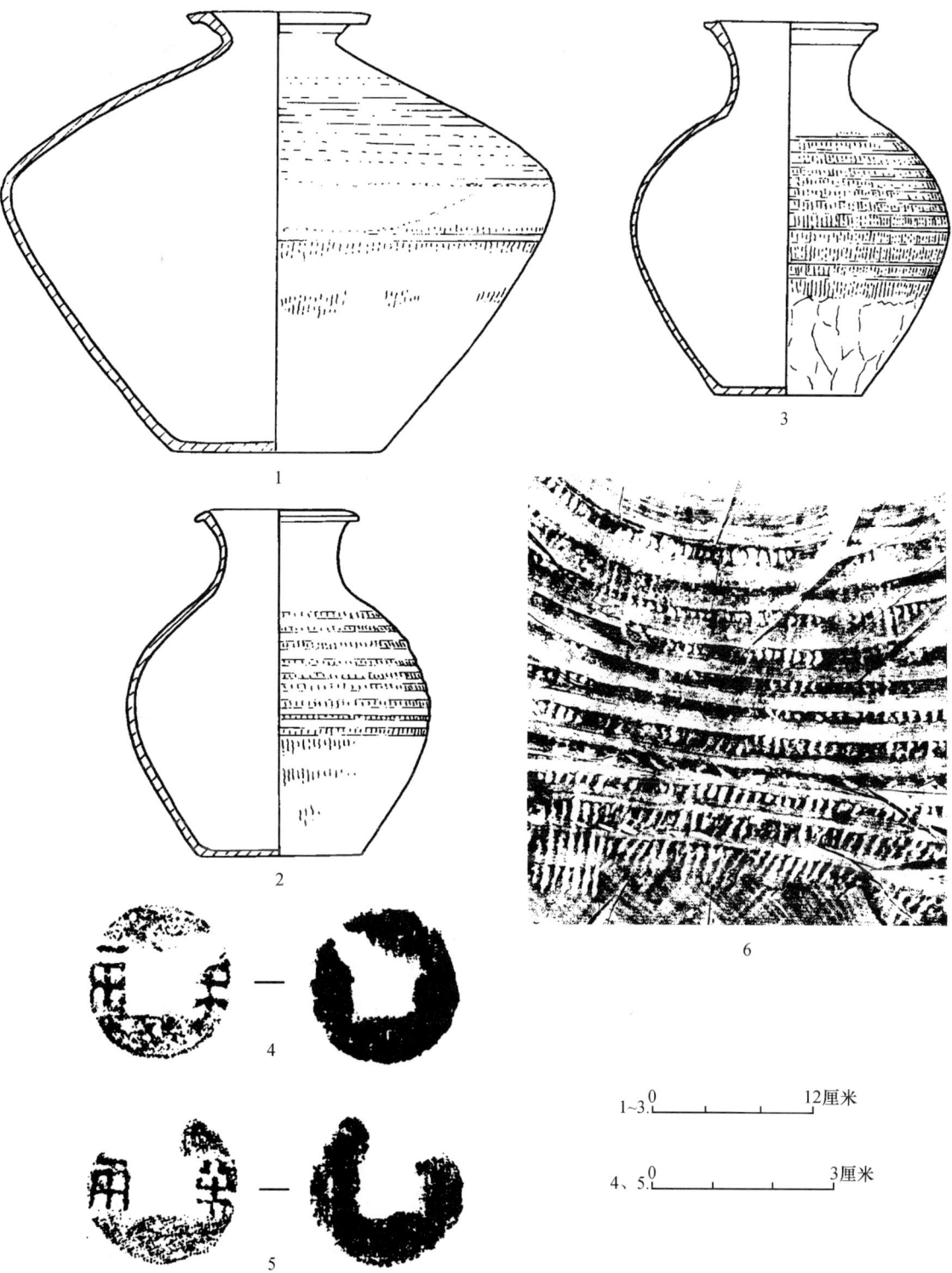

图三二 2006QXⅠM9出土器物及拓片

1~3. 陶罐（2006QXⅠM9：1、2006QXⅠM9：2、2006QXⅠM9：3） 4、5. 半两钱拓片（2006QXⅠM9：4-1、2006QXⅠM9：4-2） 6. 陶罐纹饰拓片（2006QXⅠM9：2）

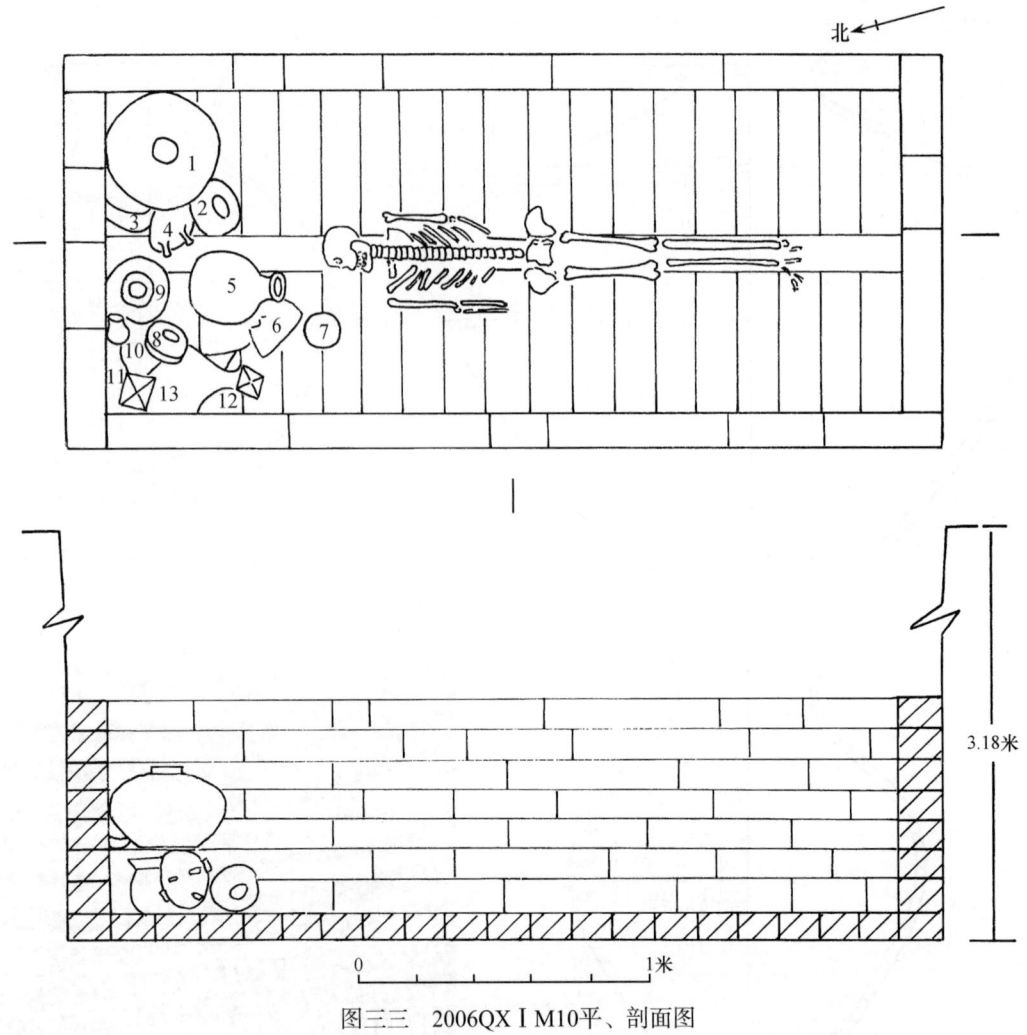

图三三 2006QXⅠM10平、剖面图
1、5、9.陶罐 2、8.陶盒 3、4.陶鼎 6.陶釜 7.陶钵 10、11.陶壶 12、13.陶钫

的北端，计13件，多数已残毁，其中罐3件、盒2件、釜1件、钵1件、壶2件、钫2件、鼎2件（图三三；图版六，2）。

2. 随葬器物

陶罐 3件。泥质灰陶。标本2006QXⅠM10：1，残，敞口，折沿，重唇，束颈，折肩，斜腹，平底。口径9.5、腹径33、底径19、高27.5厘米（图三四，1；图版三二，4）。标本2006QXⅠM10：5，侈口，折沿，重唇，束颈，圆肩，斜腹，平底。肩腹部饰绳纹，部分被弦纹所隔断。口径9.8、腹径23、底径10、高26.5厘米（图三五，1、8；图版三二，6）。标本2006QXⅠM10：9，侈口，斜沿，尖唇，束颈，圆肩，斜腹，平底。肩腹部饰竖向绳纹，部分被弦纹所隔断。口径9.8、腹径22、底径12.5、高26.5厘米（图三五，2、9；图版三二，5）。

陶釜 1件。标本2006QXⅠM10：6，泥质红陶。侈口，斜唇，束颈，颈两侧有穿孔，扁腹,平底略圜。底部饰绳纹。口径13、腹径19、高12.5厘米(图三四,6;图版三四,3)。

陶盒　2件。泥质灰陶。标本2006QXⅠM10:2,扁球形体,子母口,圆唇,弧腹,平底。盖,隆顶,顶有圆形捉手。周身有彩绘,以黑彩绘云纹,以白色作点,之下以朱红色、黑色作衬,以白色绘卷云纹。盖径18、口径14、底径8、通高14厘米(图三四,2;图版三三,1)。标本2006QXⅠM10:8,与2006QXⅠM10:2器形相同。盖径18、口径15.5、底径9、通高14.5厘米(图三四,3;图版三三,2)。

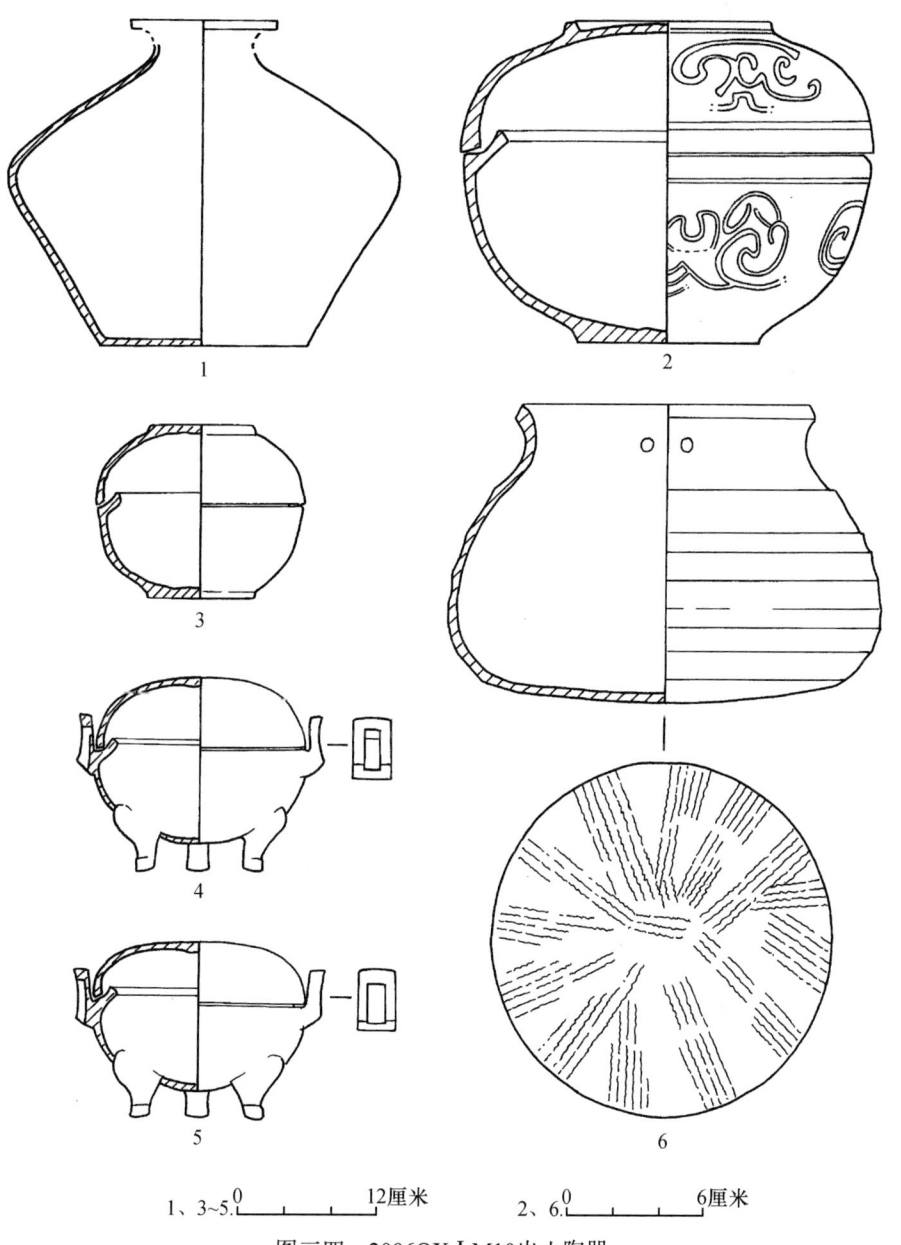

图三四　2006QXⅠM10出土陶器

1.陶罐(2006QXⅠM10:1)　2、3.陶盒(2006QXⅠM10:2、2006QXⅠM10:8)　4、5.陶鼎(2006QXⅠM10:3、2006QXⅠM10:4)　6.陶釜(2006QXⅠM10:6)

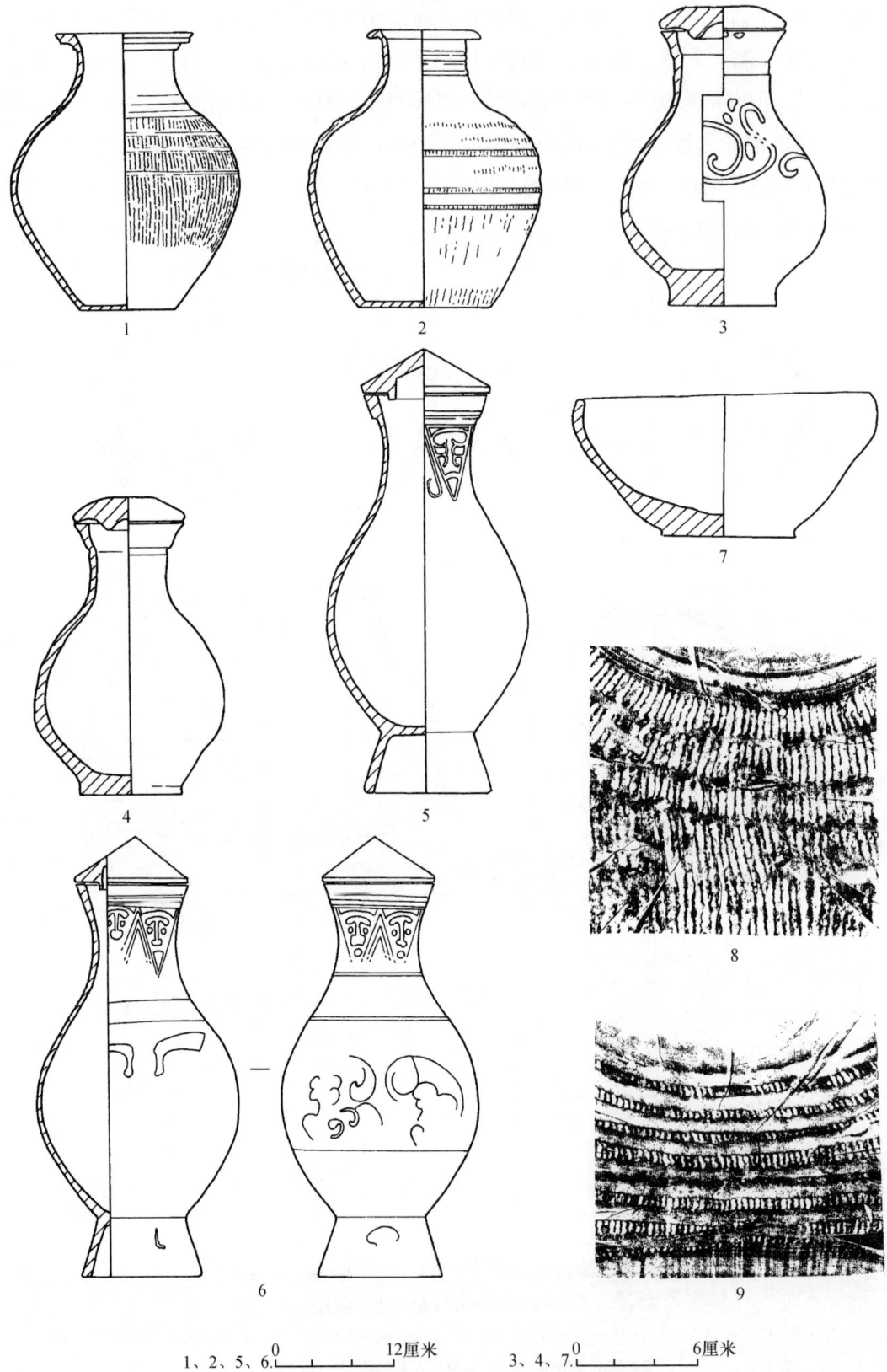

图三五 2006QXⅠM10出土陶器及陶罐纹饰拓片
1、2. 陶罐（2006QXⅠM10：5、2006QXⅠM10：9） 3、4. 陶壶（2006QXⅠM10：11、2006QXⅠM10：10）
5、6. 陶钫（2006QXⅠM10：12、2006QXⅠM10：13） 7. 陶钵（2006QXⅠM10：7）
8、9. 陶罐纹饰拓片（2006QXⅠM10：5、2006QXⅠM10：9）

陶鼎　2件。泥质灰陶，通身施黄色陶衣。标本2006QXⅠM10：3，子母口，尖唇，鼎腹深于顶盖，圜底，蹄形足。鼎口附长方形有孔双耳，耳外折直立。盖，隆顶。盖径18、口径14、通高16厘米（图三四，4；图版三三，4）。标本2006QXⅠM10：4，子母口，尖唇，鼎腹深于顶盖，圜底，蹄形足。鼎口附长方形双耳，耳外折直立，耳不镂空。顶盖较2006QXⅠM10：3显浅，隆顶微平。盖径18.4、口径14、通高15厘米（图三四，5；图版三三，3）。

陶壶　2件。器形较小，器形相同，敞口，方沿，垂唇，束颈，垂腹，下腹部斜收，平底。盖，隆顶较平。标本2006QXⅠM10：10，器身泥质红陶，器盖泥质灰陶。盖径6、口径4、腹径10、底径5.3、通高14厘米（图三五，4；图版三三，6）。标本2006QXⅠM10：11，泥质灰陶。器腹间残存有白色卷云纹彩绘痕迹。盖径6.2、口径4、腹径10、底径5.4、高14.2厘米（图三五，3；图版三三，5）。

陶钫　2件。泥质灰陶。器形相同，方口，方沿，垂唇，束颈，鼓腹，方足呈覆斗状。盖，尖顶四面坡式。标本2006QXⅠM10：12，彩绘纹饰多已脱落。盖径12、口径12、足径12.4、通高42厘米（图三五，5；图版三四，2）。标本2006QXⅠM10：13，颈部彩绘倒三角形纹，腹部为两组菊花状团云纹，足部绘简单的卷云纹。盖径11.2、口径11.2、足径12、通高42厘米（图三五，6；图版三四，1）。

陶钵　1件。标本2006QXⅠM10：7，泥质灰陶。敛口，圆沿，圆唇，斜腹，平底。口径13.5、底径6.5、高6.5厘米（图三五，7；图版三二，3）。

（十一）2006QXⅠM11

1. 墓葬形制

位于2006QXⅠT4747中部偏东、2006QXⅠM13东侧。长方形竖穴土坑墓，南北向分布，方向20°。墓口距地表深1.3米，长2.7米，宽0.8米，深2.7米。墓主为仰身直肢葬，头向北，面向西。墓内有棺木残存，已腐朽。长1.95米，宽0.58～0.62米，厚3厘米。骨架保存基本完好，为一男性，年龄40～45岁。随葬器物位于墓北端，计有陶罐3件，另有1件铜带钩位于墓主盆骨下（图三六；图版九，1上）。

2. 随葬器物

陶罐　3件。泥质灰陶。标本2006QXⅠM11：1，通体施陶衣。敞口，折沿，口沿内侧上凸，方唇，束颈，斜折肩，斜腹，平底。肩部饰暗纹、弦纹、指甲纹，其间有刻划符号。口径9.5、腹径38、底径17、高28厘米（图三七，1、5～7；图版三四，4）。标本2006QXⅠM11：2，侈口，斜唇，束颈，圆肩，圆腹，平底。口径10、腹径18.5、底径12、

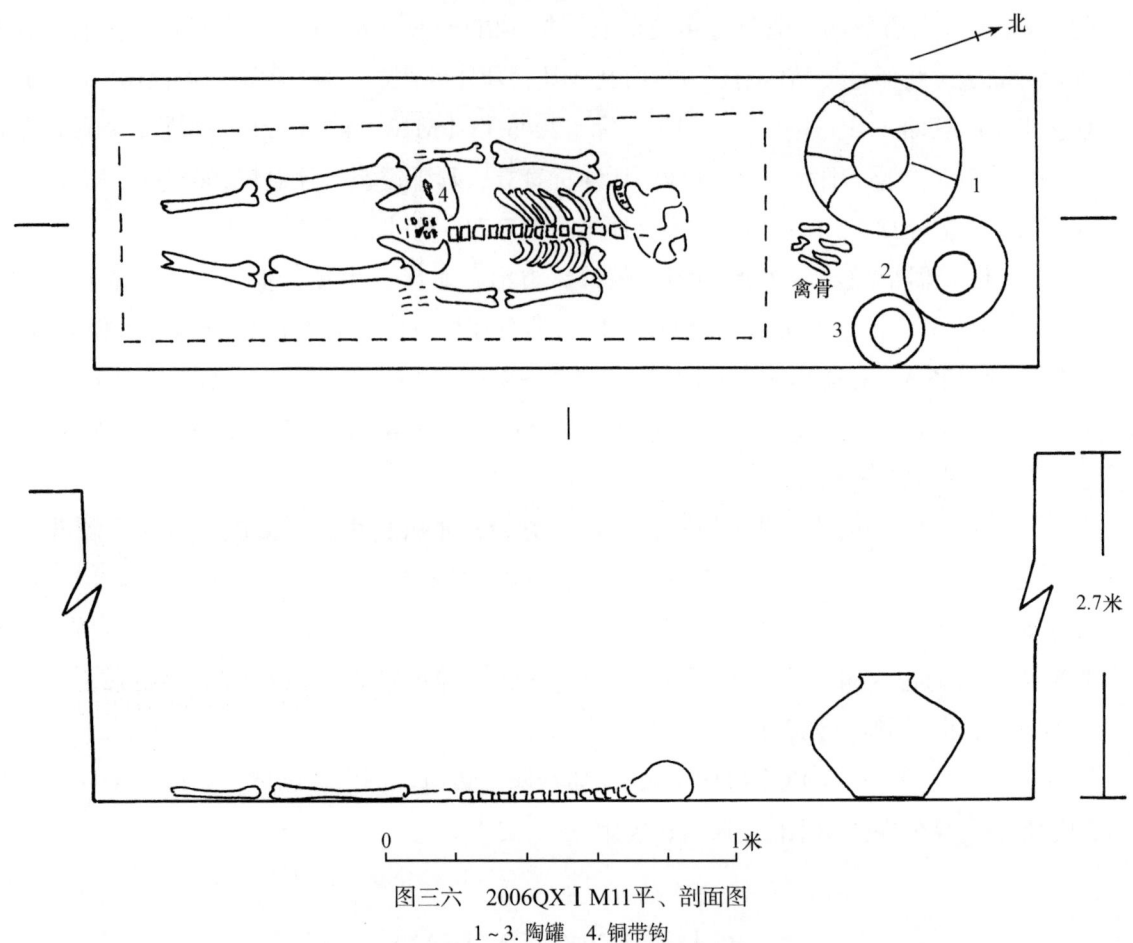

图三六 2006QXⅠM11平、剖面图
1~3.陶罐 4.铜带钩

高21厘米（图三七，2；图版三四，5）。标本2006QXⅠM11：3，侈口，折沿，尖唇，唇较厚，束颈，圆肩，斜腹，平底。肩腹部饰弦断绳纹。口径9、腹径21、底径12、高24.5厘米（图三七，3；图版三四，6）。

铜带钩 1件。标本2006QXⅠM11：4，残，琵琶状，钩在尾部，呈兽首形，纽呈圆形。长5.7厘米（图三七，4；图版三五，1）。

（十二）2006QXⅠM12

1. 墓葬形制

位于2006QXⅠT4948西侧北端。砖室墓，南北向分布，平面呈凸字形，顶部已塌毁，方向13°，由墓道、甬道、墓门、前室、后室组成。墓口距地表深1米（图三八；图版七，1）。

墓道位于发掘区以外，受征地限制无法发掘，钻探表明墓道为斜坡式。长4.76米，宽0.9米。

甬道及墓门残毁。甬道长0.68米，宽0.9米，残高0.76米。

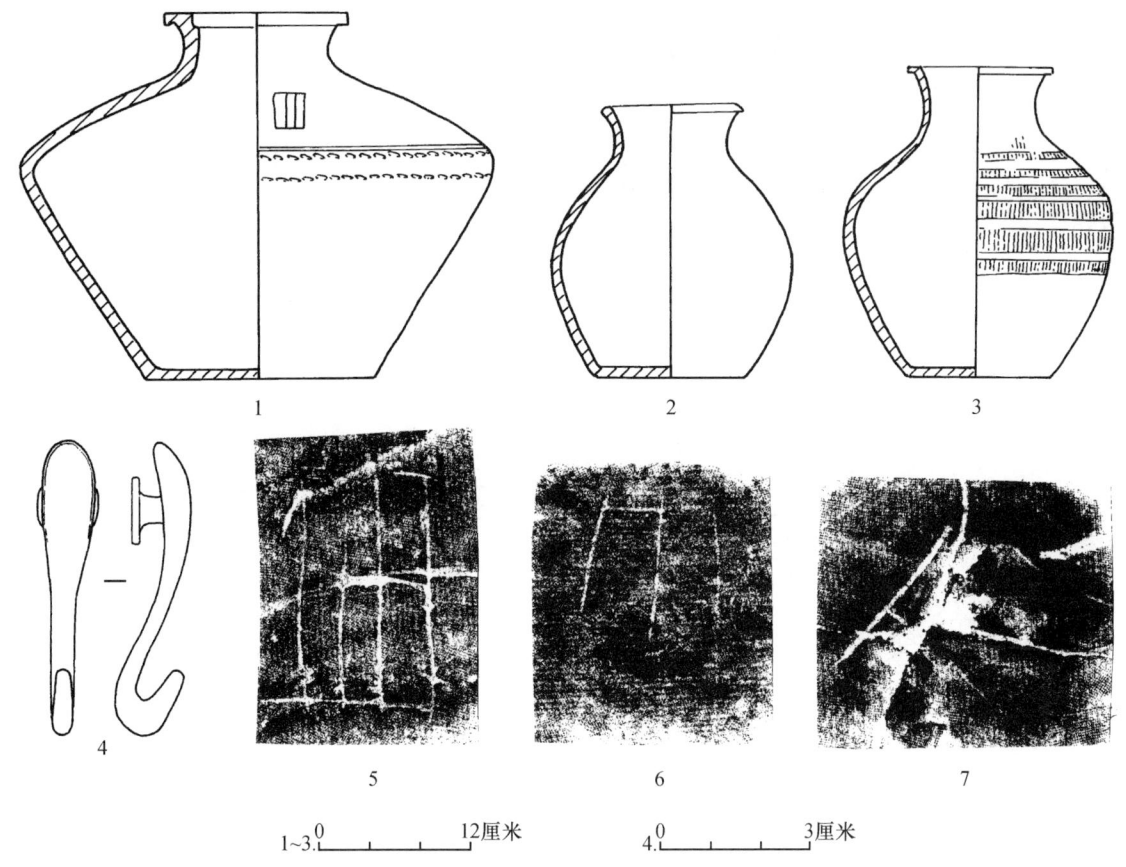

图三七 2006QXⅠM11出土器物及陶罐刻划符号拓片
1～3.陶罐（2006QXⅠM11：1、2006QXⅠM11：2、2006QXⅠM11：3） 4.铜带钩（2006QXⅠM11：4）
5～7.陶罐刻划符号拓片（2006QXⅠM11：1）

前室近方形。长2.7米，宽2.76米，残高约1.68米。西壁下有棺床，砌筑方法为边沿两层砖南北向竖铺，中间为两砖单层东西向横铺。长与前室同，宽0.85米，高于前室地面0.12米（图版七，2）。

后室为长方形，略向东偏，高于前室，与西壁下棺床同高。长2.6米，宽1.82米，后室与前室结合处全为残砖丁砌，后室底部皆以残砖铺设。墓内仅见零星的骨片残存，葬式不详，亦未发现葬具痕迹。整个墓葬用砖尺寸一致，长27厘米，宽13厘米，厚4厘米。

随葬器物多集中在前室的东北角和棺床的东侧，共计22件（套），多为陶器，个别出土时已残毁，器形有陶圈厕、陶魁、陶灶、陶井、陶仓、陶耳杯、陶案、陶奁、陶盘、铜钱等。

2. 随葬器物

陶罐 2件。泥质灰陶。标本2006QXⅠM12：2，侈口，卷沿，圆唇，圆肩，斜腹，平底内凹。肩部饰弦纹。口径11、腹径21.5、底径10、高16厘米（图三九，2；图版三六，2）。标本2006QXⅠM12：3，侈口，卷沿，圆唇，圆肩，斜腹，平底内凹。肩部饰弦纹。口径12、腹

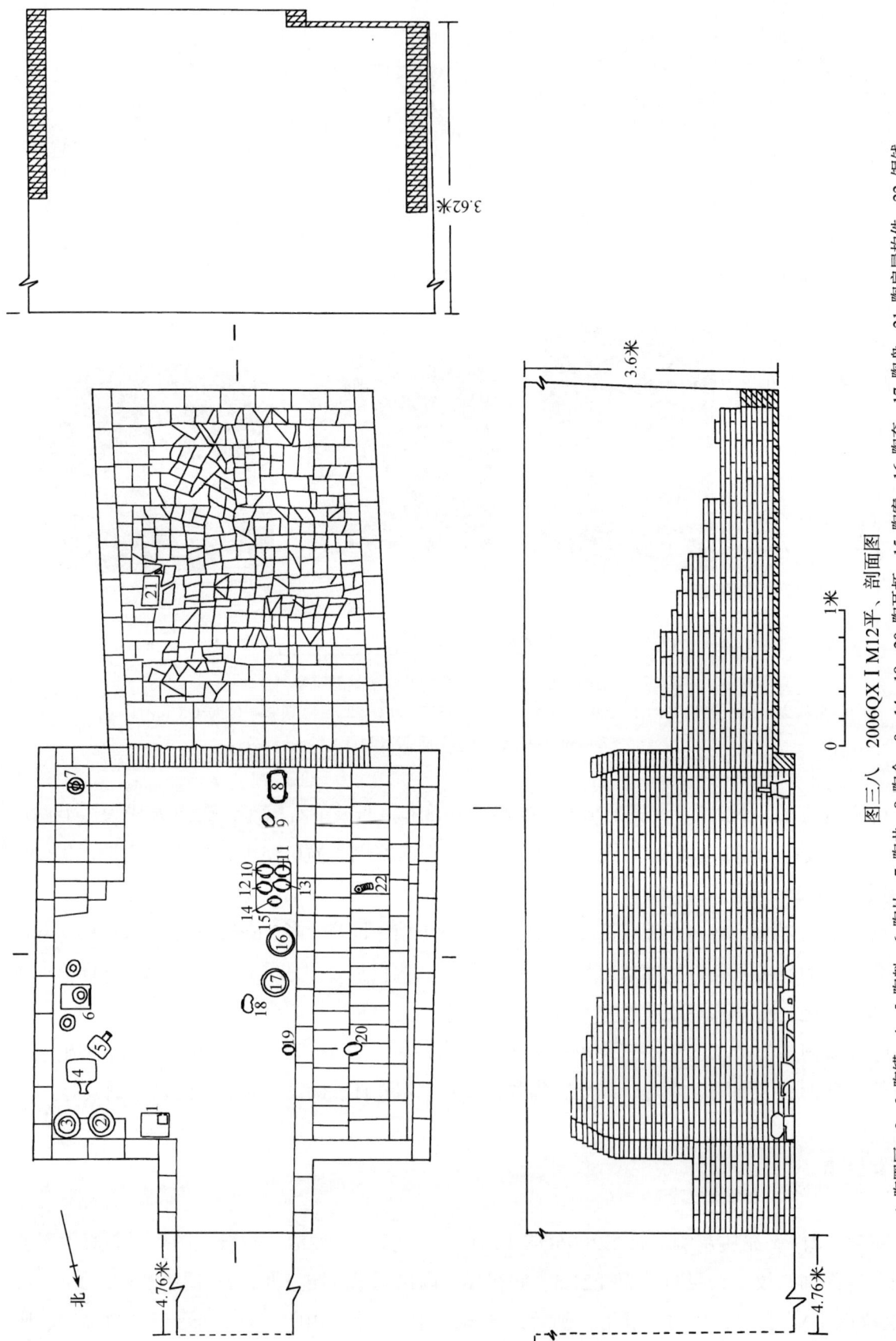

图三八 2006QXⅠM12平、剖面图

1. 陶圈厕 2、3. 陶罐 4、5. 陶魁 6. 陶灶 7. 陶井 8. 陶仓 9～14、18～20. 陶耳杯 15. 陶案 16. 陶卮 17. 陶盘 21. 陶房屋构件 22. 铜钱

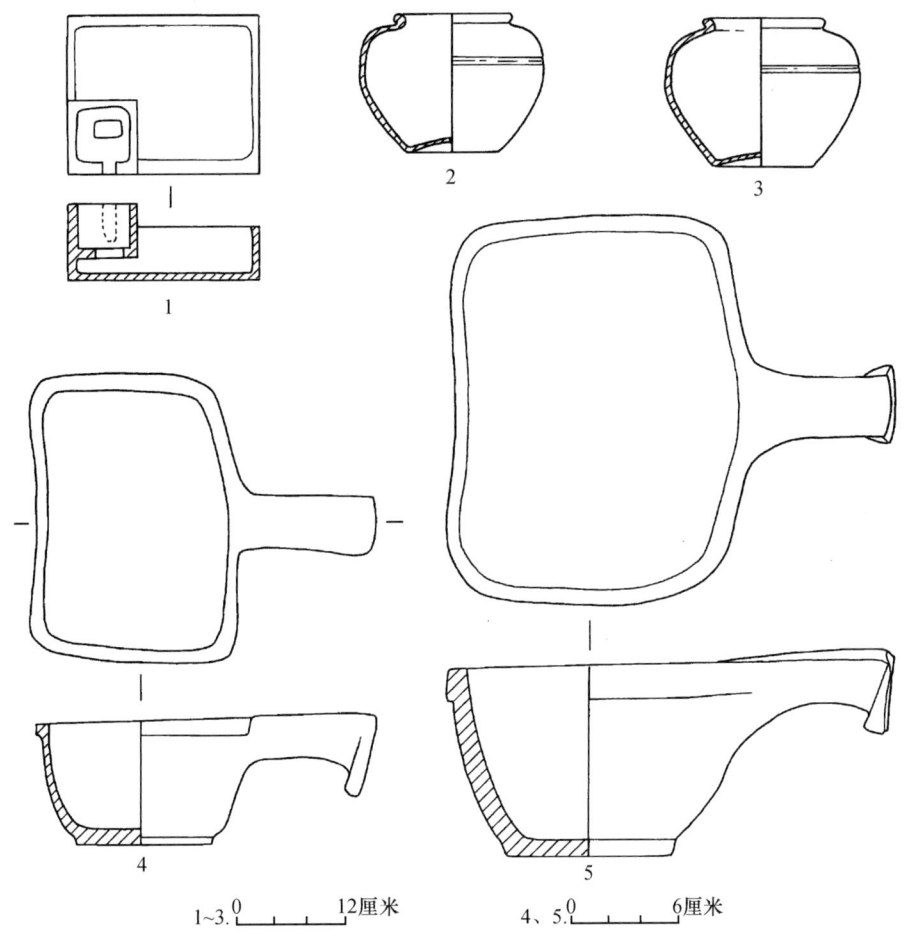

图三九 2006QXⅠM12出土陶器
1. 陶圈厕（2006QXⅠM12：1） 2、3. 陶罐（2006QXⅠM12：2、2006QXⅠM12：3）
4、5. 陶魁（2006QXⅠM12：4、2006QXⅠM12：5）

径22、底径12、高16厘米（图三九，3；图版三六，1）。

陶魁 2件。泥质灰陶。长方形口，方唇，斜腹，平底，直柄回勾。标本2006QXⅠM12：4，口长16、宽12厘米，通长20、高7厘米（图三九，4；图版三六，4）。标本2006QXⅠM12：5，与2006QXⅠM12：4器形相同，唯器形较大。口长22、宽16厘米，通长26、高11厘米（图三九，5；图版三六，3）。

陶奁 1件。标本2006QXⅠM12：16，泥质灰陶。直口，方唇，直腹，平底内凹，三足呈扁乳钉状。腹部饰弦纹。口径20、底径20、通高12厘米（图四〇，2；图版三九，6）。

陶案 1件。标本2006QXⅠM12：15，泥质灰陶。长方形平板状，四边上折。长38、宽26.8厘米（图四一，1；图版三九，4）。

陶盘 1件。标本2006QXⅠM12：17，泥质灰陶。敞口，重沿，方唇，斜腹，平底内凹。内腹及底部饰弦纹。口径18、底径11、高4.5厘米（图四一，2；图版三九，5）。

陶耳杯 9件。泥质灰陶。长椭圆形，双耳上翘或较平，耳较肥厚，深腹，平底或平底内凹。标本2006QXⅠM12：9，口长径13.1、口短径8.5、高4.5厘米（图四二，1；图版三九，2）。

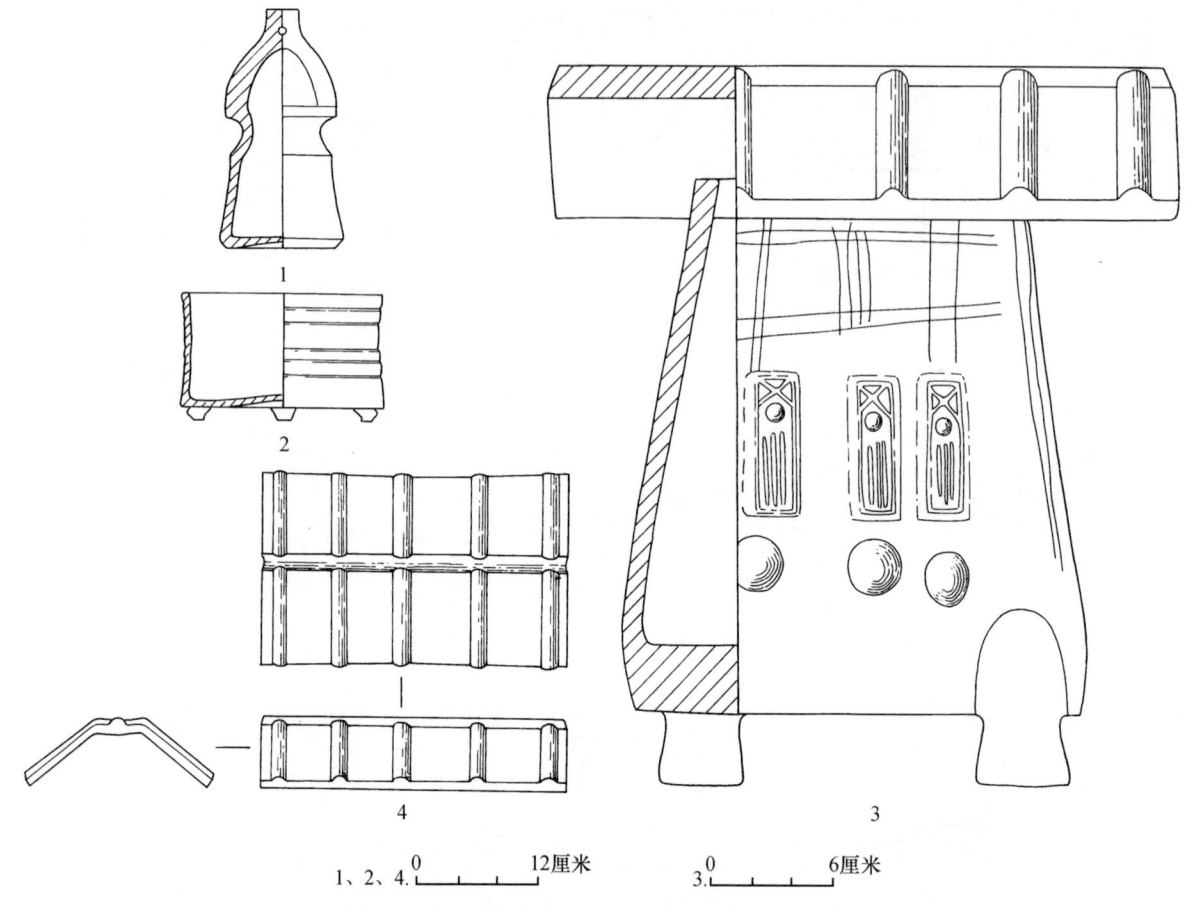

图四〇 2006QXⅠM12出土陶器
1. 陶井（2006QXⅠM12：7） 2. 陶奁（2006QXⅠM12：16） 3. 陶仓（2006QXⅠM12：8）
4. 陶房屋构件（2006QXⅠM12：21）

标本2006QXⅠM12：10，口长径13.2、口短径8.3、高4.2厘米（图四二，2；图版三八，1）。标本2006QXⅠM12：11，口长径13.1、口短径9、高4.5厘米（图四二，3；图版三八，2）。标本2006QXⅠM12：12，口长径13.2、口短径8.4、高4.2厘米（图四二，4；图版三八，3）。标本2006QXⅠM12：13，口长径10.8、口短径6、高4厘米（图四二，5；图版三八，4）。标本2006QXⅠM12：14，口长径13、口短径8.3、高4.3厘米（图四二，6；图版三八，5）。标本2006QXⅠM12：18，口长径10.4、口短径6、高3.6厘米（图四二，7；图版三八，6）。标本2006QXⅠM12：19，口长径10.5、口短径6、高3.6厘米（图四二，8；图版三九，1）。标本2006QXⅠM12：20，口长径12、口短径9、高4.2厘米（图四二，9；图版三九，3）。

陶灶 1套。标本2006QXⅠM12：6，4件。残，由陶灶体、陶甑、陶盆、陶釜组成。

陶灶体 1件。标本2006QXⅠM12：6-1，泥质灰陶。灶面呈长方形，前端有一圆形灶眼，直径6厘米。灶前有挡火墙，前壁下部有拱形灶门。长22、宽16.5、通高11厘米（图四三，1；图版三七，1）。

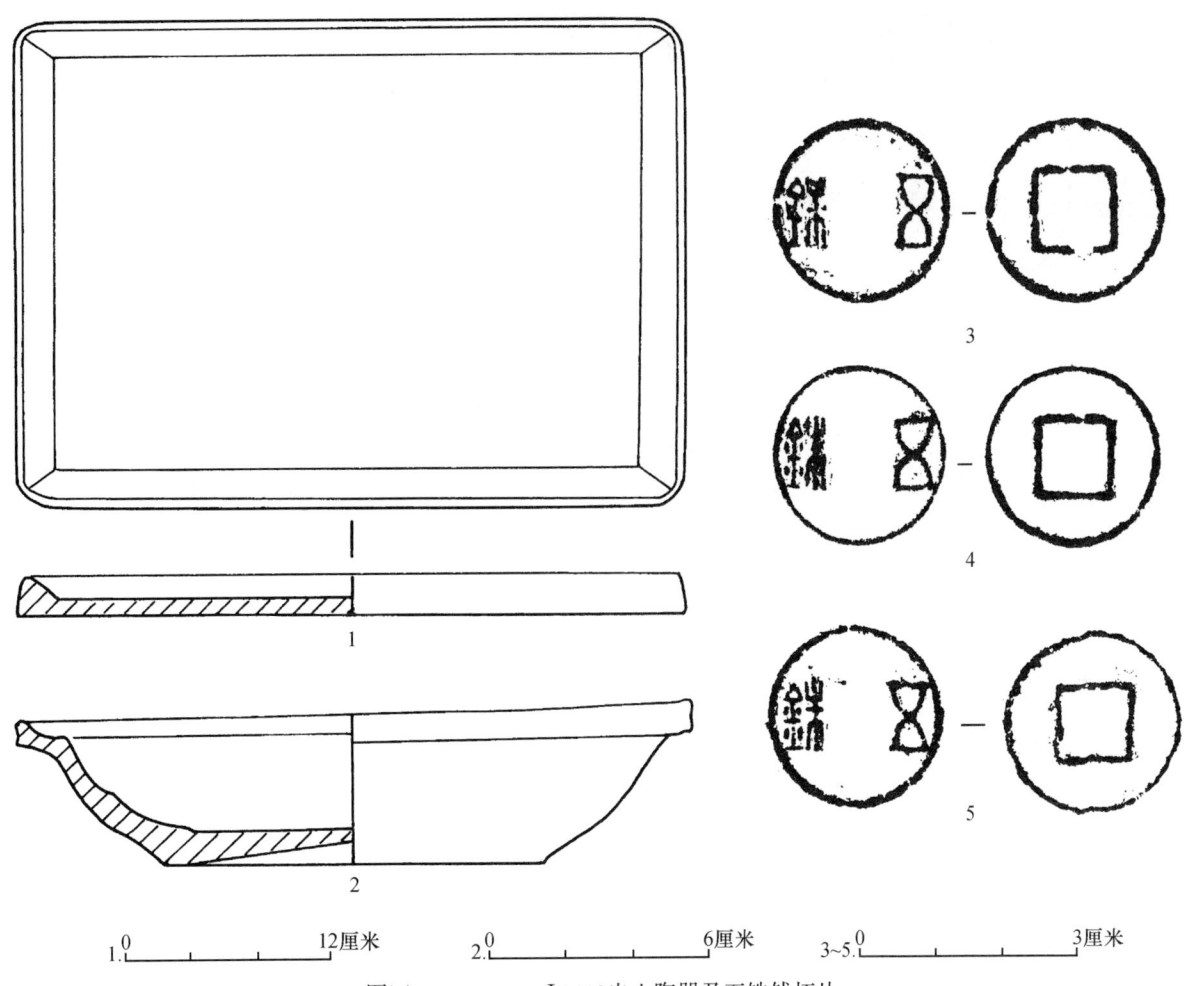

图四一　2006QXⅠM12出土陶器及五铢钱拓片
1. 陶案（2006QXⅠM12∶15）　2. 陶盘（2006QXⅠM12∶17）　3、4. A型五铢钱拓片（2006QXⅠM12∶22-1、2006QXⅠM12∶22-2）　5. B型五铢钱拓片（2006QXⅠM12∶22-3）

陶盆　1件。标本2006QXⅠM12∶6-2，泥质灰陶。敞口，折沿，方唇，斜腹，平底。口径8、底径4、高6厘米（图四三，2；图版三七，4）。

陶甑　1件。标本2006QXⅠM12∶6-3，敞口，折沿，方唇，斜腹，平底，底部有五个箅孔。口径8.5、底径4、高6.5厘米（图四三，3；图版三七，3）。

陶釜　1件。标本2006QXⅠM12∶6-4，泥质灰陶。直口，方唇，扁腹，平底，与陶甑可叠置形成陶甗。口径5.2、腹径11、高7厘米（图四三，4；图版三七，2）。

陶井　1件。标本2006QXⅠM12∶7，泥质灰陶。侈口，宽沿，束颈，平底内凹。井沿置人字形井架，上端有孔。井口直径7、底径12.7、通高24厘米（图四〇，1；图版三七，6）。

陶仓　1件。标本2006QXⅠM12∶8，泥质灰陶。方口，平沿，垂腹，平底，底大于口，四足肥硕。正面上部刻划不规则形几何纹，之下模印"窗"形纹饰三组。口长14.5、宽12厘米，底长22、宽12.5厘米，足高4、通高35厘米（图四〇，3；图版三七，5）。

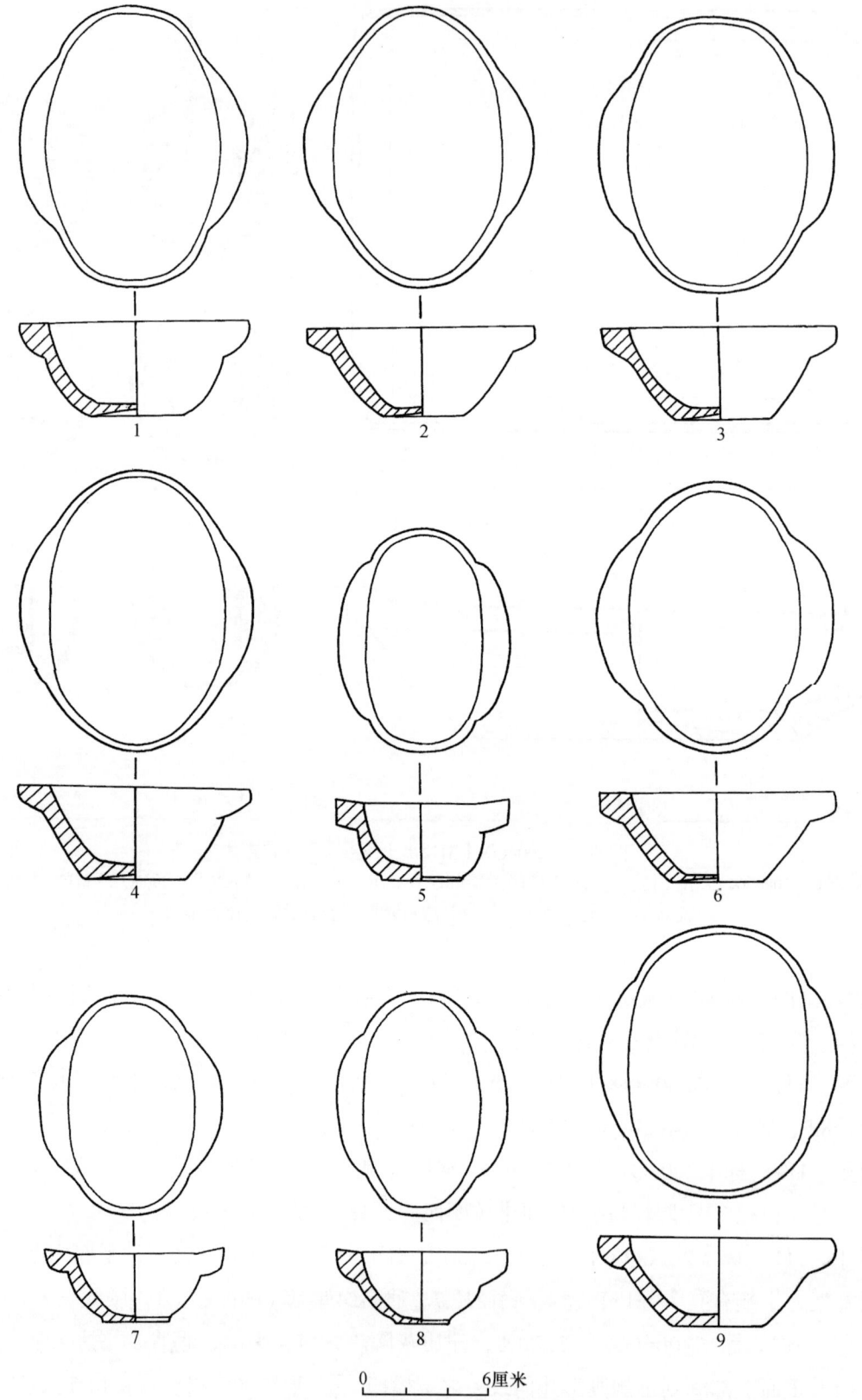

图四二 2006QXⅠM12出土陶耳杯
1. 2006QXⅠM12∶9 2. 2006QXⅠM12∶10 3. 2006QXⅠM12∶11 4. 2006QXⅠM12∶12 5. 2006QXⅠM12∶13
6. 2006QXⅠM12∶14 7. 2006QXⅠM12∶18 8. 2006QXⅠM12∶19 9. 2006QXⅠM12∶20

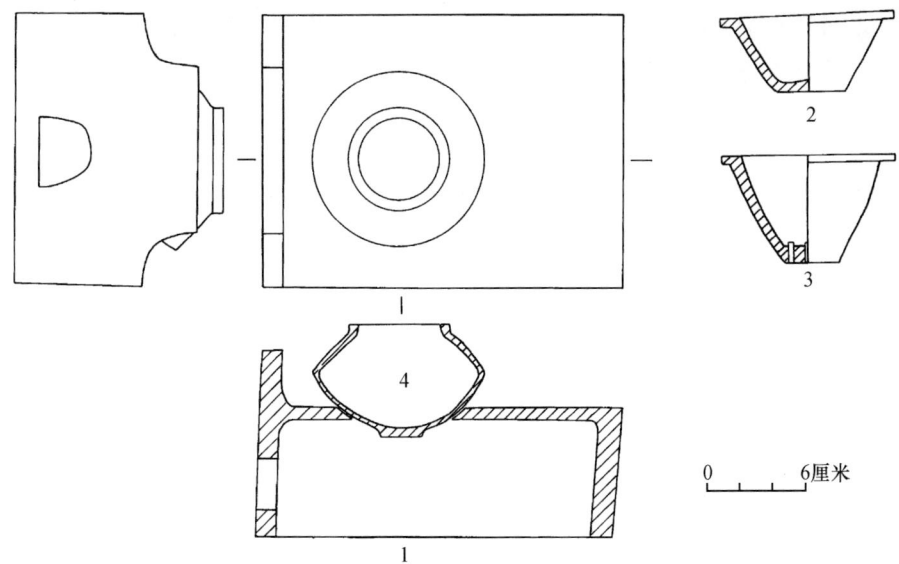

图四三　2006QXⅠM12出土陶灶及附属器物
1. 陶灶体（2006QXⅠM12：6-1）　2. 陶盆（2006QXⅠM12：6-2）　3. 陶甑（2006QXⅠM12：6-3）
4. 陶釜（2006QXⅠM12：6-4）

陶房屋构件　1件。标本2006QXⅠM12：21，泥质灰陶。推测为陶仓（2006QXⅠM12：8）顶盖。两面坡状，有泥条状的脊瓦和筒瓦，其中泥条状的筒瓦每面五组。长31、宽19、高7厘米（图四〇，4；图版三六，6）。

陶圈厕　1件。标本2006QXⅠM12：1，泥质灰陶。长方形，平底。圈的一角有方形悬空的厕所，一侧开有出入口。厕所长8.6、宽7.7厘米，器体长21.5、宽17、通高8厘米（图三九，1；图版三六，5）。

五铢钱　6枚，可辨者3枚。标本2006QXⅠM12：22，分二型。

A型　2枚。正面有轮无郭。"五"字交笔圆弧。"铢"字金字头呈等腰三角形，下四点较长。其中一枚上横笔略显外侈，一枚上下两横笔圆折。背面有轮有郭。直径2.5、穿阔1厘米（图四一，3、4）。

B型　1枚。正面有轮无郭，铸造不精，厚薄不匀。"五"字交笔圆弧。"铢"字金字头呈等腰三角形，下四点较长；"朱"字上横笔略显方折，下横笔圆折。背面有轮有郭。直径2.5、穿阔1厘米（图四一，5）。

（十三）2006QXⅠM13

1. 墓葬形制

位于2006QXⅠT4747中部偏东、2006QXⅠM11西侧。长方形竖穴土坑墓，南北向分布，方向20°。墓口距地表深1米，长2.65米，宽0.8米，深3.76米。墓主为仰身直肢葬，头北脚南，面向上。遗骨保存状况良好，为一成年女性。在墓主头部北侧见有家禽（鸡？）遗骨，可能与祭祀有关。木棺痕长1.88米，宽0.55米，厚2.5厘米（图四四；图版九，1下）。随葬器物置于墓北端，计5件，其中陶罐4件、陶钵1件，个别器物已残。

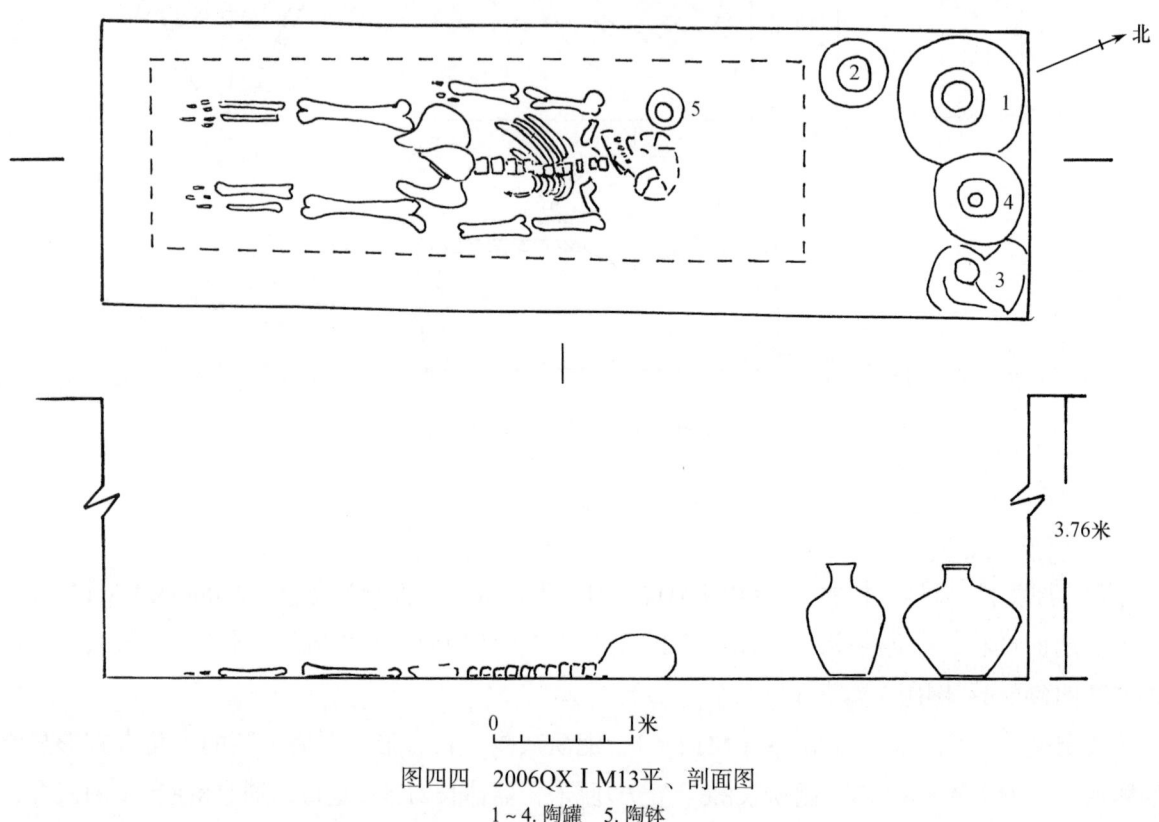

图四四　2006QXⅠM13平、剖面图
1~4.陶罐　5.陶钵

2. 随葬器物

陶罐　4件。泥质灰陶。标本2006QXⅠM13：1，通体施陶衣。敞口，平折沿，圆唇较厚，折肩，斜腹，平底。肩部饰弦纹和指甲纹，颈腹间见"×"形刻划符号。口径10.5、腹径40、底径20、高32厘米（图四五，1；图版三五，2）。标本2006QXⅠM13：2，侈口，斜折沿，方唇，圆肩，圆腹，平底。肩部有"开"形刻划符号，下腹部削痕明显。口径10.5、腹径20、底径9、高29厘米（图四五，2、4；图版三五，5）。标本2006QXⅠM13：3，侈口，方沿，垂唇，束颈，折肩，斜腹，平底。肩部饰鸡首状双耳，有孔。口径11.4、腹径20、底径10.5、高22.5厘米（图四五，6；图版三五，4）。标本2006QXⅠM13：4，敞口，平折沿，方唇，束颈，折肩，斜腹，平底。口径10、腹径32、底径15.5、高27厘米（图四五，3；图版三五，3）。

陶钵　1件。标本2006QXⅠM13：5，泥质灰陶。直口，圆唇，弧腹，平底。口径11.5、底径5、高5.1厘米（图四五，5；图版三五，6）。

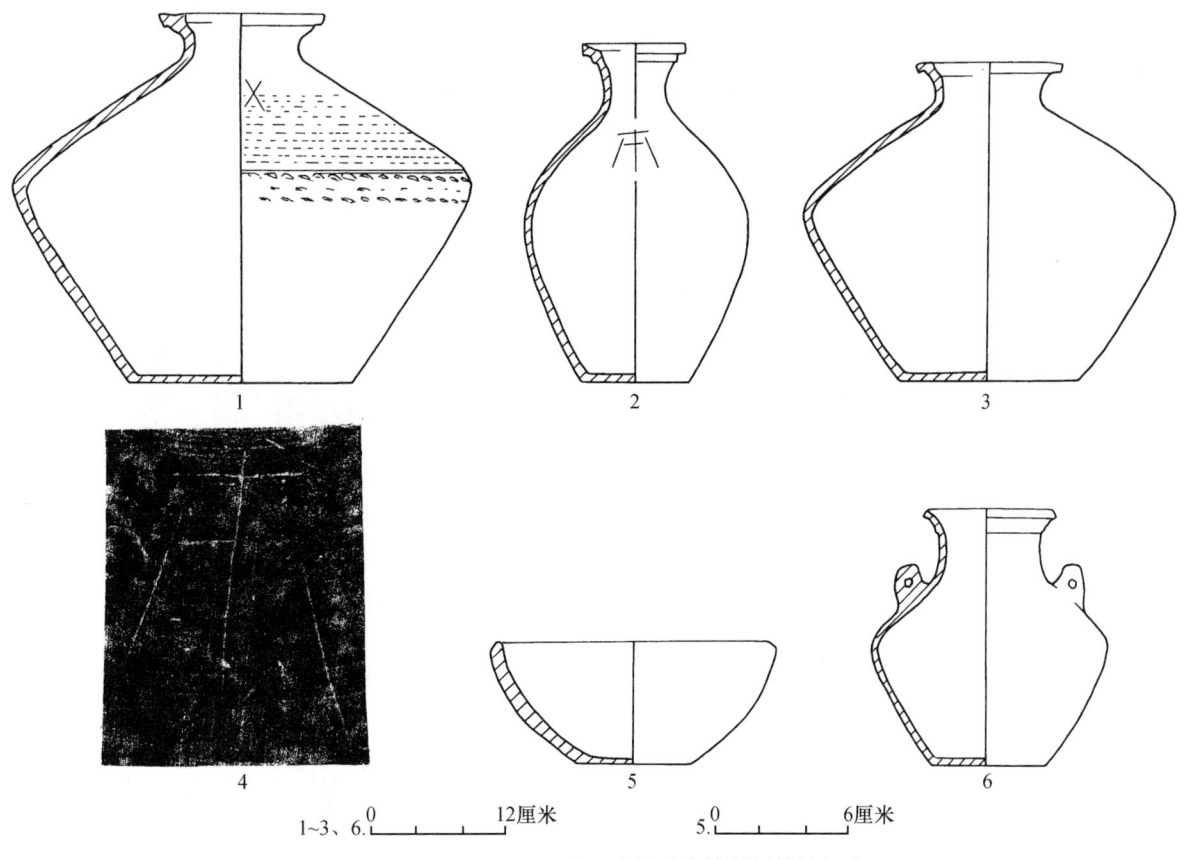

图四五　2006QXⅠM13出土陶器及陶罐刻划符号拓片
1~3、6.陶罐（2006QXⅠM13：1、2006QXⅠM13：2、2006QXⅠM13：4、2006QXⅠM13：3）
4.陶罐刻划符号拓片（2006QXⅠM13：2）　5.陶钵（2006QXⅠM13：5）

（十四）2006QXⅠM14

1. 墓葬形制

位于2006QXⅠT5247南壁下，被盗严重，在前室与甬道间发现有盗洞。砖室墓，南北向分布，方向17°，由墓道、墓门、前甬道、前室、后甬道、后室组成。墓口距地表深0.8米（图四六；图版八，1）。

墓道位于墓门之北，长方形斜坡式，近墓门处呈喇叭状。口长7.4米，宽0.8~0.9米；底长7.8米；深0.9~3.5米。

墓门位于前甬道北侧，拱形双券。宽0.92米，残高1.56米。墓门外侧以两块石板封堵。

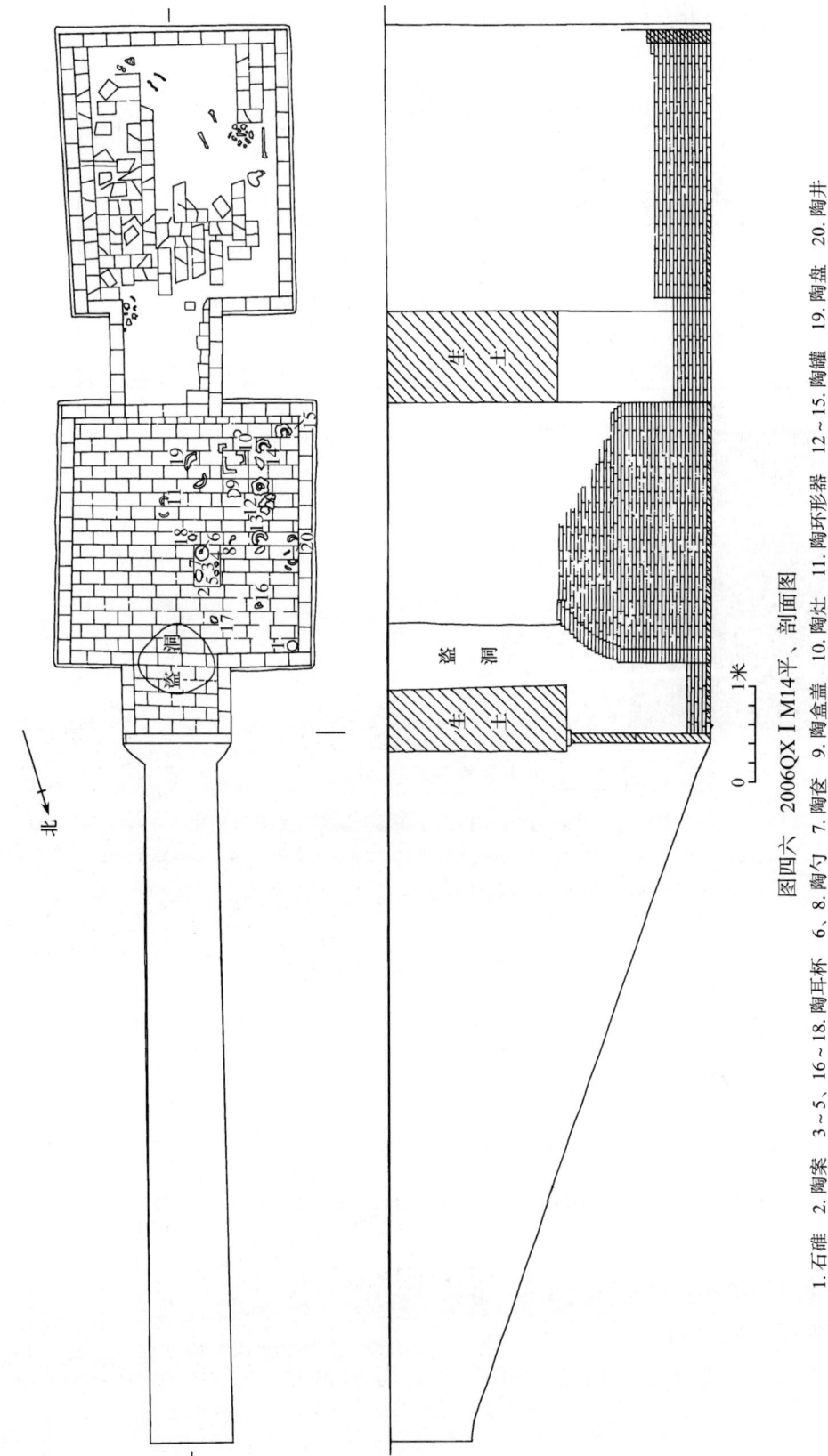

图四六 2006QXⅠM14平、剖面图

1.石碓 2.陶案 3~5、16~18.陶耳杯 6、8.陶勺 7.陶盉 9.陶盒盖 10.陶灶 11.陶环形器 12~15.陶罐 19.陶盘 20.陶井

前甬道已残毁，位于墓道与前室之间。宽0.92米，残高1.62米，进深0.72米。两壁以灰砖错缝叠砌。砖长27厘米，宽13厘米，厚4厘米。铺地砖横向错缝平铺。

前室为方形。边长2.5米。四壁砌法与前甬道相同，以灰砖错缝叠砌。砖长27厘米，宽13厘米，厚4厘米。墓底有铺地砖，铺法为横向错缝平铺。据残留部分推测，墓顶应为穹隆顶。

后甬道位于前室与后室之间，已残毁。宽0.94米，残高1.25米，进深1.22米。砌筑方法与前甬道相同。在后甬道东侧有散落的人骨。

后室为长方形。长2.67米，宽2.13米。残存部分砌筑方法与前室相同，唯铺地砖有异，以单砖竖向平铺，且更多的是利用残砖铺就。砖长27厘米，宽13厘米，厚4厘米。墓顶结构残毁，推测应与前室相同。人骨散乱已成碎片，大部分散落于后室，并见有棺钉，推测其葬具应为木棺（图版八，2）。

随葬器物多为碎片，且在填土中也有发现，计20件，有石碓、陶案、陶耳杯、陶奁、陶勺、陶盒盖、陶灶、陶环形器、陶罐、陶井等。

2. 随葬器物

陶案　1件。标本2006QXⅠM14：2，泥质灰陶。长方形平板状，四边上折。长49.5、宽28厘米（图四七，2；图版四一，2）。

陶耳杯　6件。泥质灰陶。长椭圆形，半月形双耳。标本2006QXⅠM14：3，双耳上翘，耳较肥厚，深腹，平底。口长径14.1、口短径8、高4.4厘米（图四七，3；图版四〇，3）。标本2006QXⅠM14：4，双耳平折，耳较肥厚，深腹，平底。口长径13.8、口短径8、高4.5厘米（图四七，4；图版四〇，4）。标本2006QXⅠM14：5，双耳上翘，薄耳，浅腹，平底。口长径9、口短径5.4、高3.5厘米（图四七，5；图版四〇，5）。标本2006QXⅠM14：16，双耳平折、较窄，薄耳，浅腹，平底。口长径10、口短径5.5、高3厘米（图四八，3；图版四〇，6）。标本2006QXⅠM14：17，双耳上翘，薄耳，浅腹，平底。口长径10、口短径5.5、高3厘米（图四八，4；图版四〇，1）。标本2006QXⅠM14：18，双耳上翘，耳较肥厚，深腹，平底。口长径14、口短径8、高4.8厘米（图四八，5；图版四〇，2）。

陶盘　1件。标本2006QXⅠM14：19，泥质灰陶，器胎较厚重。敞口，平沿，圆唇，斜腹，平底。内腹壁有一周折线。口径17.5、底径11、高2.8厘米（图四八，1；图版四二，3）。

陶罐　4件。标本2006QXⅠM14：12，泥质红陶，通体施灰色陶衣。直口，平沿，沿内侧内折，斜肩，斜腹，平底内凹。腹部饰一周凹弦纹。口径10.5、腹径24.8、底径14.5、高19.5厘米（图四九，1；图版四二，5）。标本2006QXⅠM14：13，泥质红陶，通体施灰色陶衣。直口，平沿，沿内侧内折，斜肩，斜腹，平底内凹。腹部饰一周凹弦纹。口径11.4、腹径26、底径14、高18.4厘米（图四九，2；图版四二，6）。标本2006QXⅠM14：14，泥质灰陶。直口，方沿，方唇，圆肩，斜腹，平底内凹。肩部饰一周带状压印纹，内为菱形纹，外为连弧纹，腹部饰两周凹弦纹。口径12.5、腹径35、底径18.5、高27.5厘米（图四九，3、5；图版四三，

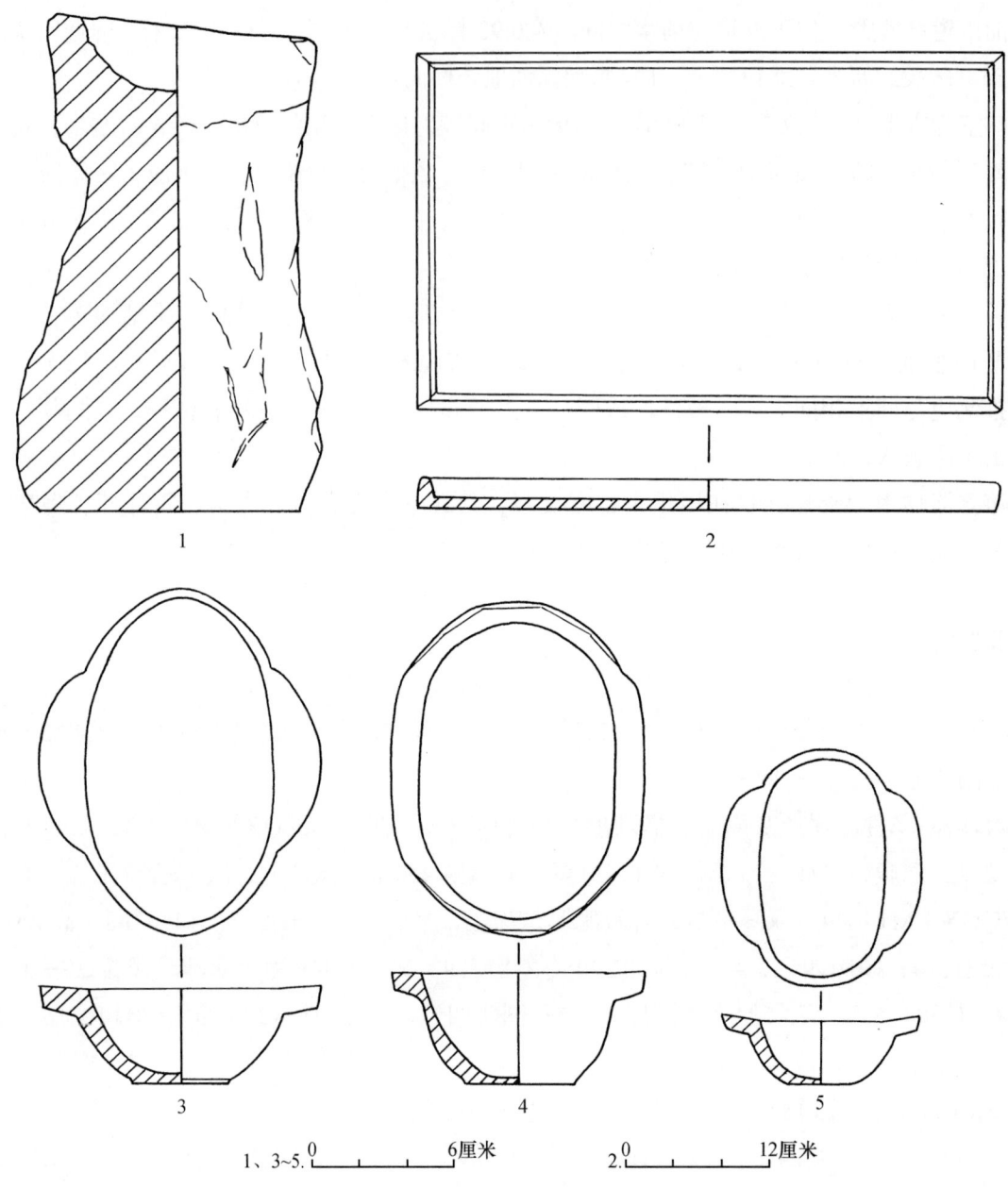

图四七 2006QXⅠM14出土器物
1. 石碓（2006QXⅠM14：1） 2. 陶案（2006QXⅠM14：2） 3~5. 陶耳杯（2006QXⅠM14：3、2006QXⅠM14：4、2006QXⅠM14：5）

1）。标本2006QXⅠM14：15，泥质红陶，通体施灰色陶衣。直口，方沿，方唇，圆肩，弧腹，平底内凹。肩部饰带状压印纹，内为连弧纹，外为菱形纹，腹部饰两周凹弦纹。口径14、腹径36、底径19、高28厘米（图四九，4、6；图版四三，2、3）。

陶勺 2件。泥质灰陶。瓢形，圜底，长曲柄。标本2006QXⅠM14：6，通长12、勺头高4厘米（图五〇，1；图版四一，3）。标本2006QXⅠM14：8，仅存勺头。残长8、勺头高4厘米

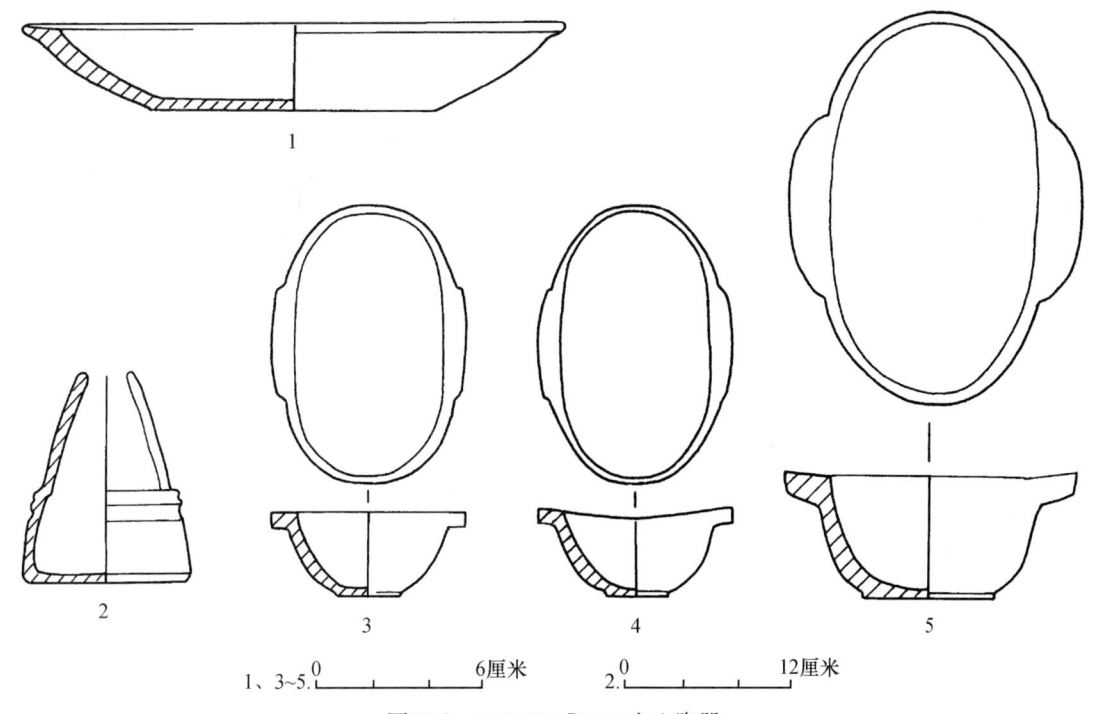

图四八　2006QXⅠM14出土陶器

1.陶盘（2006QXⅠM14∶19）　2.陶井（2006QXⅠM14∶20）　3~5.陶耳杯（2006QXⅠM14∶16、2006QXⅠM14∶17、2006QXⅠM14∶18）

（图五〇，3；图版四一，4）。

陶奁　1件。标本2006QXⅠM14∶7，泥质灰陶。直口，方唇，腹壁微斜收，平底内凹。腹壁饰两周凹弦纹。口径16、底径14、高8厘米（图五〇，2；图版四一，5）。

陶盒盖　1件。标本2006QXⅠM14∶9，泥质灰陶。长方形，两端圆弧，直壁，圆拱形顶，周有平沿。长21、宽11、高7.8厘米（图五〇，4；图版四一，6）。

陶环形器　1件。标本2006QXⅠM14∶11，泥质灰陶。残，敛口，圆沿，腹壁内倾，无底。口径25、底径25.5、高4.4厘米（图五〇，6；图版四二，2）。

陶灶　1件。标本2006QXⅠM14∶10，泥质灰陶。残，平面呈长方形，有底，四周出檐，灶面窄小，位于一端，有灶眼。灶口长22、宽16.2厘米，灶底长19.5、宽13.5厘米，高7.5厘米（图五〇，5；图版四二，1）。

陶井　1件。标本2006QXⅠM14∶20，泥质灰陶。残，圆口，有沿，束颈，腹壁斜收，平底有削痕。井沿立有井架，井架为制作成形后切割而成。井口直径8.3、底径12.3、井身高6.5、通高16厘米（图四八，2；图版四二，4）。

石碓　1件。标本2006QXⅠM14∶1，圆柱形，上部为浅盘状，束腰，实心体。高20厘米（图四七，1；图版四一，1）。

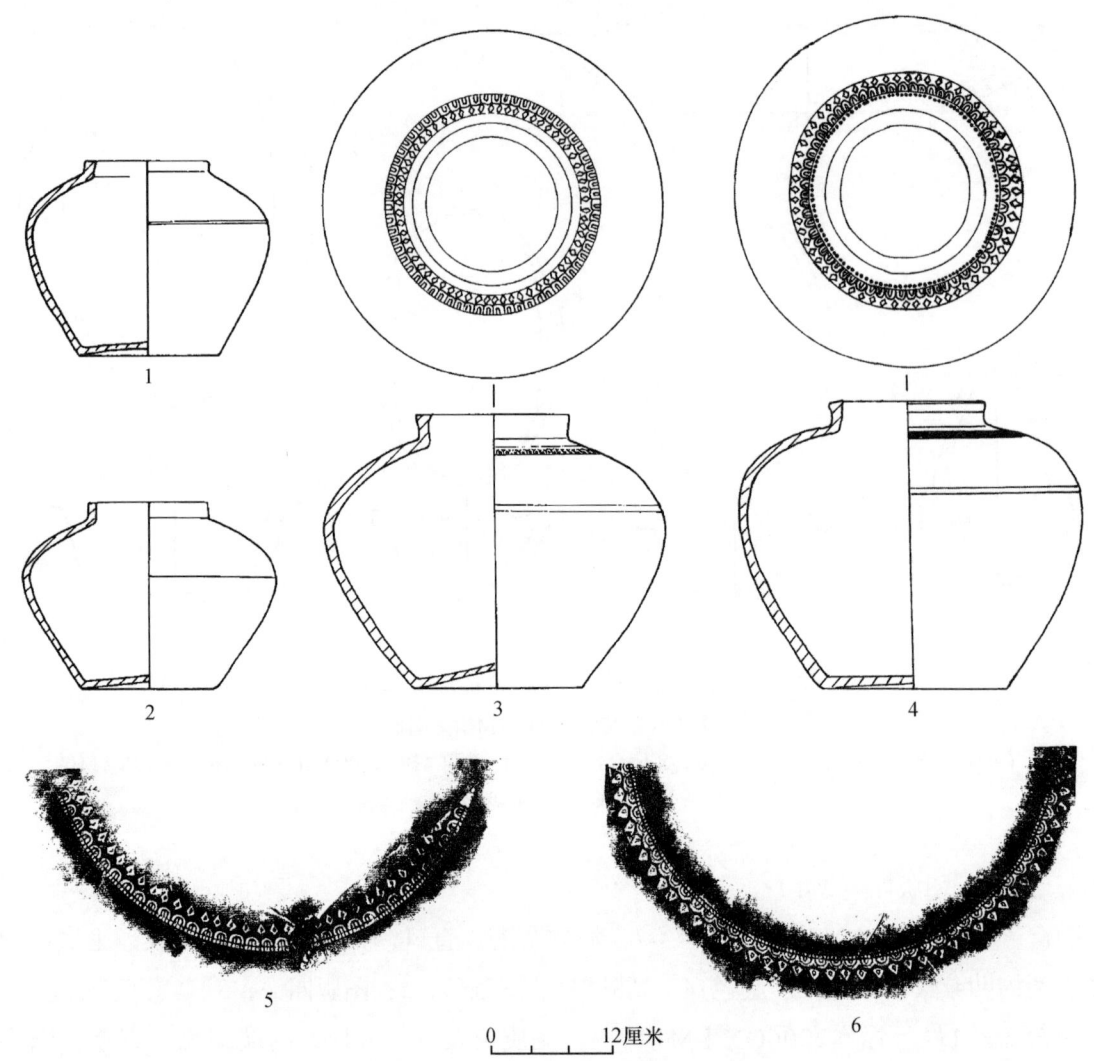

图四九 2006QXⅠM14出土陶罐及纹饰拓片
1~4. 陶罐（2006QXⅠM14：12、2006QXⅠM14：13、2006QXⅠM14：14、2006QXⅠM14：15）
5、6. 陶罐纹饰拓片（2006QXⅠM14：14、2006QXⅠM14：15）

（十五）2006QXⅠM15

1. 墓葬形制

位于2006QXⅠT5248北壁下。土洞墓，南北向分布，方向14°，由墓道、墓室组成（图五一）。

墓道位于墓室北端，长方形竖井式，平面南宽北窄。墓口距地表深0.92米，长2.72米，宽1.1~1.2米；底长2.5米，宽0.9~1.2米；深4.72米（图版九，2）。墓道北端东西两壁各有脚窝4个，自上而下分布均匀（图版一〇，1）。内填土为五花土。

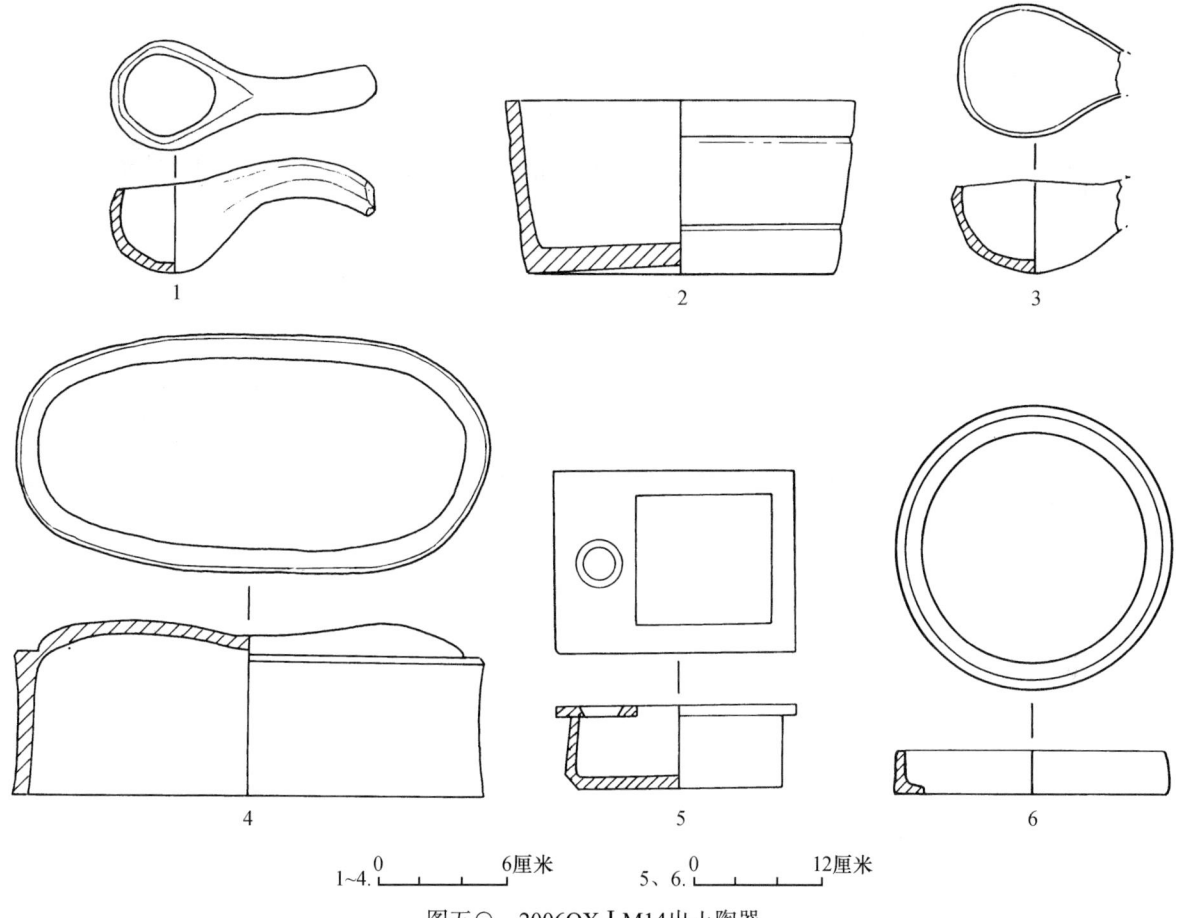

图五〇 2006QXⅠM14出土陶器
1、3. 陶勺（2006QXⅠM14：6、2006QXⅠM14：8） 2. 陶奁（2006QXⅠM14：7） 4. 陶盒盖（2006QXⅠM14：9）
5. 陶灶（2006QXⅠM14：10） 6. 陶环形器（2006QXⅠM14：11）

墓室为拱形土洞，平面呈长方形，南宽北窄。长3.1米，宽1.2～1.3米，高1.5米。其内用灰砖砌筑长方形砖椁，四壁砌法为单砖错缝平砌10层，底部为双砖横向对缝平铺。砖长56厘米，宽15厘米，厚10厘米。墓室填土含水分较大，人骨架已腐朽，故葬式不详。在填土中发现有木灰痕迹，应为砖椁之上覆盖的木板朽痕。

随葬品计12件，集中放置在砖椁的北部，出土时部分已残毁，器形有陶罐、陶壶、陶盒、陶瓶、陶鼎、陶钵（图版一〇，2）。

2. 随葬器物

陶罐　3件。泥质灰陶。标本2006QXⅠM15：1，侈口，折沿，重唇，圆肩，圆腹，平底。肩腹部饰弦断绳纹，下腹部削痕明显。口径9.5、腹径23.6、底径10.5、高27厘米（图五二，1；图五三，4；图版四三，4）。标本2006QXⅠM15：2，侈口，折沿，重唇，圆肩，圆腹，平底。肩腹部饰弦断绳纹。口径10.5、腹径23.5、底径11.5、高25.5厘米（图五二，2；图五三，5；

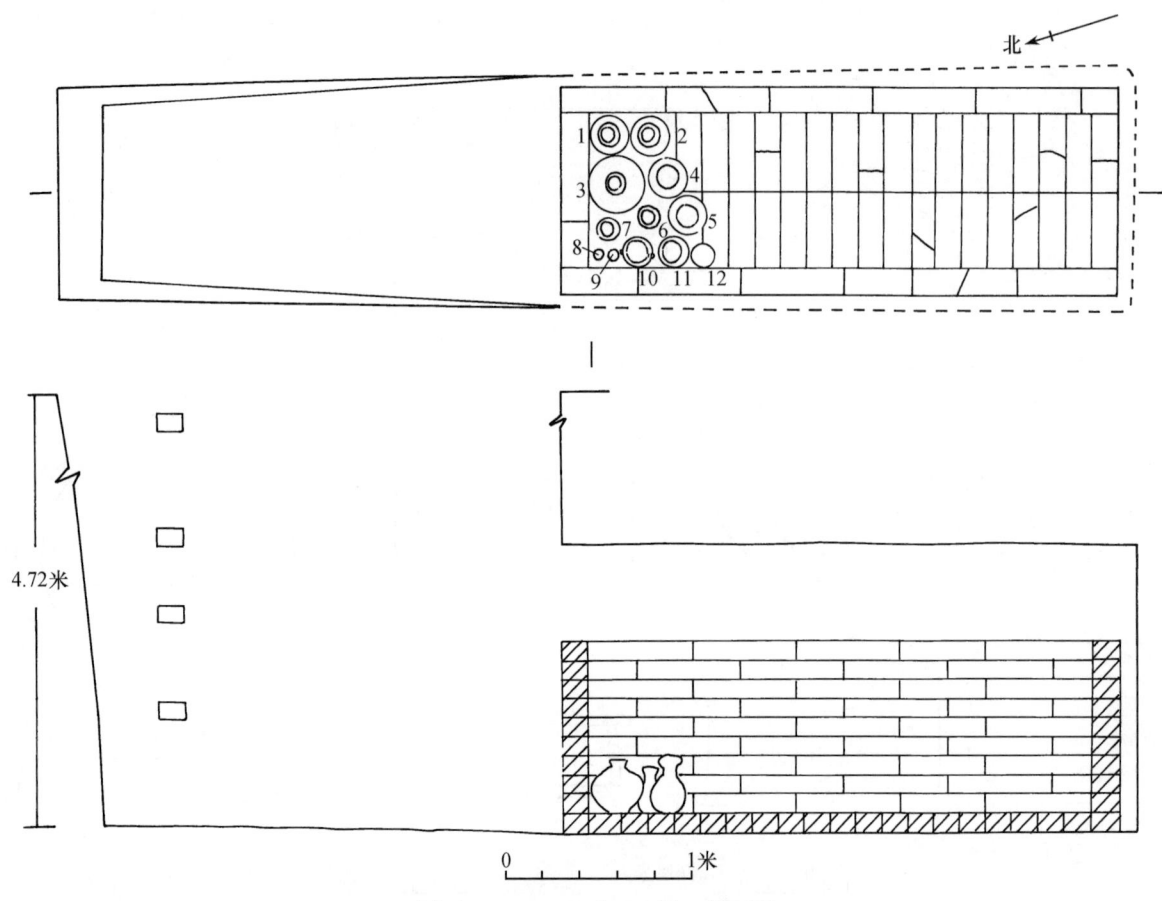

图五一 2006QXⅠM15平、剖面图
1~3.陶罐 4、5.陶壶 6、7.陶盒 8、9.陶瓶 10、11.陶鼎 12.陶钵

图版四三,5)。标本2006QXⅠM15:3,器胎薄,火候较高。直口,圆沿,方唇,圆肩,斜腹,平底。肩腹部饰弦断绳纹,肩部有一组刻划符号,共八个,从其笔画特点分析,应为刻划文字。口径9、腹径30、底径21、高29.5厘米(图五二,3;图五三,6、7;图版四三,6)。

陶壶 2件。泥质灰陶。撇口,方沿,圆唇,长束颈,垂腹,圈足外撇。盖,玳瑁状,隆顶,有长方形孔三个,呈品字形分布。器腹间有彩绘,但多已脱落,内容不可辨识。标本2006QXⅠM15:4,盖径14、口径12、腹径22、足径14、通高34厘米(图五二,4;图版四四,1)。标本2006QXⅠM15:5,器腹间有彩绘,呈黄白色,大多不可辨识。盖径15、口径12.6、腹径22.6、足径14.2、通高34厘米(图五二,5;图版四四,2)。

陶盒 2件。泥质灰陶。扁球形体,子母口,方唇,弧腹,圈足。盖,隆顶,顶有圆形提手。周身有彩绘,大多已脱落。标本2006QXⅠM15:6,器盖以黑色绘云纹,以白色作点状,下腹部不见纹饰。盖径18、口径14、足径10、通高12.5厘米(图五二,6;图版四四,5)。标本2006QXⅠM15:7,盖径18.2、口径14.2、足径9.5、通高12厘米(图五二,7;图版四四,6)。

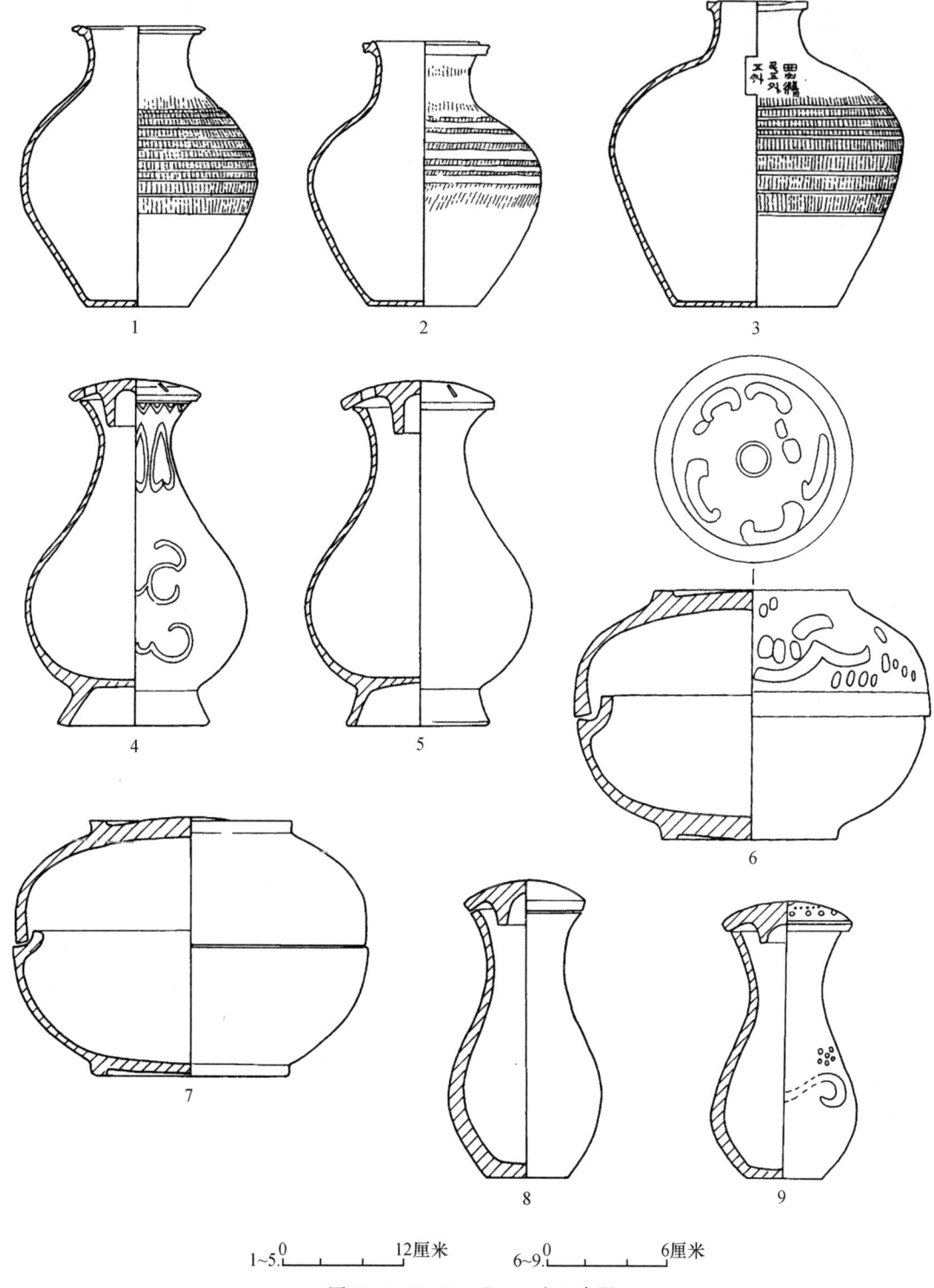

图五二　2006QXⅠM15出土陶器

1～3.陶罐（2006QXⅠM15：1、2006QXⅠM15：2、2006QXⅠM15：3）　4、5.陶壶（2006QXⅠM15：4、2006QXⅠM15：5）　6、7.陶盒（2006QXⅠM15：6、2006QXⅠM15：7）　8、9.陶瓶（2006QXⅠM15：8、2006QXⅠM15：9）

陶瓶　2件。泥质灰陶。器形较小，撇口，方唇，束颈，弧腹，平底。盖，隆顶。标本2006QXⅠM15：8，盖径6.3、口径4.5、腹径7.8、底径4.2、通高14.8厘米（图五二，8；图版四四，3）。标本2006QXⅠM15：9，周身饰白色云纹及点状彩绘。盖径6.8、口径4.8、腹径7.8、底径4、通高13.8厘米（图五二，9；图版四四，4）。

陶鼎　2件。泥质灰陶。子母口，尖唇，鼎腹深于顶盖，圜底，扁条形足。鼎口附双耳，双耳外撇，有长方形孔，未镂空。盖，隆顶，有长方形镂孔，其分布与鼎足一致。标本2006QXⅠM15：10，盖径16.5、口径14.2、通高16.5厘米（图五三，1；图版四五，1）。标本2006QXⅠM15：11，盖径16.5、口径15、通高16厘米（图五三，2；图版四五，2）。

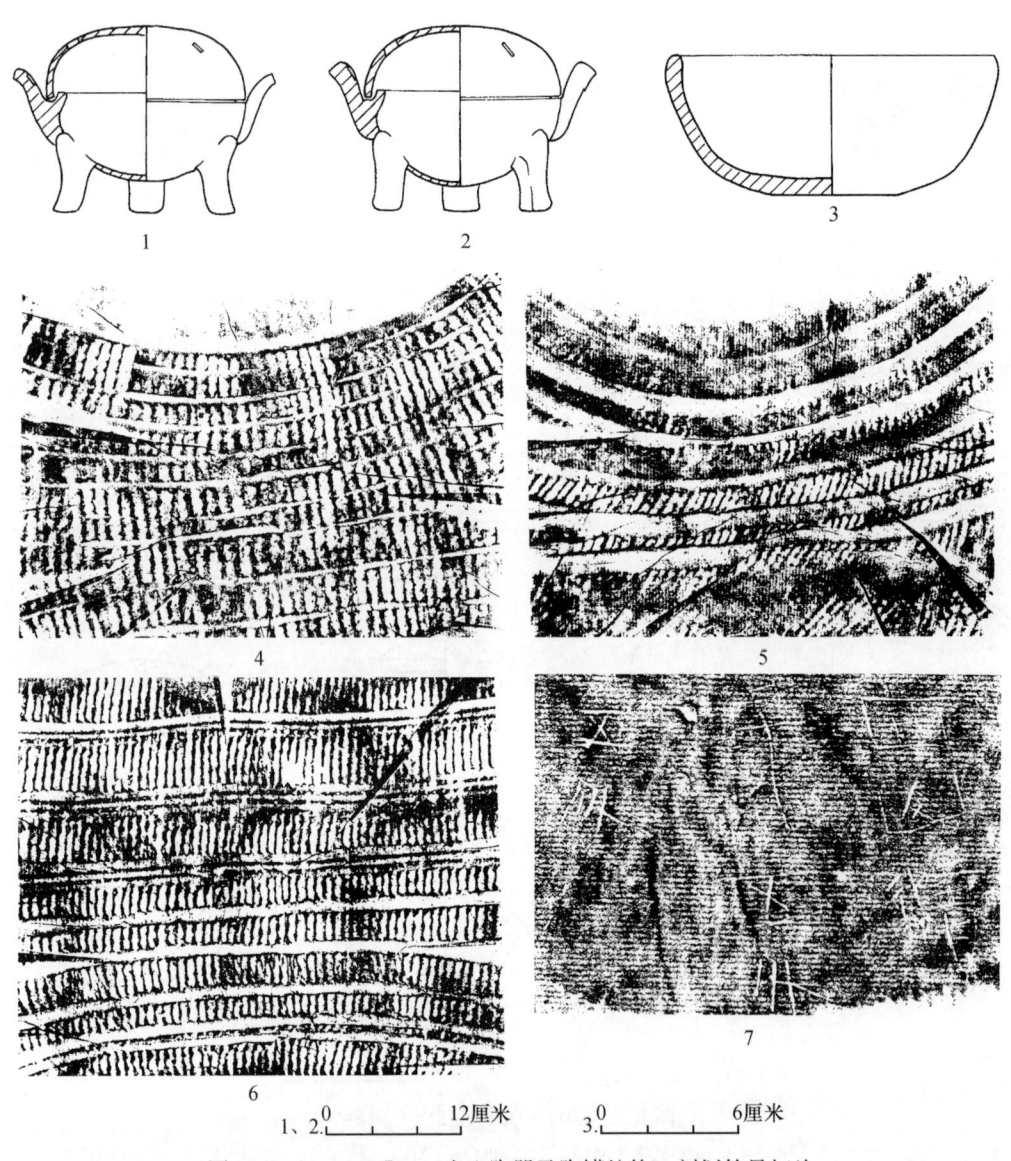

图五三　2006QXⅠM15出土陶器及陶罐纹饰、刻划符号拓片
1、2.陶鼎（2006QXⅠM15：10、2006QXⅠM15：11）　3.陶钵（2006QXⅠM15：12）
4~6.陶罐纹饰拓片（2006QXⅠM15：1、2006QXⅠM15：2、2006QXⅠM15：3）　7.陶罐刻划符号拓片（2006QXⅠM15：3）

陶钵　1件。标本2006QXⅠM15：12，泥质灰陶。敛口，圆沿，弧腹，平底。口径13、底径6、高6厘米（图五三，3；图版四五，3）。

（十六）2006QXⅠM16

1. 墓葬形制

位于2006QXⅠT5353北壁下。土洞墓，南北向分布，方向14°，由墓道、墓室组成（图五四）。

墓道位于墓室北端，长方形竖井式，北壁向北外倾。墓口距地表深1米，长2.8米，宽0.8米；底长2.6米；深2.9米。

墓室为长方形土洞式。长2.45米，宽与墓道同，高1.08米。墓主为仰身直肢葬。清理时发现有棺痕。长2米，宽0.6米。随葬器物大多在墓主头部北侧，计陶罐3件、陶钵1件，均为残片，另在墓主腰间右侧发现铜带钩1件。

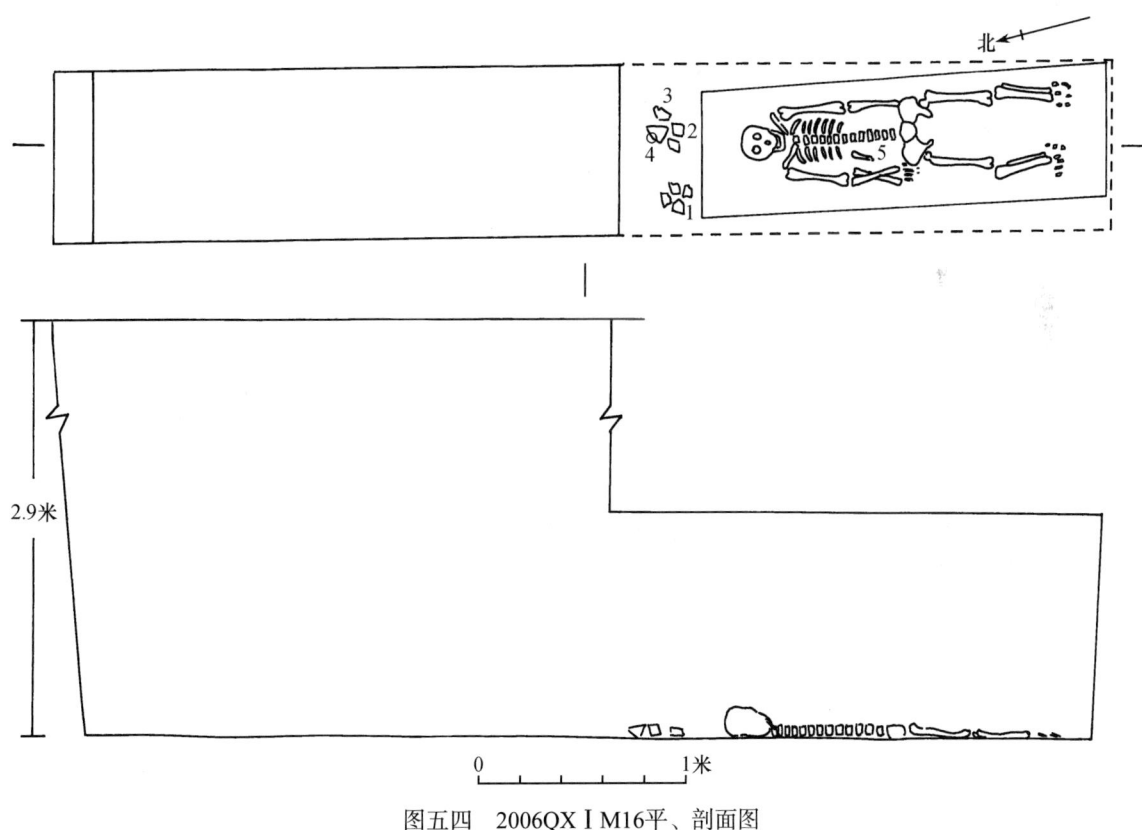

图五四　2006QXⅠM16平、剖面图
1~3. 陶罐　4. 陶钵　5. 铜带钩

2. 随葬器物

陶罐　3件。泥质灰陶。标本2006QXⅠM16：1，敞口，平沿，方唇，束颈，斜肩，弧腹，平底。肩腹部饰弦断绳纹。口径14.5、腹径32.5、底径14.5、高28厘米（图五五，1；图版四五，4）。标本2006QXⅠM16：2，侈口，折沿，方唇，束颈较高，鼓腹斜收，平底。口径10.5、腹径24、底径11.5、高27.5厘米（图五五，2；图版四五，5）。标本2006QXⅠM16：3，侈口，折沿，外沿上折，圆唇，圆肩，斜腹，平底。肩部所饰绳纹模糊。口径10、腹径24、底径12、高24.5厘米（图五五，3；图版四五，6）。

陶钵　1件。标本2006QXⅠM16：4，泥质灰陶。敛口，圆沿，弧腹，平底。口径13.5、底径6、高6.5厘米（图五五，4；图版四六，1）。

铜带钩　1件。标本2006QXⅠM16：5，残，长条形，断面呈方形，圆尾兽首，纽在中部，呈圆形。长8.2厘米（图五五，5；图版四六，2）。

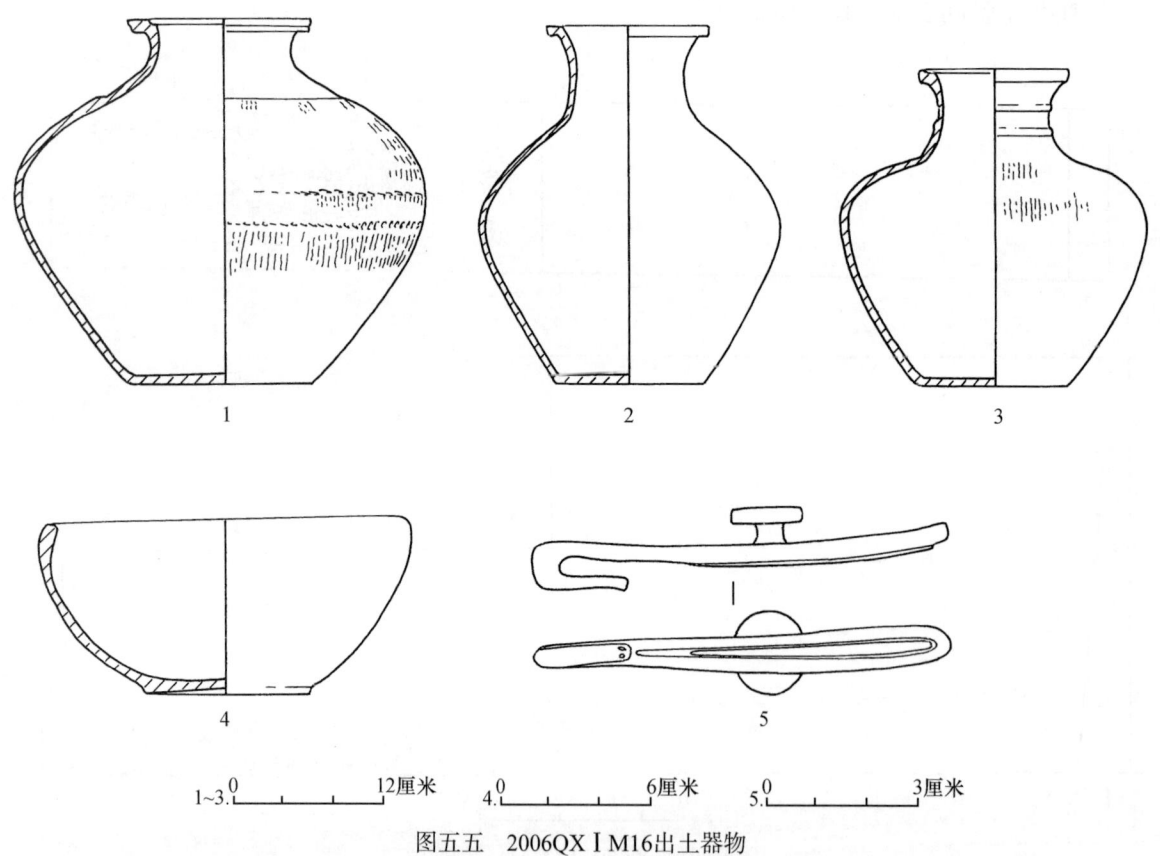

图五五　2006QXⅠM16出土器物

1～3.陶罐（2006QXⅠM16：1、2006QXⅠM16：2、2006QXⅠM16：3）　4.陶钵（2006QXⅠM16：4）
5.铜带钩（2006QXⅠM16：5）

（十七）2006QXⅠM17

1. 墓葬形制

位于2006QXⅠT5353东壁下。土洞墓，南北向分布，方向15°，由墓道、耳室、墓室组成（图五六；图版一一，1）。

墓道为长方形竖井式，底略呈坡状。墓口距地表深0.6米，长3.1米，宽1.34米，深5.32～5.4米。墓道北壁和东壁分布有脚窝，其中北壁5个垂直状分布；东壁脚窝位于北侧，并列两组计8个。

耳室位于墓道西壁南端，平面呈半圆形。宽1.4米，高0.9米，进深0.6米。耳室内未发现遗物，其外见有数块残断的砖。

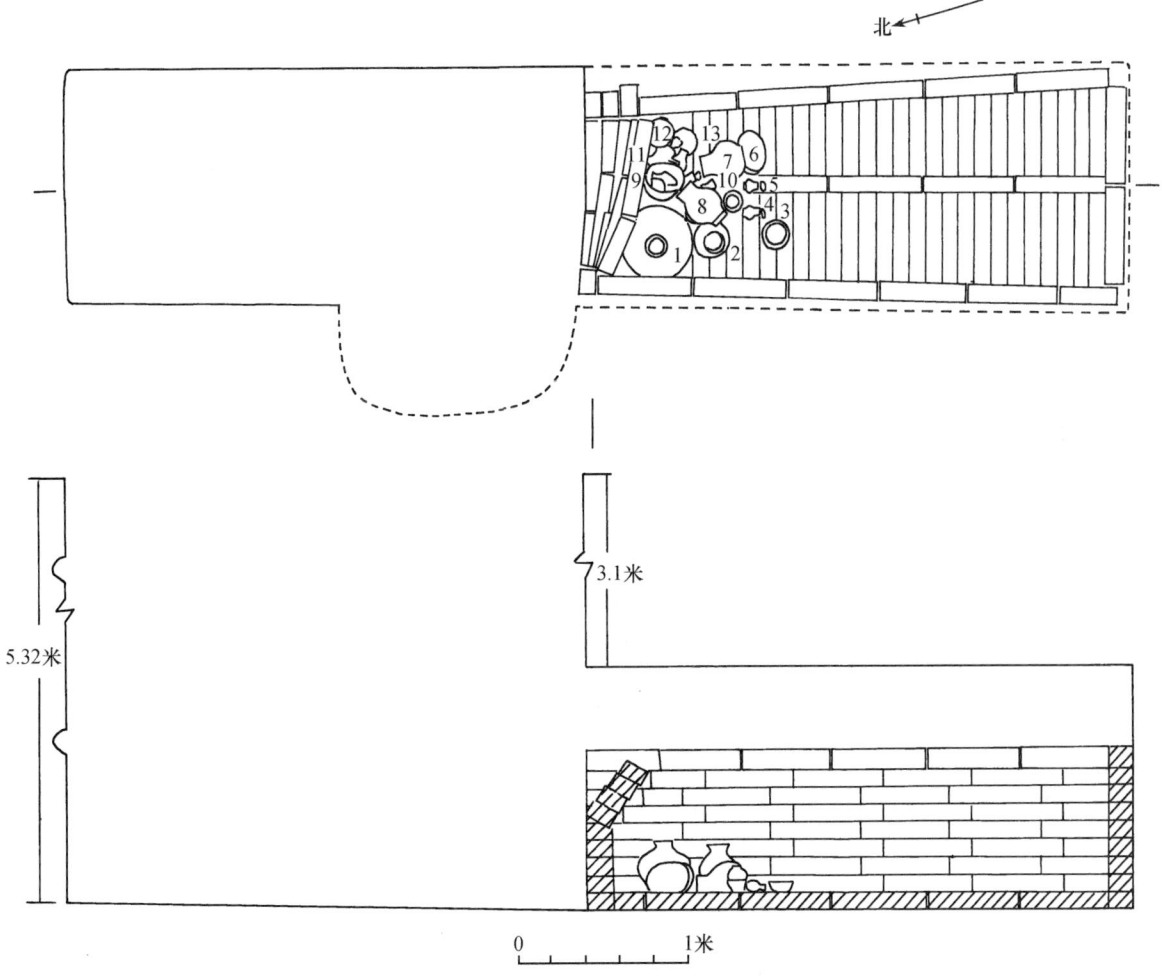

图五六　2006QXⅠM17平、剖面图
1、2、13.陶罐　3.陶钵　4、5、7、8.陶壶　6.陶盘　9、10.陶盒　11、12.陶鼎

墓室为拱形土洞，平面呈长方形。长3.23米，宽与墓道同，高1.4米。其内发现有以灰砖砌筑的梯形砖椁，平面南宽北窄。长3.05米，北宽0.92米，南宽1.15米，高0.92米。四壁砌筑方法为单砖错缝平砌，底部中间一排砖为南北向竖铺，两侧砖为东西向横铺。砖长59厘米，宽11厘米，厚8厘米。砖椁内清理发现有面积较大的灰白色木质腐痕与腐朽成粉状的遗骨痕迹，墓主葬式、性别及年龄等均已无法得知。所见木灰痕迹应为葬具的一部分，推测应为砖椁上覆盖的木板。随葬器物均放置在砖椁的北端，共计13件，出土时个别已残毁。器形有陶罐、陶钵、陶盘、陶壶、陶盒、陶鼎（图版一一，2）。

2. 随葬器物

陶罐　3件。泥质灰陶。标本2006QXⅠM17：1，敞口，平沿，方唇，束颈较矮，折肩，斜腹，平底。通体饰竖向绳纹，肩腹间饰两组凹弦纹。口径8.5、腹径34、底径16.8、高26厘米（图五七，1；图版四六，3）。标本2006QXⅠM17：2，侈口，方唇，束颈，圆肩，斜腹，平底。口径9.5、腹径18、底径11.2、高18厘米（图五七，2；图版四六，4）。标本2006QXⅠM17：13，侈口外折，斜唇内倾，圆肩，弧腹，平底。肩部饰一周凹弦纹。口径10.3、腹径22、底径8、高24厘米（图五八，3；图版四六，5）。

陶钵　1件。标本2006QXⅠM17：3，泥质灰陶。敛口，圆沿，斜腹，平底。口径13.5、底径6、高6.5厘米（图五七，3；图版四六，6）。

陶盘　1件。标本2006QXⅠM17：6，泥质灰陶。敞口，平沿，尖唇，折腹斜收，平底。器腹内有朱红、白色彩绘，以朱红色作环带纹，分三区，内区为白色团花状卷云纹四组，中区为朱红色的点状纹，外区仅见弦纹。外腹口沿下饰朱红色弦纹一周。口径21.3、底径7、高5.7厘米（图五八，4；图版四七，5）。

陶壶　4件。泥质灰陶。标本2006QXⅠM17：4，器形较小。敞口，方沿，束颈，扁腹，平底。盖，隆顶。器身有彩绘，依其残迹，推测为红色带状弦纹。盖径5.4、口径5、腹径9、底径4.5、通高11.5厘米（图五七，4；图版四七，1）。标本2006QXⅠM17：5，与2006QXⅠM17：4器形、纹饰相同。盖径5.3、口径4.9、腹径9.5、底径4.7、通高11.5厘米（图五七，5；图版四七，2）。标本2006QXⅠM17：7，撇口，方沿，长束颈，圆肩，圆腹，高圈足。颈腹间绘红、白色纹饰，颈间饰一周红色的倒三角形纹，其间绘以白色的云纹，腹间以朱红色绘宽带状弦纹，其间卷云纹为白色彩绘。盖，隆顶微平。盖面以两组朱红色弦纹作外区，其内绘三组团花状的卷云纹。盖径13.4、口径10.5、腹径21.5、足径14.5、通高32.5厘米（图五九，1；图版四七，3、4）。标本2006QXⅠM17：8，与2006QXⅠM17：7器形、大小相同（图五九，2；图版四七，6）。

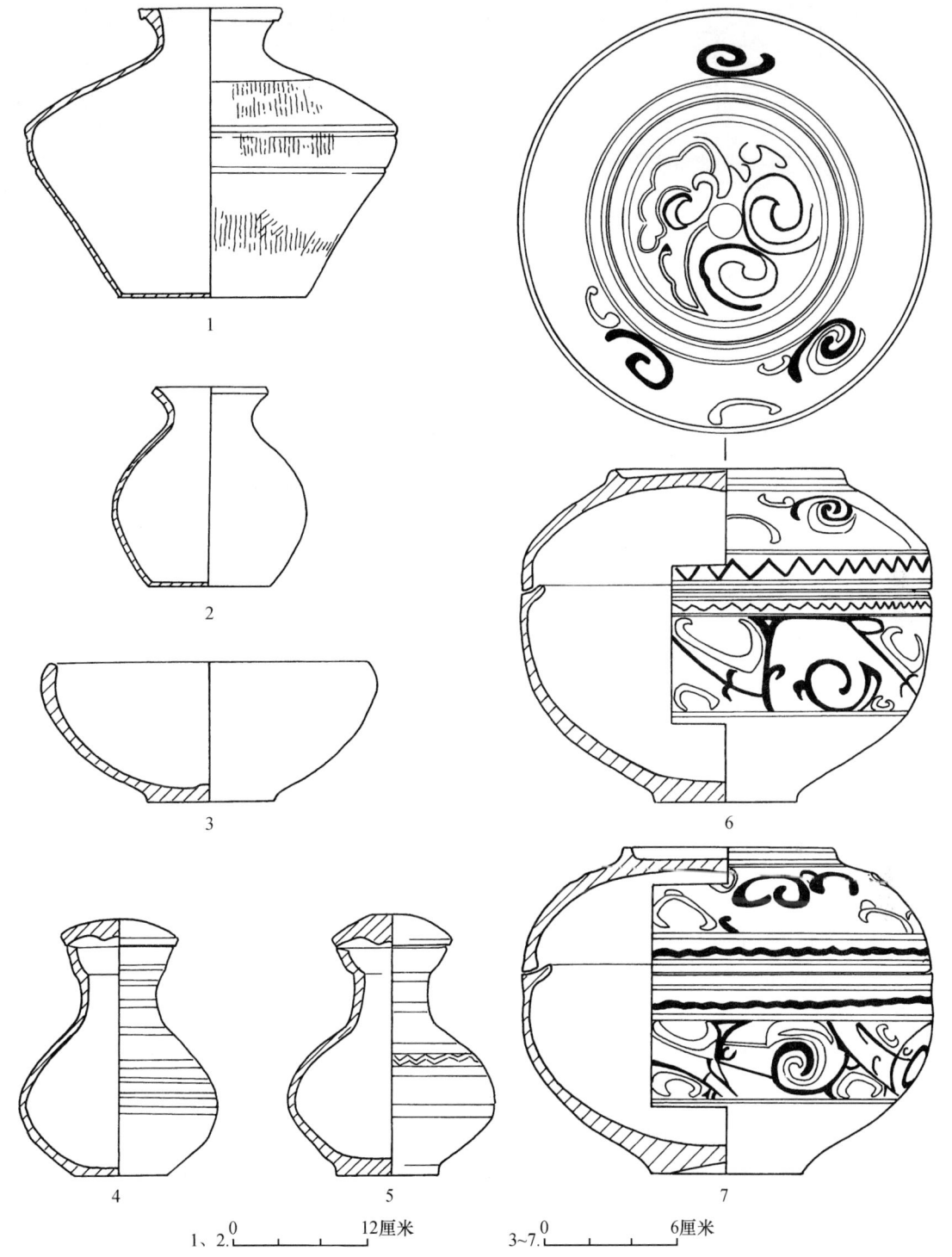

图五七　2006QXⅠM17出土陶器

1、2. 陶罐（2006QXⅠM17：1、2006QXⅠM17：2）　3. 陶钵（2006QXⅠM17：3）　4、5. 陶壶（2006QXⅠM17：4、2006QXⅠM17：5）　6、7. 陶盒（2006QXⅠM17：9、2006QXⅠM17：10）

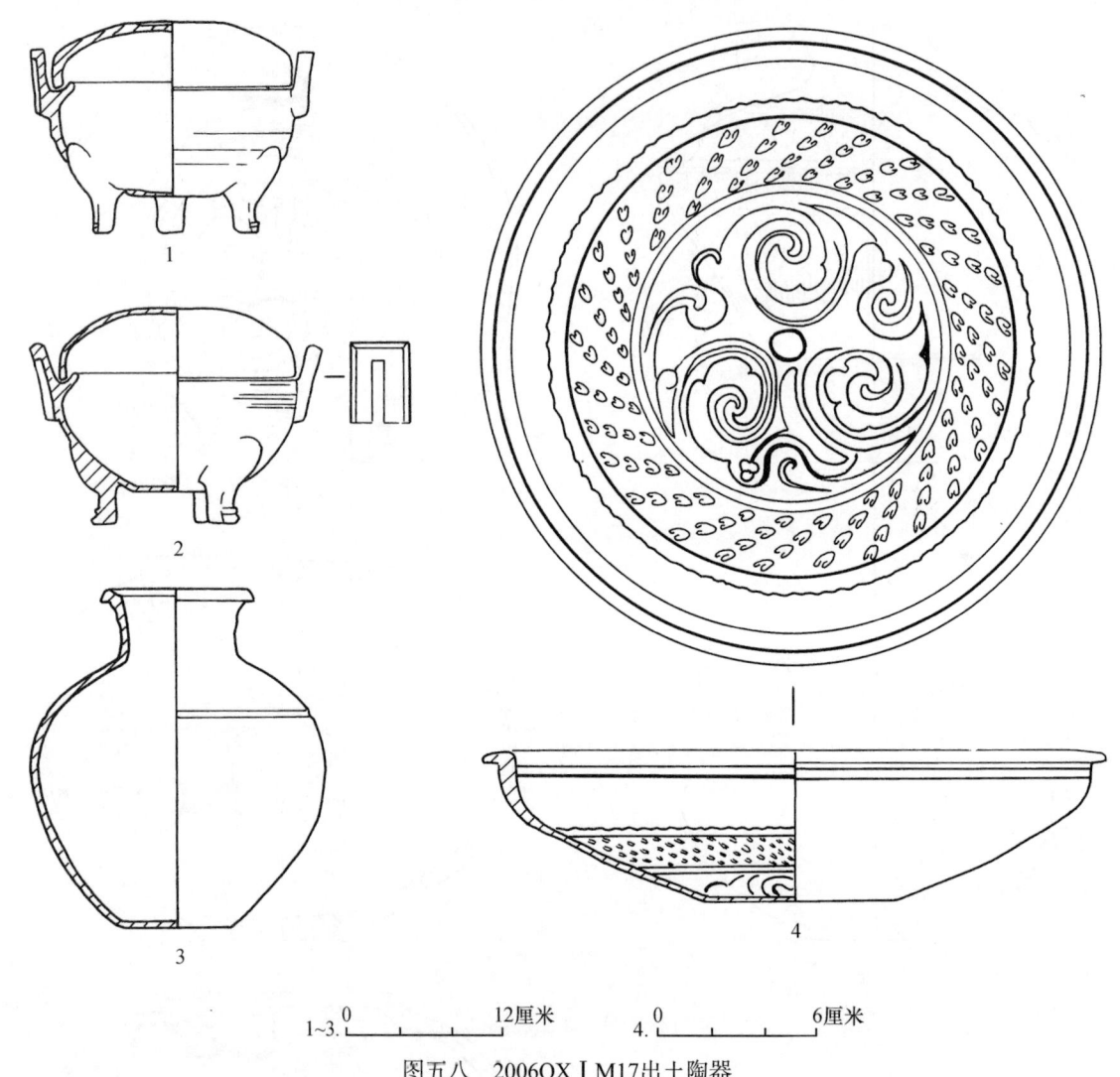

图五八　2006QXⅠM17出土陶器
1、2.陶鼎（2006QXⅠM17∶11、2006QXⅠM17∶12）　3.陶罐（2006QXⅠM17∶13）
4.陶盘（2006QXⅠM17∶6）

陶盒　2件。泥质灰陶。器形、纹饰、尺寸相同。标本2006QXⅠM17∶9、2006QXⅠM17∶10，扁球形体，子母口，圆唇，弧腹，平底内凹。盖，略显浅，隆顶，顶有圆形捉手。通体饰彩绘，以朱红色绘宽带纹，其间绘云纹，环形捉手以朱红色绘带状圆形，其间绘团花状卷云纹。盖径18.5、口径16、腹径18.5、底径7、通高14.5厘米（图五七，6、7；图版四八，1、2）。

陶鼎　2件。泥质灰陶。器形相近，略有差异。子母口，方唇，鼎腹深于顶盖，平底，蹄形足。鼎口附双耳，双耳略外撇，有长方形孔，未镂空。标本2006QXⅠM17∶11，盖较浅薄，隆顶略下凹。盖径18、口径14.5、通高15厘米（图五八，1；图版四八，3）。标本2006QXⅠM17∶12，盖略深，隆顶较平。盖径18、口径15、通高16厘米（图五八，2；图版四八，4）。

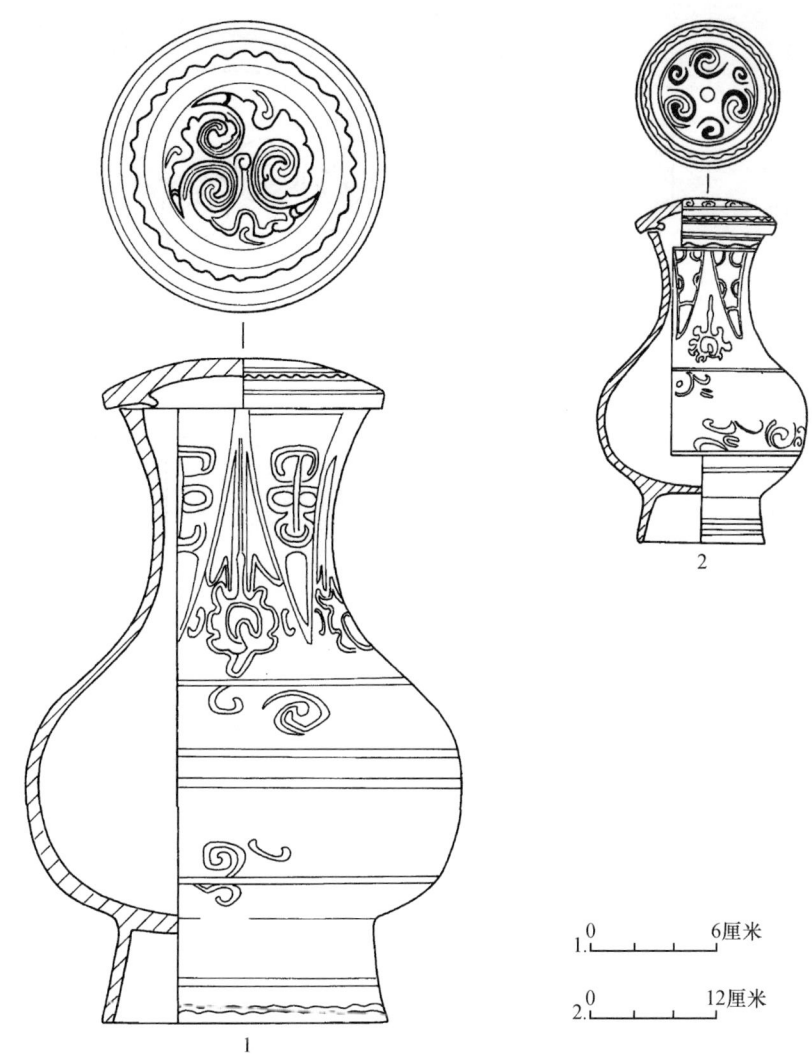

图五九　2006QXⅠM17出土陶壶
1. 2006QXⅠM17∶7　2. 2006QXⅠM17∶8

（十八）2006QXⅠM18

1. 墓葬形制

位于2006QXⅠT5249南壁下。梯形竖穴土坑墓，南北向分布，方向12°。墓口距地表深1米，长1.6米，北宽0.4米，南宽0.5米；底长1.54米，北宽0.4米，南宽0.52米；深1.38米。墓内未发现墓主遗骨，葬式不详。墓葬形制较小，推测并非为成年人埋葬，或为二次迁葬。随葬器物位于墓南部，计6件，有陶罐4件、陶钵1件、陶壶1件（图六〇；图版一二，1）。

图六〇　2006QXⅠM18平、剖面图
1、3、5、6.陶罐　2.陶钵　4.陶壶

2. 随葬器物

陶罐　4件。泥质灰陶。标本2006QXⅠM18：1，侈口，折沿，内沿微凸，方唇，束颈较高，圆肩，斜腹，平底。肩部饰绳纹。口径11.3、腹径12、高28.5厘米（图六一，1；图版四八，5）。标本2006QXⅠM18：3，侈口，折沿，斜唇，圆肩，斜腹，平底。口径12.5、腹径21、底径13.5、高21.5厘米（图六一，3；图版四八，6）。标本2006QXⅠM18：5，侈口，斜沿，尖唇，折肩，鼓腹，平底。口径11.5、腹径21、底径12、高22厘米（图六一，5；图版四九，2）。标本2006QXⅠM18：6，侈口，折沿，斜唇，唇微内倾，圆肩，斜腹，平底。口径12、腹径21、底径12、高23厘米（图六一，6；图版四九，1）。

陶壶　1件。标本2006QXⅠM18：4，泥质灰陶。撇口，尖唇，束颈，鼓腹，平底。口径6、腹径10、底径6、高13.5厘米（图六一，2；图版四九，3）。

陶钵　1件。标本2006QXⅠM18：2，泥质灰陶。敛口，圆沿，弧腹，平底。口径14.4、底径7、高5.9厘米（图六一，4；图版四九，4）。

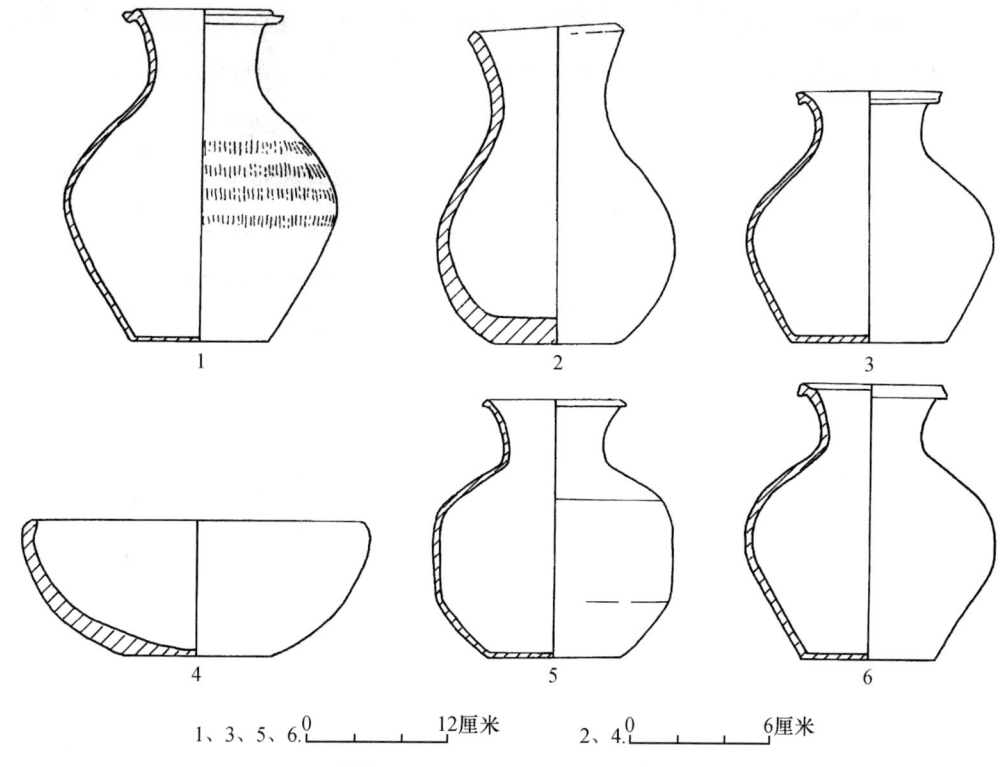

图六一　2006QXⅠM18出土陶器
1、3、5、6.陶罐（2006QXⅠM18：1、2006QXⅠM18：3、2006QXⅠM18：5、2006QXⅠM18：6）
2.陶壶（2006QXⅠM18：4）　4.陶钵（2006QXⅠM18：2）

（十九）2006QXⅠM19

位于2006QXⅠT5352的中部偏东处。长方形竖穴土坑墓，口大底小，南北向分布，方向10°。墓口距地表深1米，长3米，宽1.2米；底长2.6米，宽0.85米；深1.6米。未发现墓主遗骨、葬具及随葬器物，故墓主葬式、年龄等无法得知。疑为中途放弃所形成的空墓穴（图六二）。

（二十）2006QXⅠM20

1. 墓葬形制

位于2006QXⅠT5250东南部。梯形竖穴土坑墓，南北向分布，方向23°。墓口距地表深0.3米，长1.54米，北宽0.4米，南宽0.55米；底长1.48米，北宽0.36米，南宽0.48米；深1.1米。

墓葬形制较小，从所残存的骨骼看，墓主为一未成年者。由于残存骨骼较少，其葬式无法确定，性别、年龄亦不得而知，发掘中亦未发现葬具的痕迹。随葬品仅见瓷碗1件，位于墓主头部东侧（图六三；图版一二，2）。

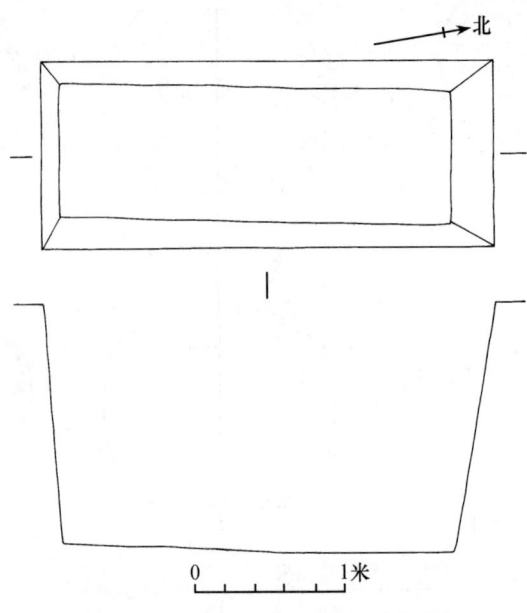

图六二　2006QXⅠM19平、剖面图

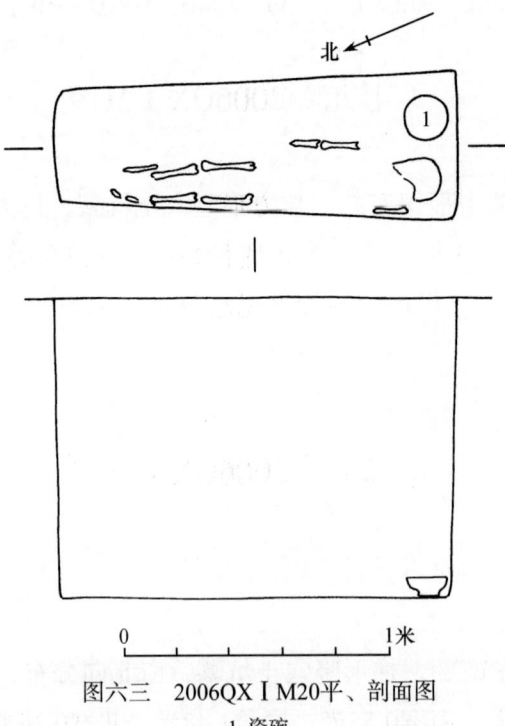

图六三　2006QXⅠM20平、剖面图
1. 瓷碗

2. 随葬器物

瓷碗 1件。标本2006QXⅠM20∶1，灰白胎，施青黄釉，外足部露胎。敞口，圆沿，圆唇，斜腹，圈足较矮，内侧有削痕，内底部平坦，见三枚支烧痕，呈鼎足状分布，似为饼垫烧制。口径16.5、足径7、高5.8厘米（图六四；图版六〇，2）。

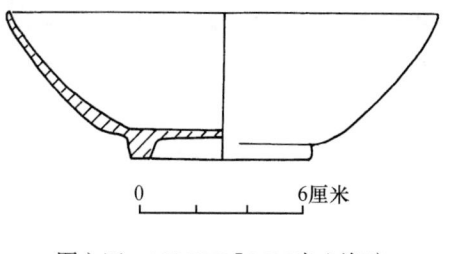

图六四 2006QXⅠM20出土瓷碗
（2006QXⅠM20∶1）

（二十一）2006QXⅠM21

位于2006QXⅠT5250北壁下。圆形砖室墓，方向15°，由墓道、甬道、墓室组成（图六五；图版一三，1）。

墓道位于墓室南部，台阶形。通长0.7米，宽0.7~0.95米。台阶为两级，第一级台阶距墓口深0.3米，进深0.22米，高0.3米；第二级台阶进深0.24米，略高于墓底地平面。

甬道位于墓道与墓室之间，见朱砂痕迹。宽0.54米，进深0.56米。

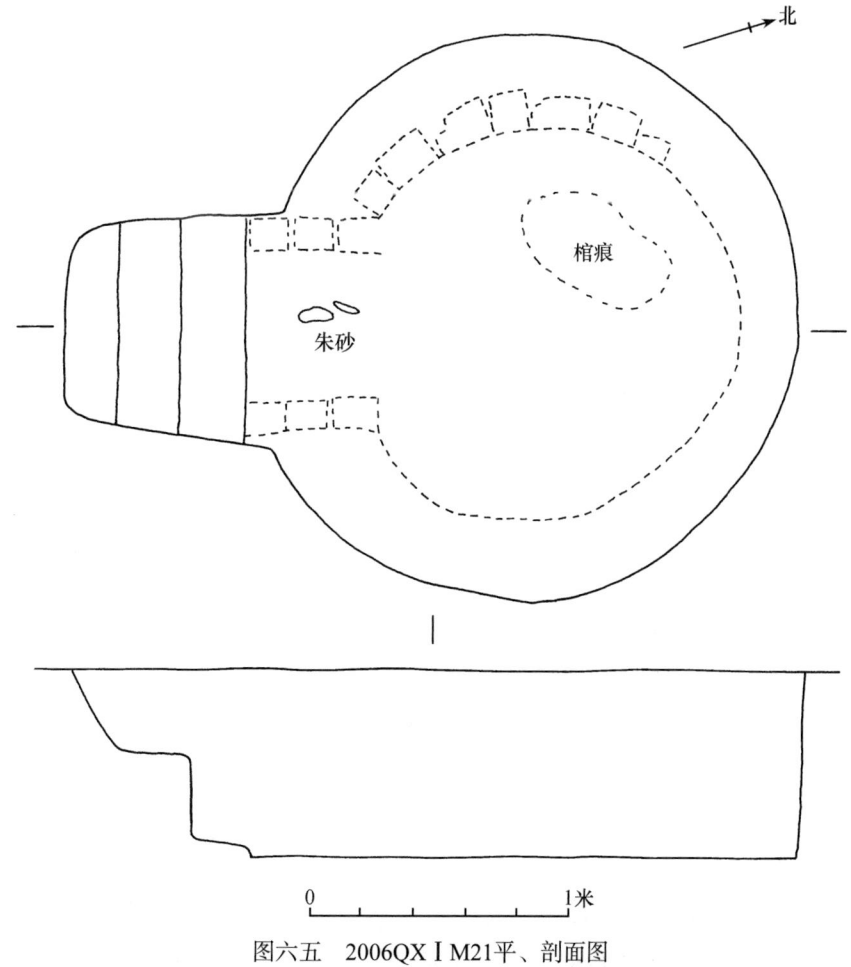

图六五 2006QXⅠM21平、剖面图

墓室呈圆形，直径2.1米。因严重破坏，仅能看到墓的基本形制。墓室底部残存部分灰砖轮廓痕迹。墓室的西北部有部分白色棺灰残存。墓内填土为黄褐色花土，土质疏松，内含大量青灰色残砖块及人骨残骸等。由于扰乱严重，墓主葬式、性别、年龄不得而知。未见随葬器物及葬具痕迹。

（二十二）2006QXⅠM22

1. 墓葬形制

位于2006QXⅠT5351北隔梁下。土洞墓，南北向分布，方向15°，由墓道、墓室、耳室组成（图六六；图版一三，2）。

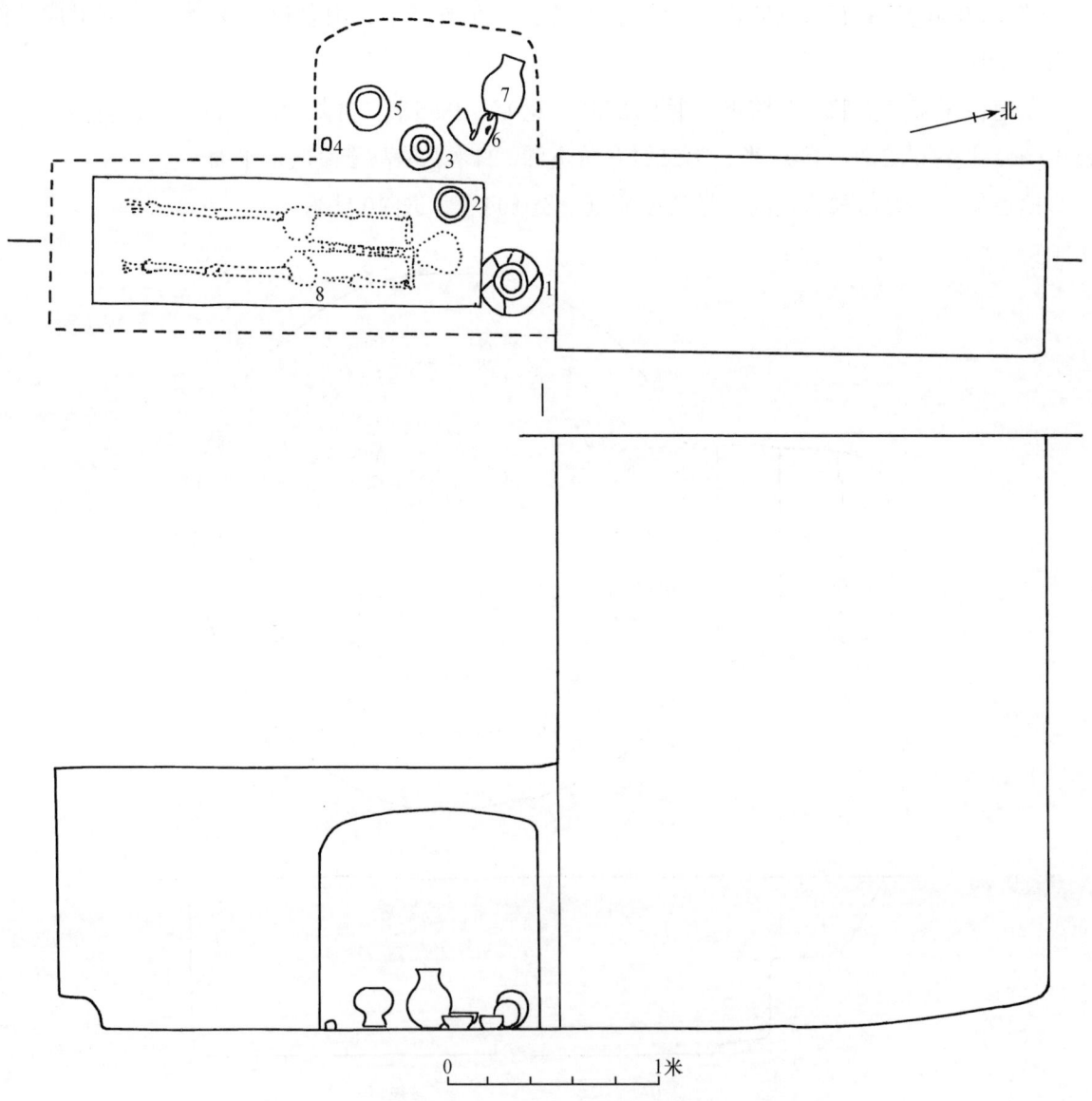

图六六　2006QXⅠM22平、剖面图
1、3、5、7.陶罐　2.陶钵　4.陶人俑头　6.陶马俑头　8.铜带钩

墓道位于墓室北端，底呈斜坡状。墓口距地表深0.8米，长2.3米，宽0.9米，深2.56~2.72米。

墓室为拱形土洞，平面呈长方形。长2.4米，宽0.8米，高1.2米。南端有高约0.15米的土台。墓主仰身直肢葬，头北脚南，由于骨架腐朽，面向不明。墓室内发现有棺灰痕迹。长1.84米，宽0.58米，厚约3厘米。

耳室位于墓室西壁北端。宽1.06米，高1米，进深0.68米。大部分随葬品出土于耳室内。随葬器物计8件，陶器7件，另在墓主盆骨左侧下发现铜带钩1件。

2. 随葬器物

陶罐　4件。泥质灰陶。标本2006QXⅠM22：1，侈口，平沿，内沿微凸，方唇，束颈较矮，圆肩，斜腹，平底。肩腹部有两周指甲纹，其下饰绳纹。口径11、腹径29、底径19.5、高30厘米（图六七，1；图版四九，5）。标本2006QXⅠM22：3，侈口，平沿，方唇，束颈，圆肩，圆腹，平底。肩腹部饰弦断绳纹。口径10、腹径23、底径12、高26.5厘米（图六七，2；图版四九，6）。标本2006QXⅠM22：5，侈口，口沿略显外撇，方唇，束颈，圆肩，腹稍扁矮，斜腹，平底。口径11.4、腹径19.6、底径12、高18厘米（图六八，2；图版五〇，1）。标本2006QXⅠM22：7，侈口，平沿，尖唇，圆肩，圆腹，平底。肩腹部饰弦断绳纹。口径9.7、腹径24、底径13、高26.5厘米（图六八，3；图版五〇，2）。

陶钵　1件。标本2006QXⅠM22：2，泥质灰陶。敛口，圆沿，弧腹，平底。口径14、底径8、高6.4厘米（图六七，3；图版五一，1）。

陶人俑头　1件。标本2006QXⅠM22：4，泥质灰陶，模制，中空。额头宽阔，长发，脑后有发髻。高7厘米（图六七，4；图版五〇，3、4）。

陶马俑头　1件。标本2006QXⅠM22：6，泥质灰陶，模制，中空。昂首嘶鸣状，马嘴镂空，无耳。高19厘米（图六八，1；图版五〇，5、6）。

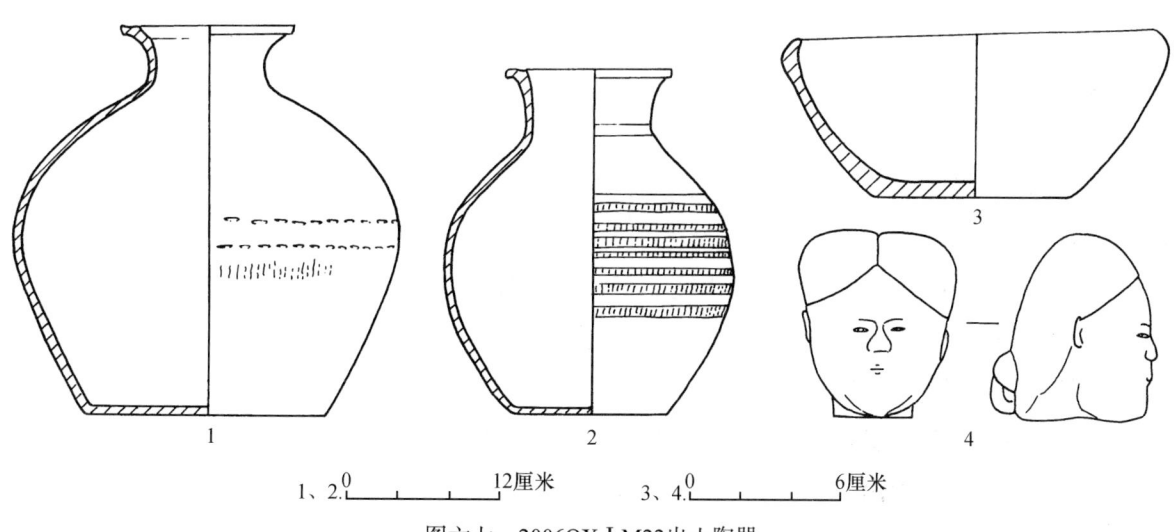

图六七　2006QXⅠM22出土陶器

1、2.陶罐（2006QXⅠM22：1、2006QXⅠM22：3）　3.陶钵（2006QXⅠM22：2）　4.陶人俑头（2006QXⅠM22：4）

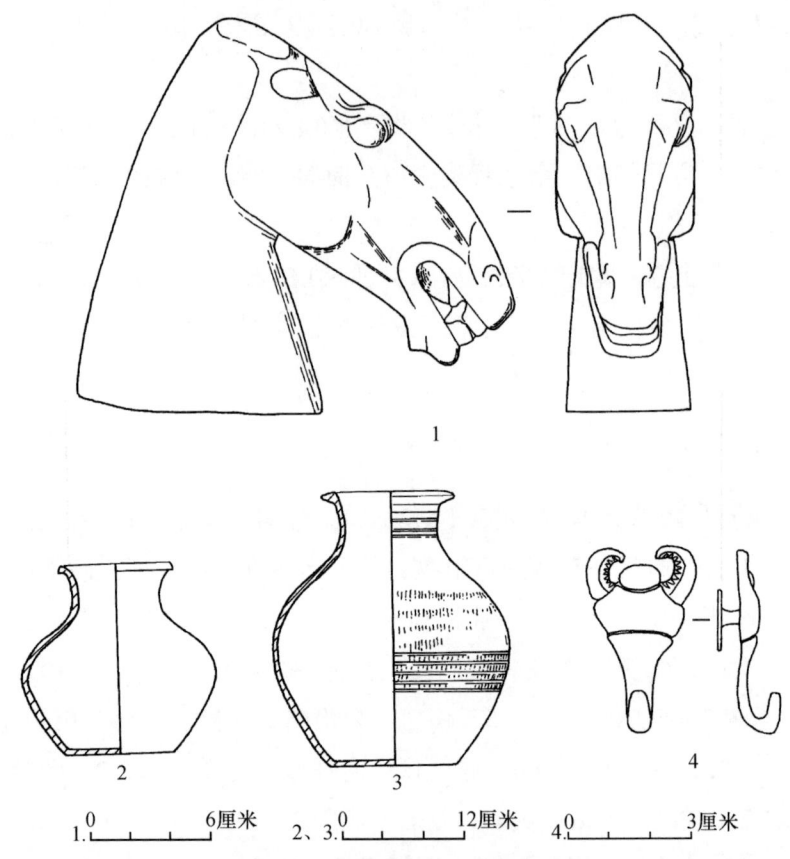

图六八　2006QXⅠM22出土器物

1. 陶马俑头（2006QXⅠM22：6）　2、3. 陶罐（2006QXⅠM22：5、2006QXⅠM22：7）　4. 铜带钩（2006QXⅠM22：8）

铜带钩　1件。标本2006QXⅠM22：8，蝎形体，两钳直伸内收，尾上卷，圆形带纽在首后。长4.8、最宽2.8厘米（图六八，4；图版五一，2）。

（二十三）2006QXⅠM23

1. 墓葬形制

位于2006QXⅠT5350中部偏西。土洞墓，南北向分布，方向10°，由墓道、墓室两部分组成（图六九；图版一四，1）。

墓道位于墓室北端，口大于底，南宽北窄，底呈斜坡状。墓口距地表深1米，长1.9米，宽0.7~0.95米；底长1.8米，宽0.55~0.6米；深2.3米。

墓室为拱形土洞，平面略呈梯形。长2.65米，宽0.72~0.95米，高1.3米。南部底部下凹约0.05米，形成长方形的浅坑。墓室内未见墓主遗骨。仅见随葬器物4件，在墓道与墓室之间发现3件陶罐，另在墓室内出土已残毁的铜镜1面。

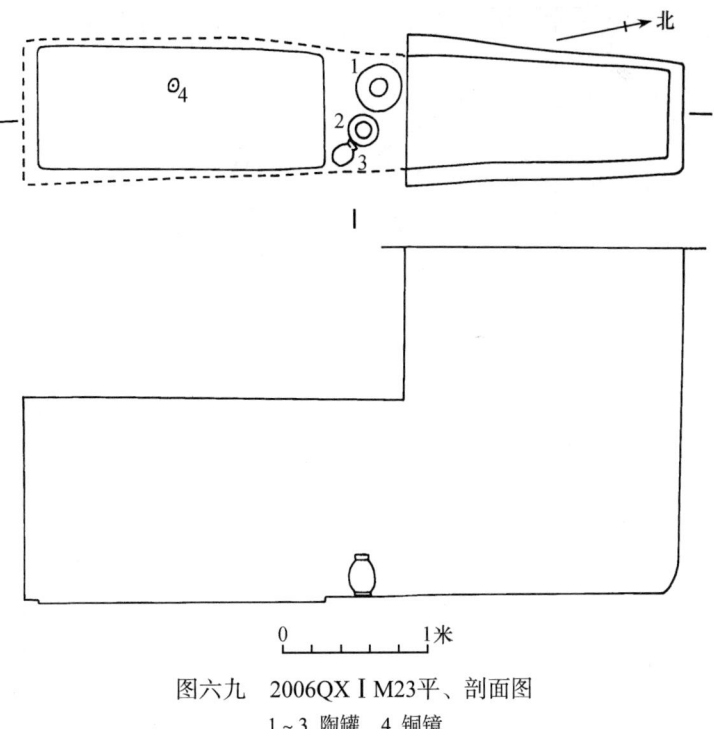

图六九　2006QXⅠM23平、剖面图
1~3.陶罐　4.铜镜

2. 随葬器物

陶罐　3件。泥质灰陶。标本2006QXⅠM23：1，敞口，平沿，方唇，折肩，斜腹，平底。折肩处折棱明显，饰两周指甲纹。口径10、腹径32、底径18、高28厘米（图七〇，1；图版五一，3）。标本2006QXⅠM23：2，侈口，折沿，方唇，唇下有折棱，圆肩，圆腹，平底。肩腹部饰弦断绳纹。口径10.5、腹径22、底径13、高26.5厘米（图七〇，2；图版五一，4）。标本2006QXⅠM23：3，侈口，重沿，方唇，束颈，圆肩，圆腹，平底。口径9.6、腹径18、底径9.6、高19厘米（图七〇，3；图版五一，5）。

铜镜　1件。标本2006QXⅠM23：4，残，桥形纽，背平无纹饰。直径8.4、厚0.13厘米（图七〇，4；图版五一，6）。

（二十四）2006QXⅠM24

1. 墓葬形制

位于2006QXⅠT5351东隔梁下。土洞墓，南北向分布，方向15°，由墓道和墓室组成（图七一；图版一四，2）。

墓道位于墓室北端，口略大于底，底呈斜坡状。墓口距地表深0.8米，长2.3米，宽0.8米；底长2.25米，宽0.63米；深1.9~2.26米。

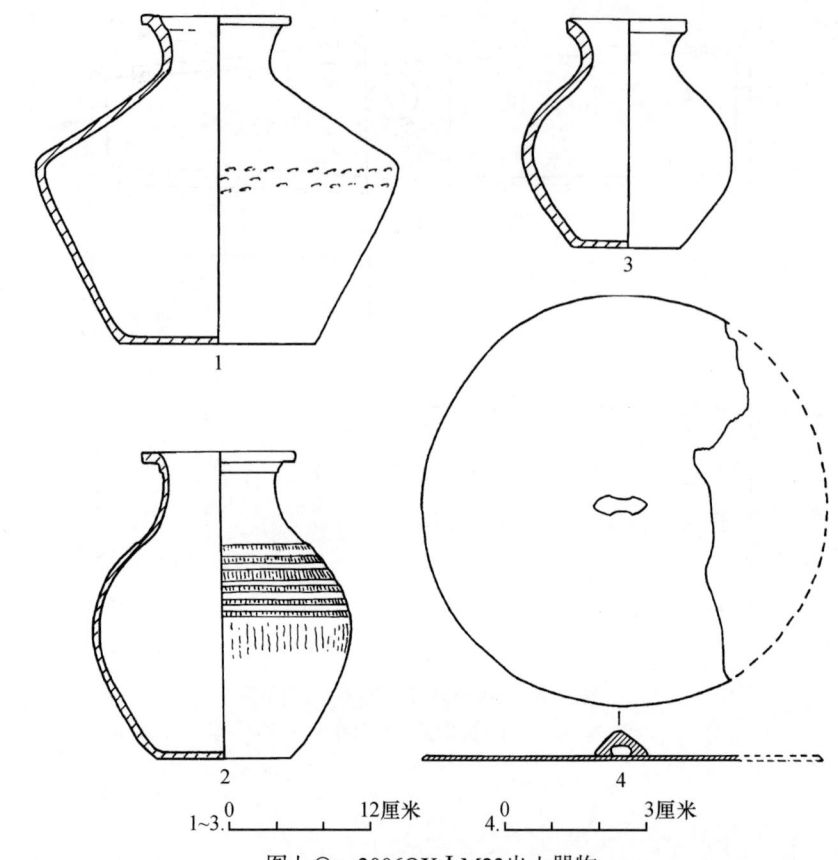

图七〇　2006QXⅠM23出土器物
1~3. 陶罐（2006QXⅠM23:1、2006QXⅠM23:2、2006QXⅠM23:3）　4. 铜镜（2006QXⅠM23:4）

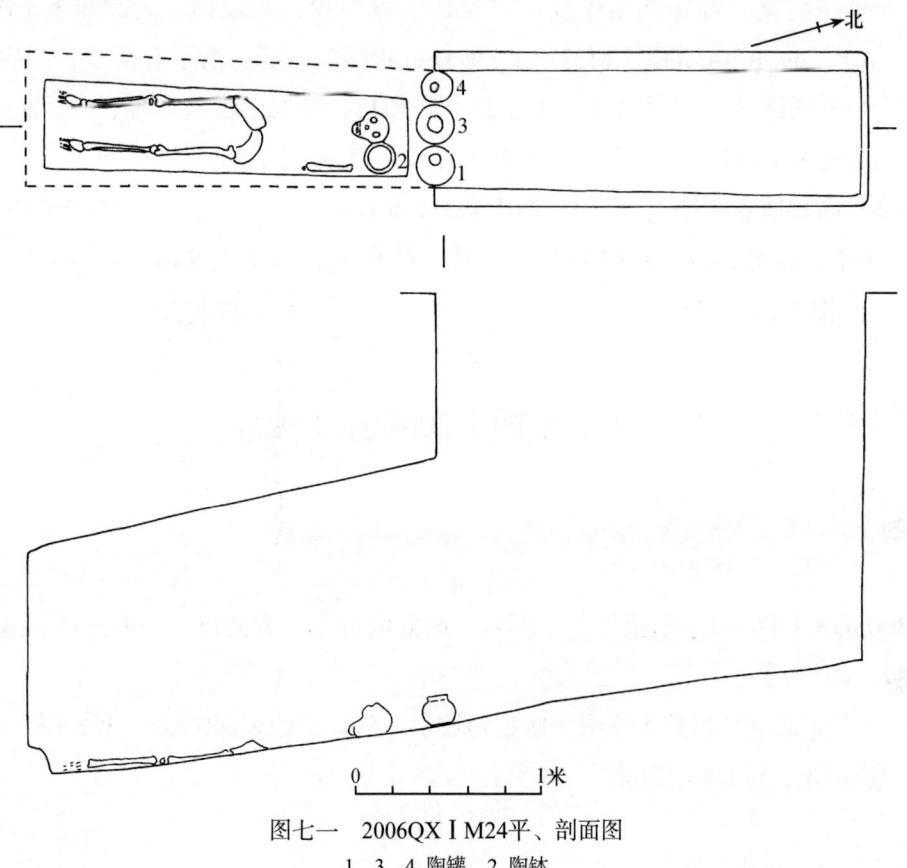

图七一　2006QXⅠM24平、剖面图
1、3、4. 陶罐　2. 陶钵

墓室为拱形土洞，南宽北窄，底由北向南倾斜，呈斜坡状。长2.2米，宽0.6～0.7米，高1.3米。墓主为仰身直肢葬，头北向，面向上，胸腔及右上肢骨已不存在。棺灰长约1.96米，宽0.42米，厚约3厘米。随葬器物位于墓主头北端，向北略出洞口，均为陶器，计4件，其中陶罐3件、陶钵1件。

2. 随葬器物

陶罐　3件。泥质灰陶。标本2006QXⅠM24∶1，侈口，方唇，束颈，圆肩，肩部较广，斜腹，平底。腹部饰绳纹。口径9.8、腹径20.5、底径12、高22厘米（图七二，1；图版五二，1）。标本2006QXⅠM24∶3，敞口，斜沿，尖唇，束颈，圆肩，斜腹，平底。颈部有一刻划符号，下腹部饰一周散乱不均的短斜线，其下饰两周凹弦纹。口径10、腹径18.5、底径11.8、高18厘米（图七二，3、5；图版五二，3）。标本2006QXⅠM24∶4，敛口，方沿，尖唇，圆肩，斜腹，平底。肩腹部饰两周凹弦纹。口径9、腹径19.5、底径11.8、高14.5厘米（图七二，2；图版五二，2）。

陶钵　1件。标本2006QXⅠM24∶2，泥质灰陶。敛口，圆沿，尖唇，弧腹，平底。口径14、底径6、高6.4厘米（图七二，4；图版五二，4）。

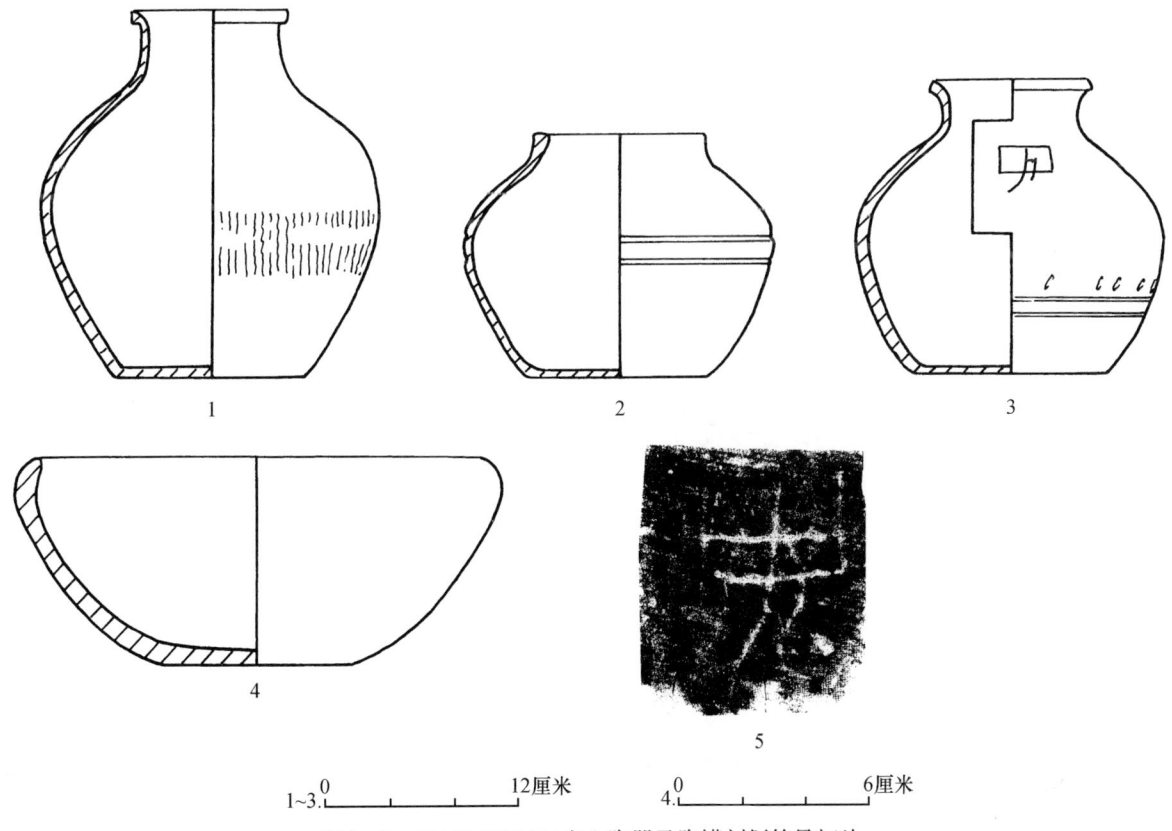

图七二　2006QXⅠM24出土陶器及陶罐刻划符号拓片
1～3.陶罐（2006QXⅠM24∶1、2006QXⅠM24∶4、2006QXⅠM24∶3）　4.陶钵（2006QXⅠM24∶2）
5.陶罐刻划符号拓片（2006QXⅠM24∶3）

（二十五）2006QXⅠM25

位于2006QXⅠT5349北隔梁下。土洞墓，南北向分布，方向195°，由墓道、墓室组成（图七三；图版一五，1）。

墓道位于墓室南端，宽于墓室，口大底小，底略呈斜坡状。墓口距地表深0.3米，长2.1米，宽1.06~1.3米；底长1.6米，宽0.95~1.25米；深2.32~2.4米。

墓室为拱形土洞，平面呈U字形，北端呈圆弧状。长1.6米，南宽0.9米，高1.1~1.32米。洞口距地表深1.1米，宽0.96米，高1.32米。墓室内残存有棺灰。长约1.72米，

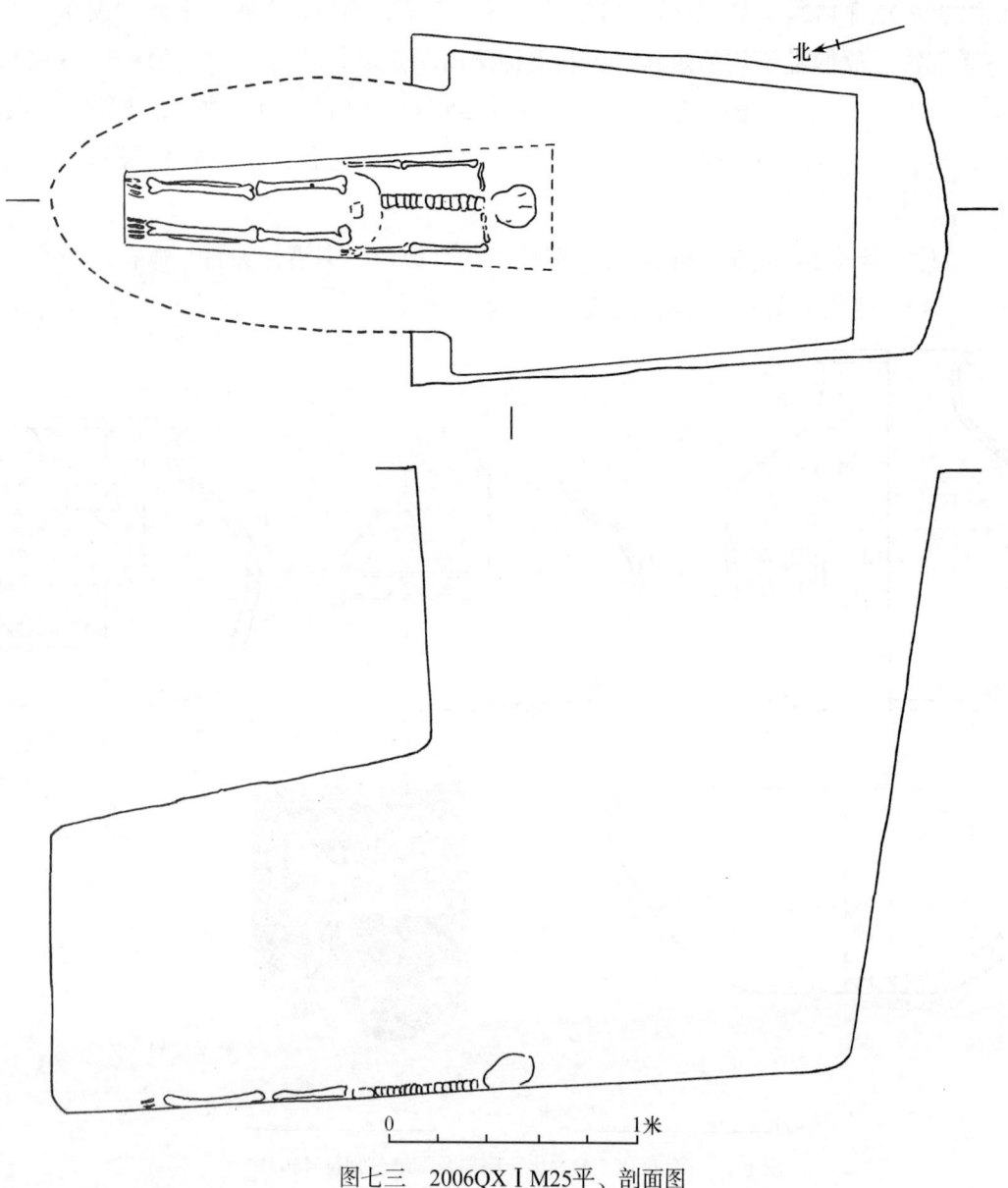

图七三　2006QXⅠM25平、剖面图

宽0.3~0.5米，厚约3厘米。棺灰内有人骨架1具，仰身直肢葬，头南脚北，面向上，骨架上部分位于墓道，下半部掩埋于洞室。未见随葬品。

（二十六）2006QXⅠM26

1. 墓葬形制

位于2006QXⅠT5349北隔梁下。土洞墓，南北向分布，方向195°，由墓道和墓室组成（图七四；图版一五，2）。

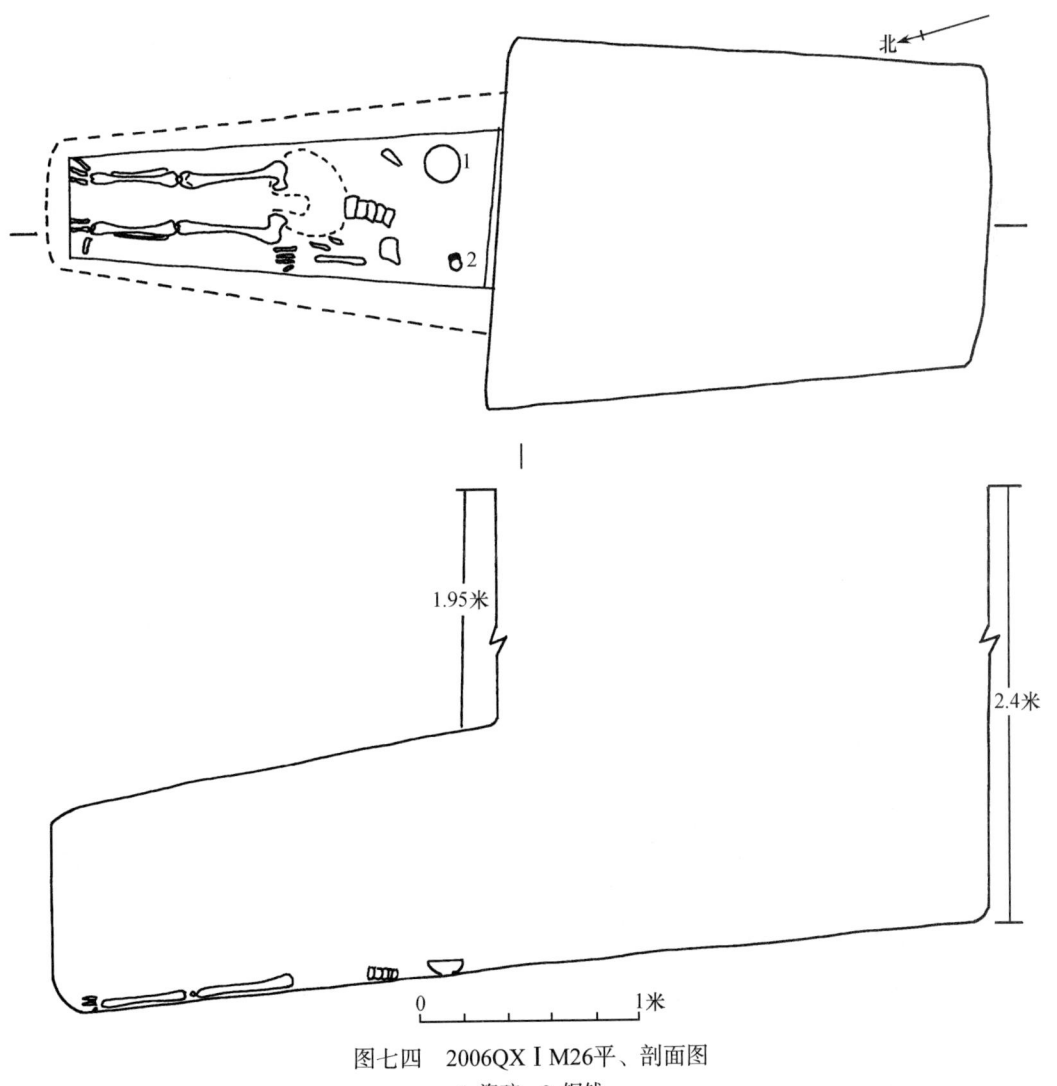

图七四　2006QXⅠM26平、剖面图
1. 瓷碗　2. 铜钱

墓道位于墓室南端，宽于墓室。墓口距地表深0.28米，长2.28米，宽1.55～1.62米，深2.4～3.05米（图版一六，1）。

墓室为拱形土洞，平面呈梯形。长2.04米，宽0.58～1.1米，高0.9～1.1米。洞口宽1.06米，高1.1米。以较大的石块封堵（图版一六，2）。在清理时，在墓室底部发现有棺灰痕迹，平面呈梯形。长约1.94米，宽0.46～0.7米，厚约3厘米。棺灰内有人骨架1具，仰身直肢葬，未见头骨。在人骨右肩上部发现白釉瓷碗1件，并在棺内出土有铜钱3枚，熙宁元宝、至道元宝、元祐通宝各1枚。

2. 随葬器物

瓷碗　1件。标本2006QXⅠM26∶1，施白釉。敞口，圆沿，圆唇，弧腹，圈足，器足较高，内腹底部见五处支烧痕。口径14、足径4.8、高6.5厘米（图七五，1；图版六〇，3）。

铜钱　3枚。

熙宁元宝　1枚。标本2006QXⅠM26∶2-1，钱文楷书，旋读。"熙宁"两字模糊。背面轮、郭平，轮漫漶不清。直径2.4、穿阔0.6厘米（图七五，2）。

元祐通宝　1枚。标本2006QXⅠM26∶2-2，钱文行书，旋读。轮、郭、字具浅。"元"字呈"允"字形，上点与下横笔画丝连。直径2.5、穿阔0.7厘米（图七五，3）。

至道元宝　1枚。标本2006QXⅠM26∶2-3，钱文楷书，旋读。钱铭苍劲。"元"字下横笔左上挑，"宝"字之下"贝"字显宽。直径2.6、穿阔0.6厘米（图七五，4）。

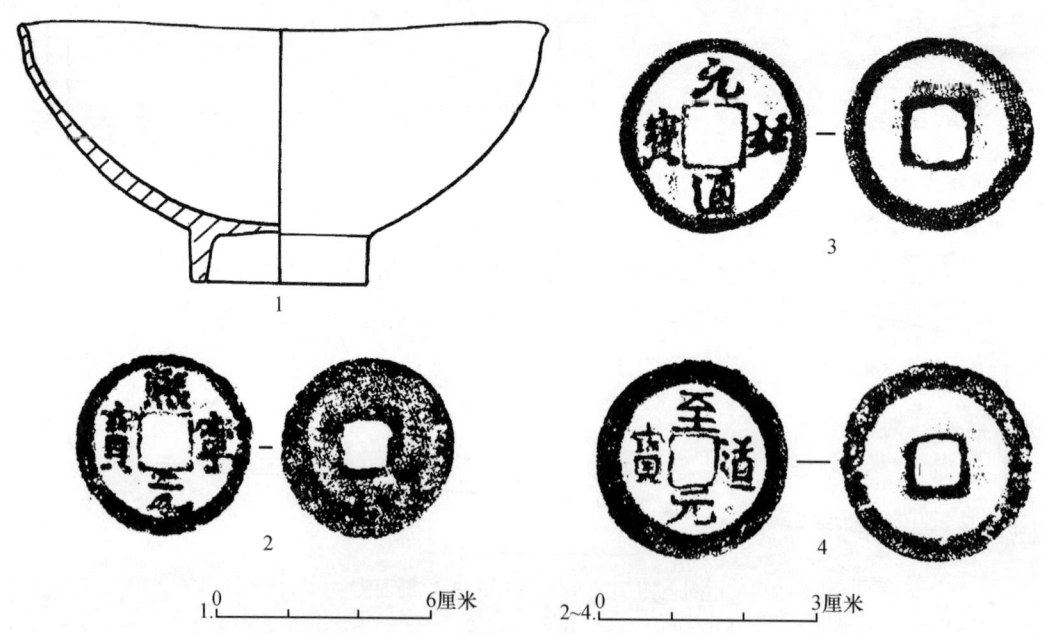

图七五　2006QXⅠM26出土瓷碗及铜钱拓片
1. 瓷碗（2006QXⅠM26∶1）　2. 熙宁元宝钱拓片（2006QXⅠM26∶2-1）　3. 元祐通宝钱拓片（2006QXⅠM26∶2-2）
4. 至道元宝钱拓片（2006QXⅠM26∶2-3）

（二十七）2006QXⅠM27

1. 墓葬形制

位于2006QXⅠT5348北隔梁下。砖室墓，平面形状呈甲字形，南北向分布，方向15°，由墓道、墓门、甬道、墓室组成。墓口距地表深0.9米（图七六）。

墓道位于墓室北部，呈斜坡状，北端被2006QXⅠG4打破。长6米，北宽0.7米，南宽1.02米，深3.4米。

墓门及甬道为双层拱券，已残毁，残高1.5米。甬道宽1.06米，进深0.7米（图版一七，1）。

墓室平面为长方形。长3.3米，宽3.1米，东壁、南壁残墙略高于西、北墙壁，残高2.86～2.98米，西、北两壁残高2.1～2.2米。砌筑方法为平砖错缝砌筑，墓底向上约2.3米开始逐层收涩叠砌。铺地砖以残砖横向铺砌。砖长28～30厘米，宽14厘米，厚4.5厘米。墓砖有素面、单面饰绳纹两种。墓内破坏严重，仅见有数块残存的遗骨，骨架具数、葬式不详。从所见的铁棺钉看，其葬具应为木棺（图版一七，2）。

由于墓葬盗毁严重，随葬器物多分散于墓室的四周，出土时部分器物已残毁，以陶器为主，计罐8件、瓮1件、盘2件、勺1件、镰斗2件、耳杯9件、案1件、奁1件、井1件、灶1套、猪1件、猪圈1件。另外，还出土有铅镜1件、铜铃1件、铜钱30枚、铁削刀1件以及铁棺钉2枚。

2. 随葬器物

陶瓮　1件。标本2006QXⅠM27：1，泥质灰陶。敞口，卷沿，平肩，鼓腹，平底。颈、肩部饰两周纹饰，内周为折线纹，外周为带状压印纹，内为连弧纹，外为菱形纹，腹部饰带状弦纹。口径24、腹径51、底径24、高40.5厘米（图七七，1、6；图版五四，1）。

陶盘　2件。泥质灰陶。标本2006QXⅠM27：4，敞口，平沿，方唇，斜腹，平底。内腹壁有两周弦纹。口径19.6、底径8.5、高3厘米（图七七，4；图版五四，5）。标本2006QXⅠM27：5，敞口，斜沿，方唇，斜腹，平底。内腹壁有两周弦纹。口径20、底径10、高3.5厘米（图七七，5；图版五四，6）。

陶罐　8件。泥质灰陶。标本2006QXⅠM27：2，敞口，卷沿，圆唇，斜肩，鼓腹斜收，平底内凹。肩部饰两周压印纹，内为连弧纹，外为菱形纹，肩腹部饰两周凹弦纹。口径12、腹径30、底径16.5、高22.7厘米（图七七，2、7；图版五二，5）。标本2006QXⅠM27：3，敞口，卷沿，圆唇，有颈，广肩，斜腹，平底内凹。肩部饰一周凹弦纹。口径11.7、腹径29、底径12、高21厘米（图七七，3；图版五三，1）。标本2006QXⅠM27：21，器形较小，敞口，卷沿，圆唇，斜肩，鼓腹斜收，平底微内凹。肩部饰一周短斜线纹，其下饰三周凹弦纹。口径5、腹径10、底径4.6、高7厘米（图七八，5；图版五二，6）。标本2006QXⅠM27：24，

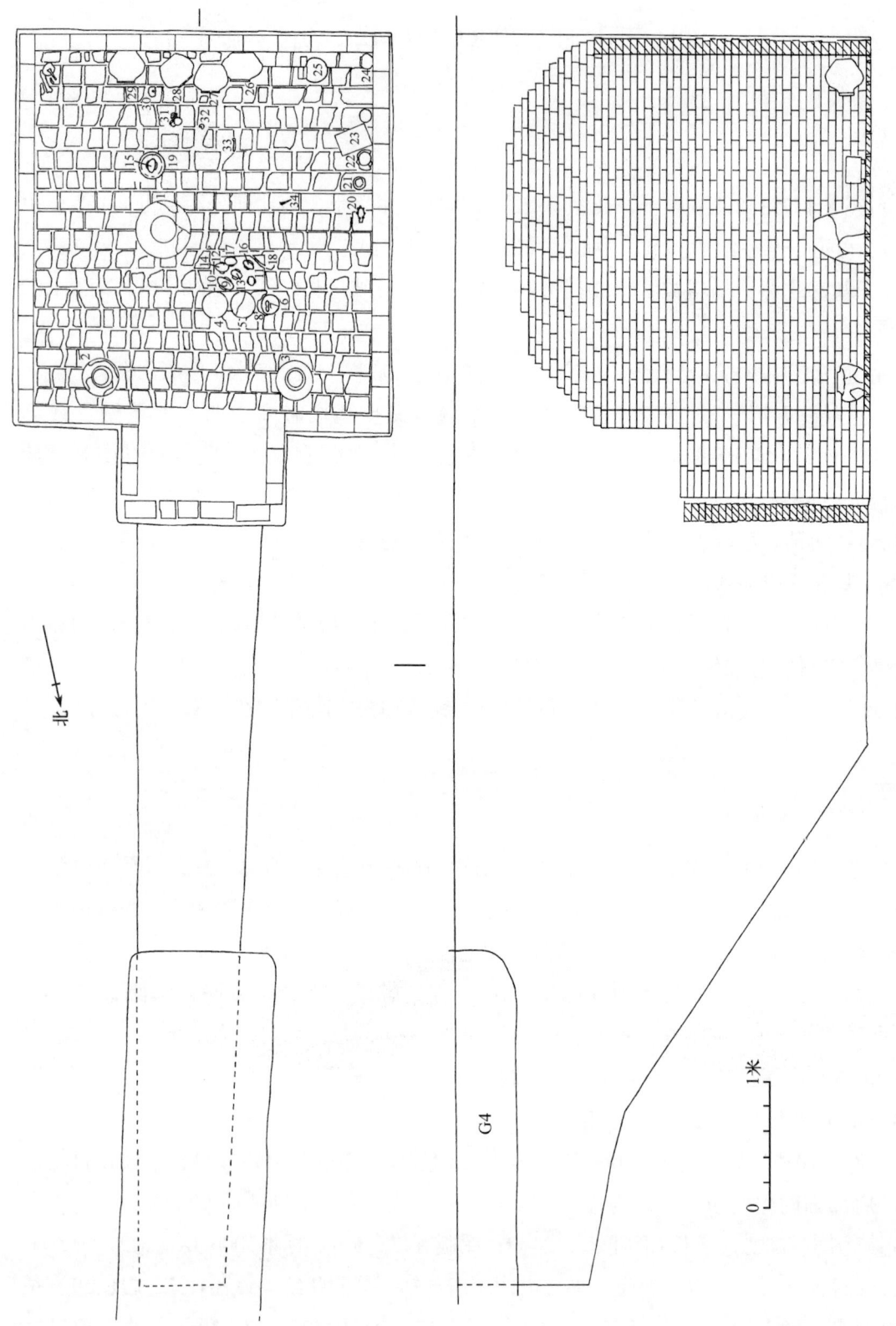

图七六 2006QXⅠM27平、剖面图

1.陶瓮 2、3、21、24、26～29.陶罐 4、5.陶盘 6.陶勺 7、8.陶魁斗 9～17.陶耳杯 18.陶案 19.陶瓷 20.陶猪 22.陶井 23.陶灶 25.陶猪圈 30.铅镜 31.铜钱 32.铜铃 33.铁削刀 34.铁棺钉

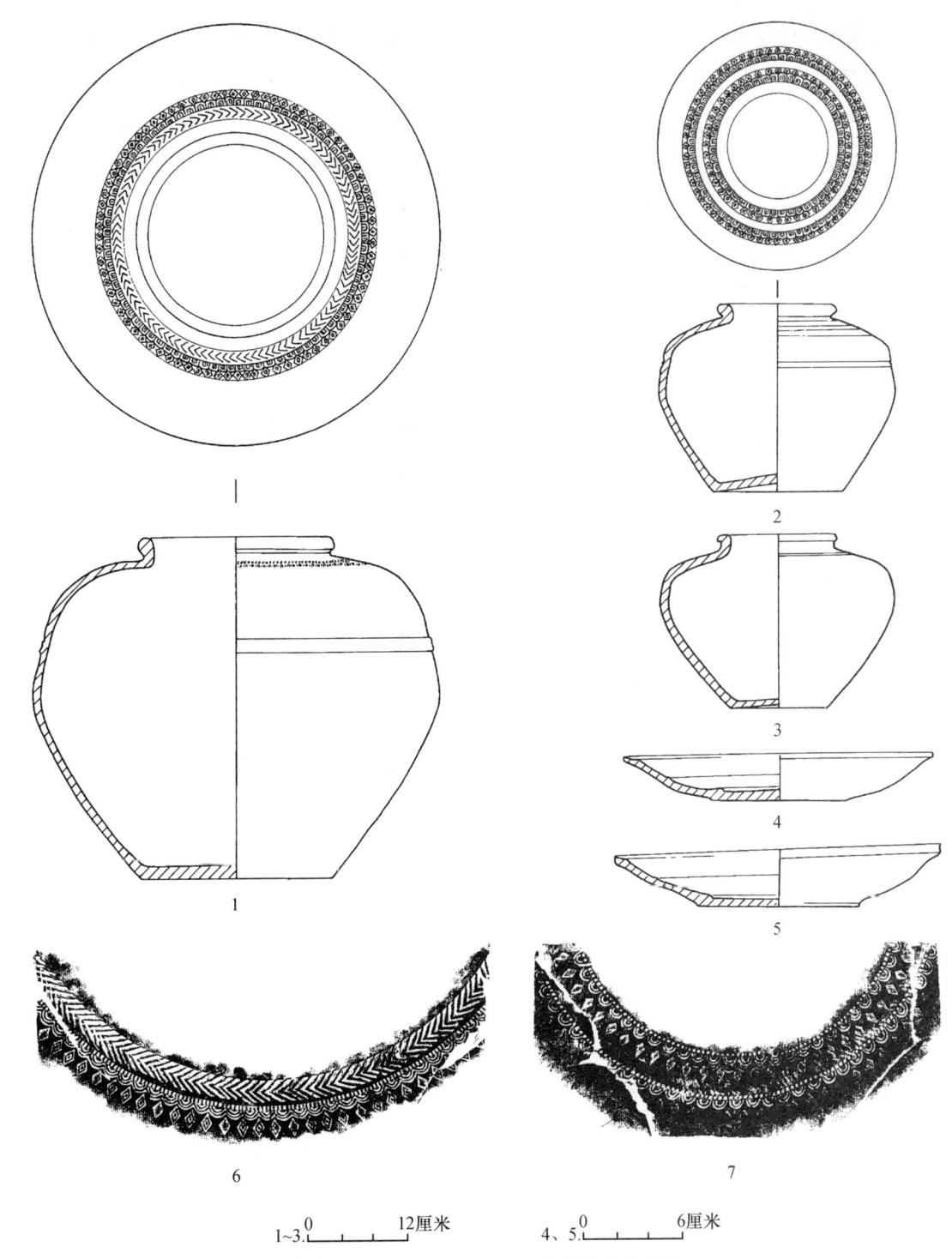

图七七 2006QXⅠM27出土陶器及纹饰拓片
1.陶瓮（2006QXⅠM27：1） 2、3.陶罐（2006QXⅠM27：2、2006QXⅠM27：3） 4、5.陶盘（2006QXⅠM27：4、2006QXⅠM27：5） 6.陶瓮纹饰拓片（2006QXⅠM27：1） 7.陶罐纹饰拓片（2006QXⅠM27：2）

敞口，卷沿，圆唇，平肩，鼓腹，平底。肩部饰两周凹弦纹。口径6.7、腹径15.5、底径7、高10.5厘米（图七八，7；图版五三，3）。标本2006QXⅠM27：26，直口，平沿，方唇，广肩，斜腹，平底内凹。肩腹部饰两周凹弦纹，下腹部见模糊状绳纹。口径11.5、腹径29.5、底径

16、高21.5厘米（图七九，1；图版五三，2）。标本2006QXⅠM27：27，直口，平沿，方唇，广肩，斜腹，平底内凹。肩腹部饰两周凹弦纹，下腹部饰绳纹。口径11.5、腹径33.5、底径14.5、高22厘米（图七九，2；图版五三，4）。标本2006QXⅠM27：28，直口外撇，平沿，方唇，广肩，斜腹，平底内凹。肩腹部饰两周凹弦纹，下腹部饰绳纹。口径11、腹径30.5、底径15、高22.5厘米（图七九，3；图版五三，5）。标本2006QXⅠM27：29，敞口，卷沿，圆唇，平肩，鼓腹斜收，平底内凹。肩部饰一周压印纹，内为连弧纹，外为菱形纹，上腹部饰两周凹弦纹。口径13.5、腹径31、底径17.5、高24厘米（图七九，4、6；图版五三，6）。

陶勺　1件。标本2006QXⅠM27：6，泥质灰陶。瓢形，圜底，长曲柄。通长13、勺头高3.5厘米（图八〇，1；图版五四，2）。

陶镳斗　2件。泥质灰陶。器形相同，圆形，直口，圆唇，弧腹，平底内凹，短曲柄。标本2006QXⅠM27：7，柄残。口径14.3、底径9.5、通长22、高6.3厘米（图八〇，2；图版五四，3）。标本2006QXⅠM27：8，口径14.5、底径9.4、通长21.5、高5.5厘米（图八〇，3；图版五四，4）。

陶耳杯　9件。泥质灰陶。长椭圆形，半月形双耳。标本2006QXⅠM27：9，双耳平折，耳较肥厚，深腹，平底内凹。口长径14、口短径8.5、高4厘米（图八一，1；图版五五，3）。

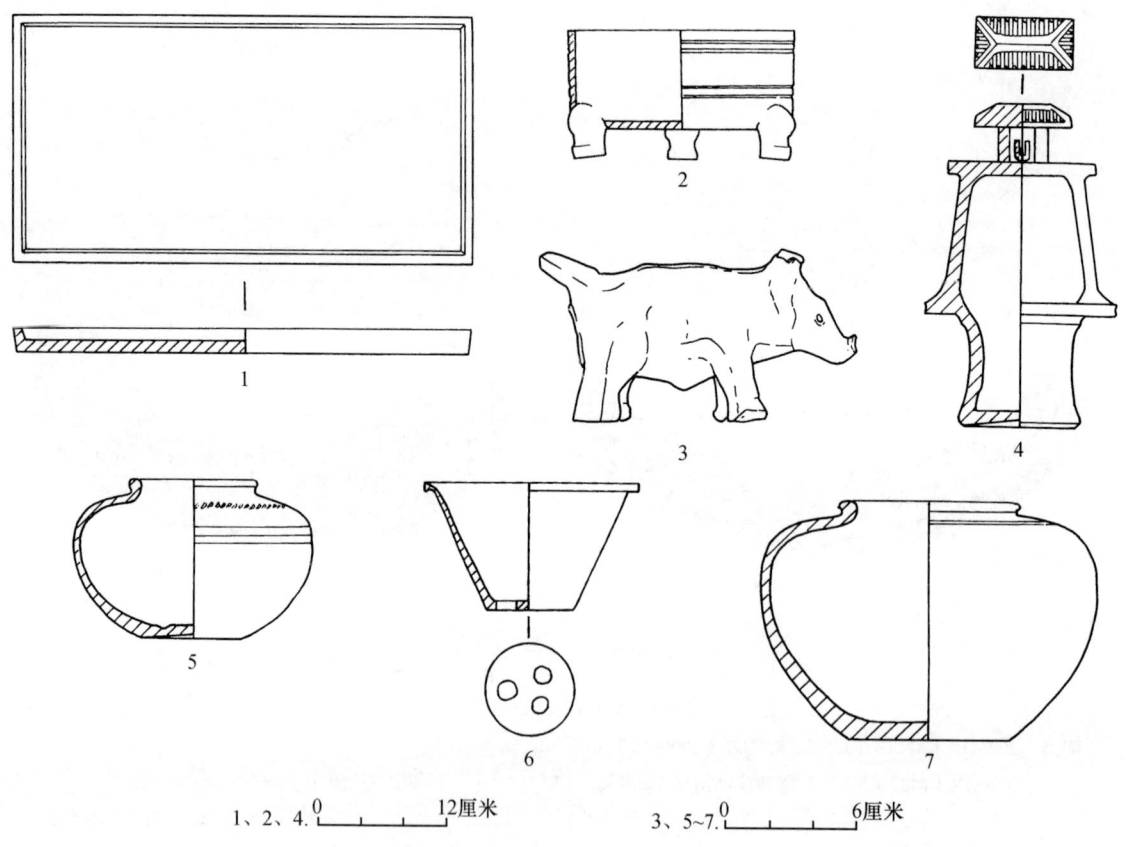

图七八　2006QXⅠM27出土陶器
1. 陶案（2006QXⅠM27：18）　2. 陶仓（2006QXⅠM27：19）　3. 陶猪（2006QXⅠM27：20）
4. 陶井（2006QXⅠM27：22）　5、7. 陶罐（2006QXⅠM27：21、2006QXⅠM27：24）　6. 陶甑（2006QXⅠM27：23-2）

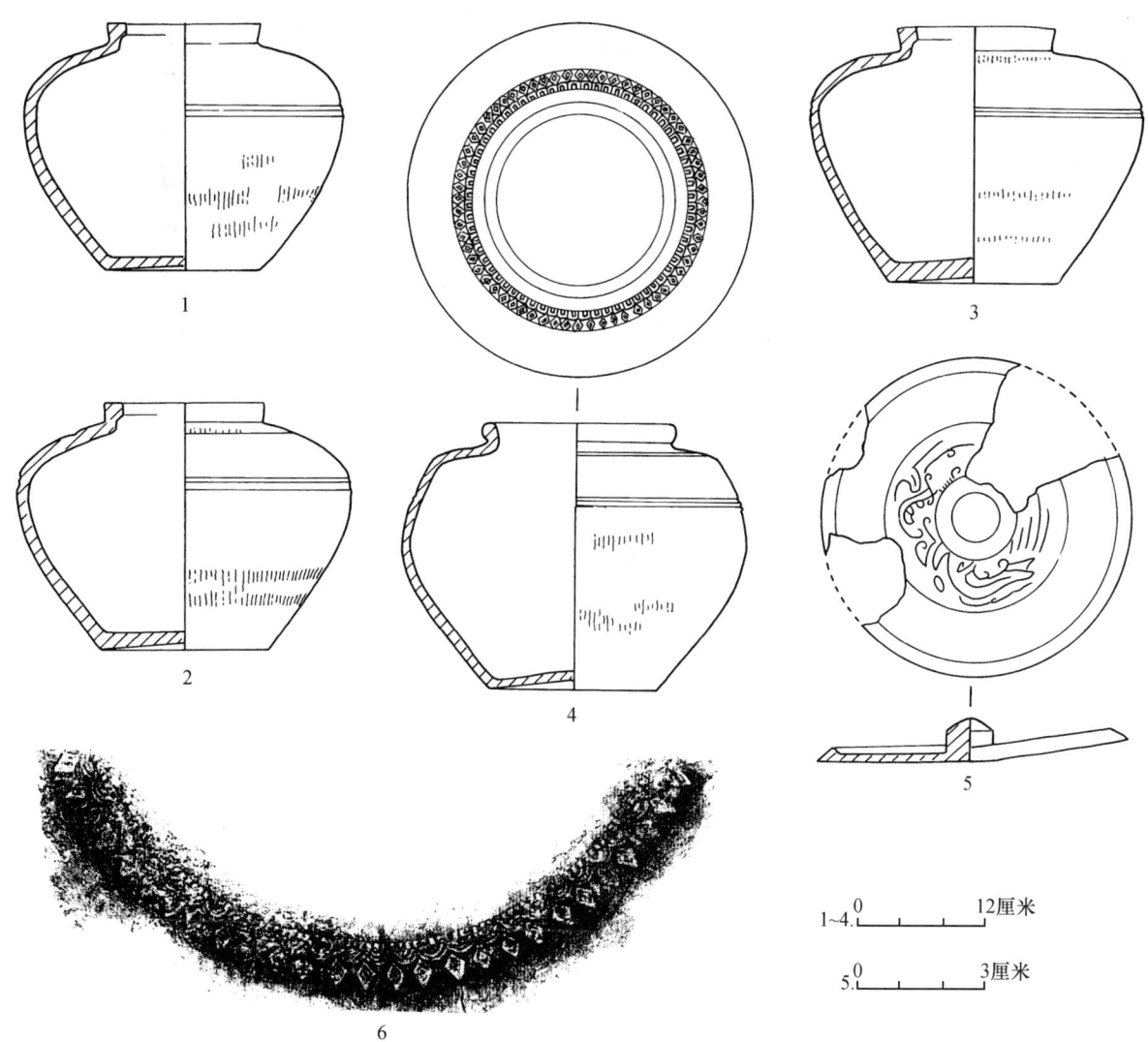

图七九 2006QXⅠM27出土器物及陶罐纹饰拓片
1~4.陶罐（2006QXⅠM27：26、2006QXⅠM27：27、2006QXⅠM27：28、2006QXⅠM27：29）
5.铅镜（2006QXⅠM27：30） 6.陶罐纹饰拓片（2006QXⅠM27：29）

标本2006QXⅠM27：10，双耳平折、显厚，深腹，平底。口长径13.8、口短径8.5、高4厘米（图八一，2；图版五五，5）。标本2006QXⅠM27：11，双耳平折、显厚，深腹，平底。口长径13.5、口短径8.5、高4厘米（图八一，3；图版五五，4）。标本2006QXⅠM27：12，双耳平折，薄耳，深腹，平底。口长径10.5、口短径6、高3厘米（图八一，4；图版五六，1）。标本2006QXⅠM27：13，双耳平折，薄耳，深腹，平底。口长径10.5、口短径5.8、高3厘米（图八一，5；图版五五，6）。标本2006QXⅠM27：14，双耳平折，薄耳，深腹，平底。口长径10.5、口短径6、高3厘米（图八一，6；图版五六，3）。标本2006QXⅠM27：15，双耳平折，薄耳，深腹，平底。口长径10.5、口短径6、高3厘米（图八一，7；图版五六，2）。标本2006QXⅠM27：16，双耳平折，薄耳，深腹，平底。口长径10.5、口短径6、高3厘米（图八一，8；图版五六，5）。标本2006QXⅠM27：17，双耳平折，薄耳，深腹，平底。口长径

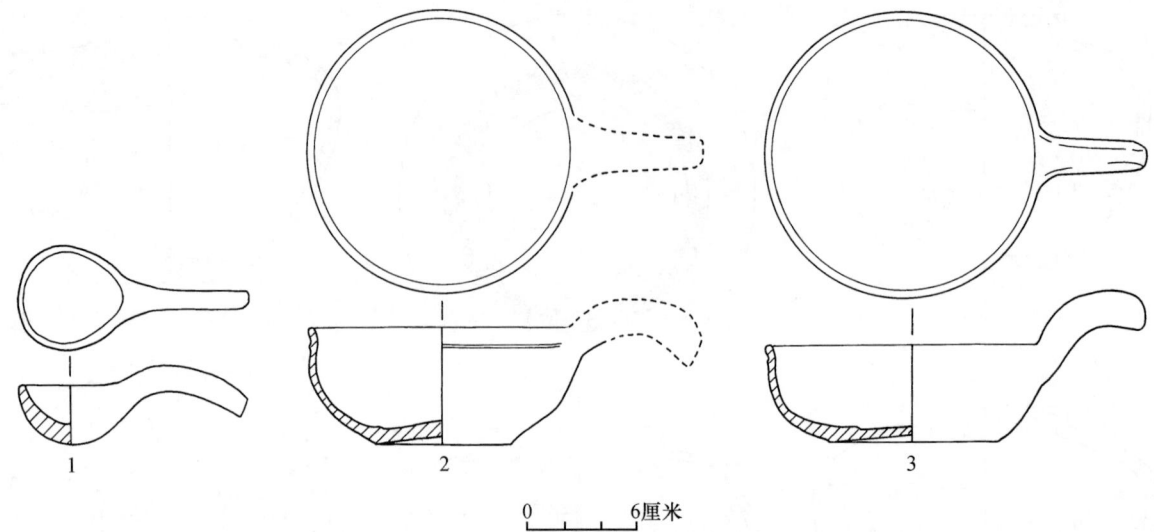

图八〇　2006QXⅠM27出土陶器
1. 陶勺（2006QXⅠM27：6）　2、3. 陶镶斗（2006QXⅠM27：7、2006QXⅠM27：8）

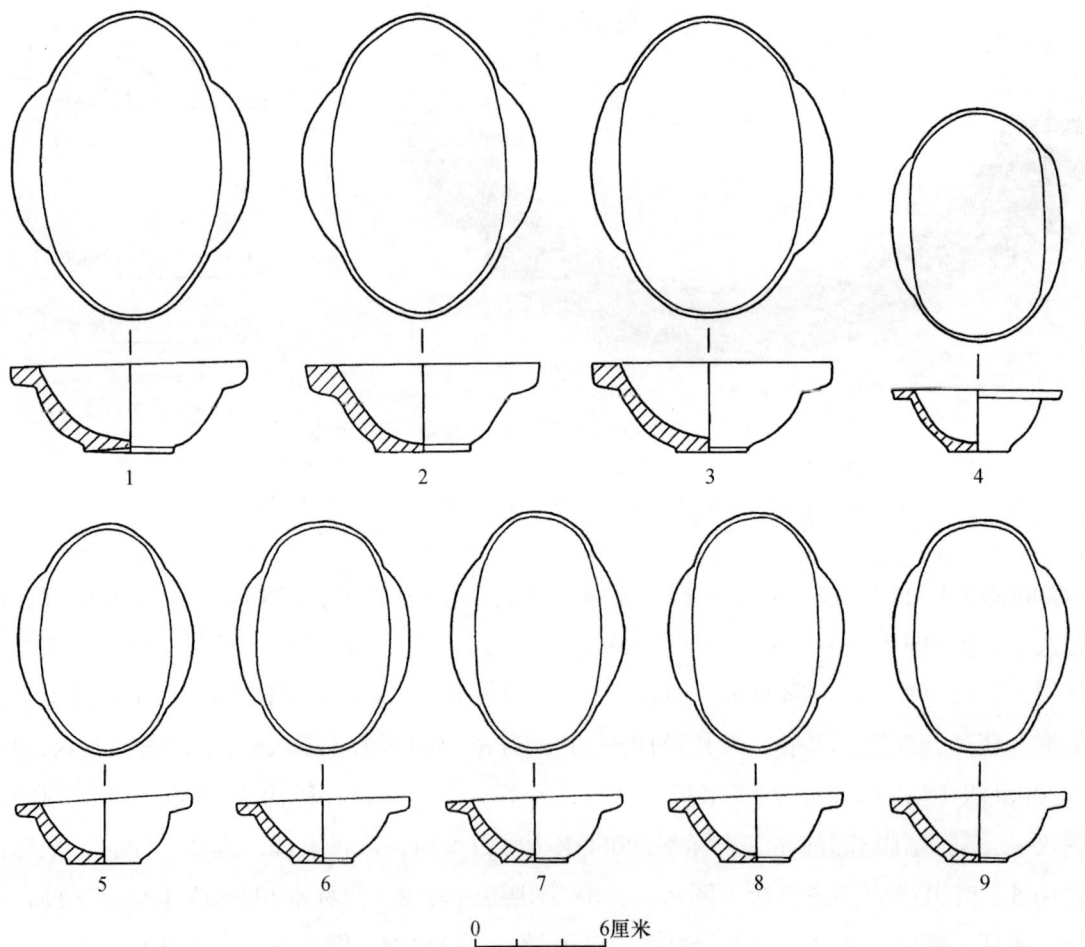

图八一　2006QXⅠM27出土陶耳杯
1. 2006QXⅠM27：9　2. 2006QXⅠM27：10　3. 2006QXⅠM27：11　4. 2006QXⅠM27：12　5. 2006QXⅠM27：13
6. 2006QXⅠM27：14　7. 2006QXⅠM27：15　8. 2006QXⅠM27：16　9. 2006QXⅠM27：17

10.5、口短径6、高3厘米（图八一，9；图版五六，4）。

陶案　1件。标本2006QXⅠM27：18，泥质灰陶。长方形平板状，四边上折。长42、宽22厘米（图七八，1；图版五五，1）。

陶奁　1件。标本2006QXⅠM27：19，泥质灰陶。直口，方唇，深腹，平底，三足肥硕。口径20、底径20、通高11.6厘米（图七八，2；图版五五，2）。

陶灶　1套。标本2006QXⅠM27：23-1，泥质灰陶，模制。长方形，灶面有三个圆形灶眼，其中两个在前端，分别置一釜，较大者在后端，亦置一釜，与附带的陶甑叠置可成陶甗。灶面后端有一椭圆形出烟口。前壁有近长方形火门，火门之上有长方形挡火墙。灶面边沿饰水波纹、斜线交叉纹、圆圈纹，并模印有与生活相关的鱼、案、勺、叉子等。长26、宽18、高9厘米（图八二，2；图版五七，1）。附属陶甑1件。标本2006QXⅠM27：23-2，泥质灰陶。敞口，撇沿较窄，圆唇，斜腹，平底，底部有三个箅孔。口径8.3、底径5、高5.6厘米（图七八，6；图版五七，2）。

陶井　1件。标本2006QXⅠM27：22，泥质灰陶。残，圆口，宽沿，束颈，平底。井沿立有梯形井架，有滑轮，四阿顶式井亭。口径10、底径11、通高28厘米（图七八，4；图版五七，4）。

陶猪　1件。标本2006QXⅠM27：20，泥质灰陶。捏制。直立状，腹腔空，尾上翘。通长14.5、高7.5厘米（图七八，3；图版五六，6）。

陶猪圈　1件。标本2006QXⅠM27：25，泥质灰陶。圆形，后侧有长方形平台，一端筑厕所，方形，有厕口，两面坡状顶，并覆以泥条状筒瓦。圈径22.5、圈高5、通高15.2厘米（图八二，1；图版五七，3）。

铅镜　1面。标本2006QXⅠM27：30，残，圆形，半球形纽，圆形纽座，镜缘凸起。纹饰漫漶不清。残径7、厚0.13厘米（图七九，5；图版五七，6）。

铜铃　1件。标本2006QXⅠM27：32，器形较小，有铃纽。直径1.25厘米（图八三，1；图版五八，2）。

铁削刀　1件。标本2006QXⅠM27：33，残，直背，弧刃，环首。长14、宽2.5、背厚0.4厘米（图八三，2；图版五七，5）。

铁棺钉　2枚。标本2006QXⅠM27：34，残，珥珰状，方形锥体。残长18厘米（图八三，3；图版五八，1）。

铜钱　30枚，其中半两钱1枚，五铢钱29枚。标本2006QXⅠM27：31。

半两　1枚。无轮无郭，穿上宽下窄，钱体轻薄。"半"字缺失。直径2.3、穿阔0.7～0.9厘米（图八四，1）。

五铢　29枚。正面有轮无郭，背面有轮有郭。分四型。

A型　9枚。"五"上下两笔连郭，交笔圆折，个别钱币"五"字上下两横略有出头。"铢"字"金"字头呈等腰三角形，下四点显短；"朱"字上下两横笔圆折。直径2.4～2.6、穿阔1厘米（图八四，2～8、12、26）。其中一枚穿上有"一"形记号（图八四，8），1枚"铢"字缺失（图八四，26）。

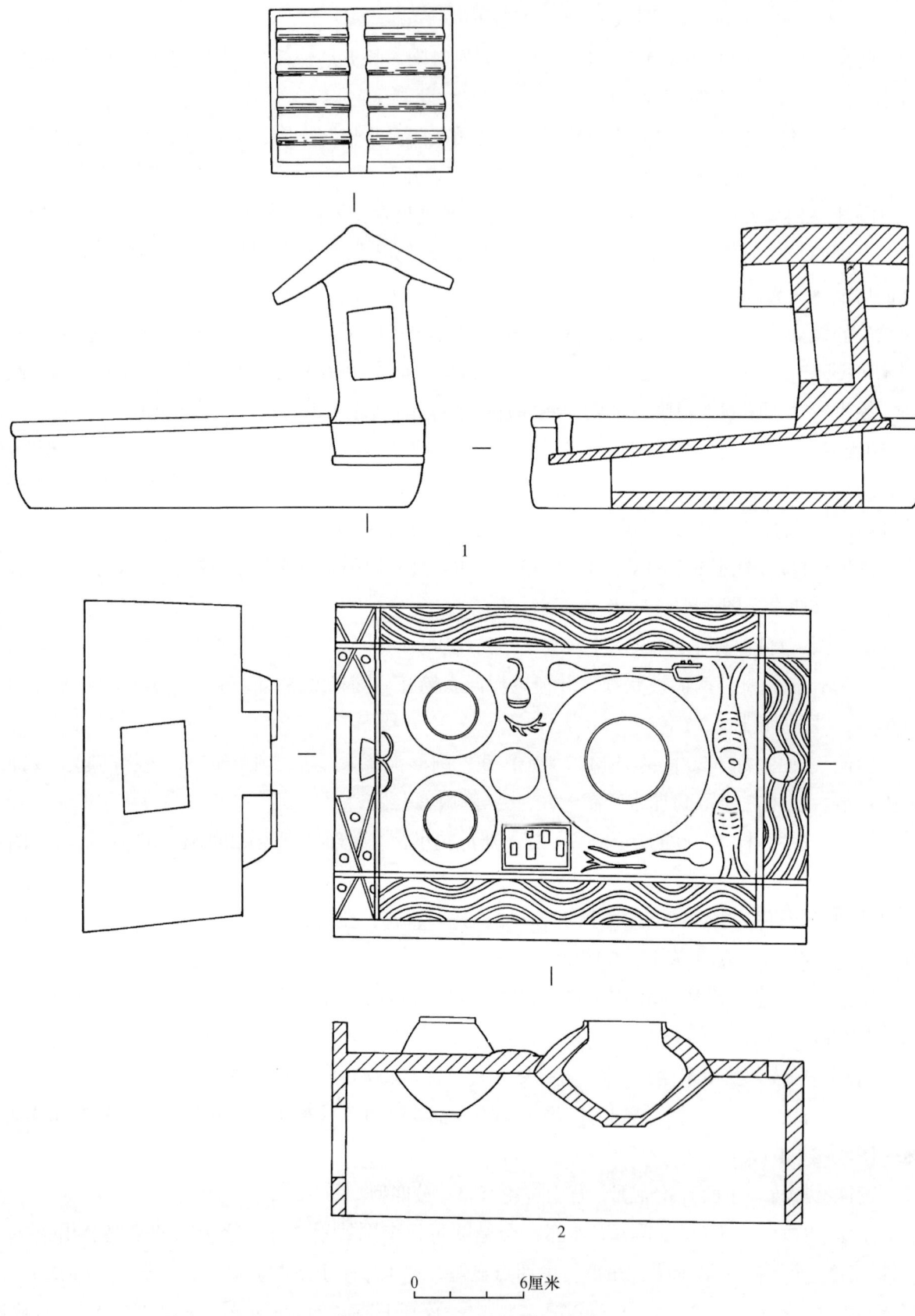

图八二 2006QXⅠM27出土陶器
1. 陶猪圈（2006QXⅠM27：25） 2. 陶灶（2006QXⅠM27：23-1）

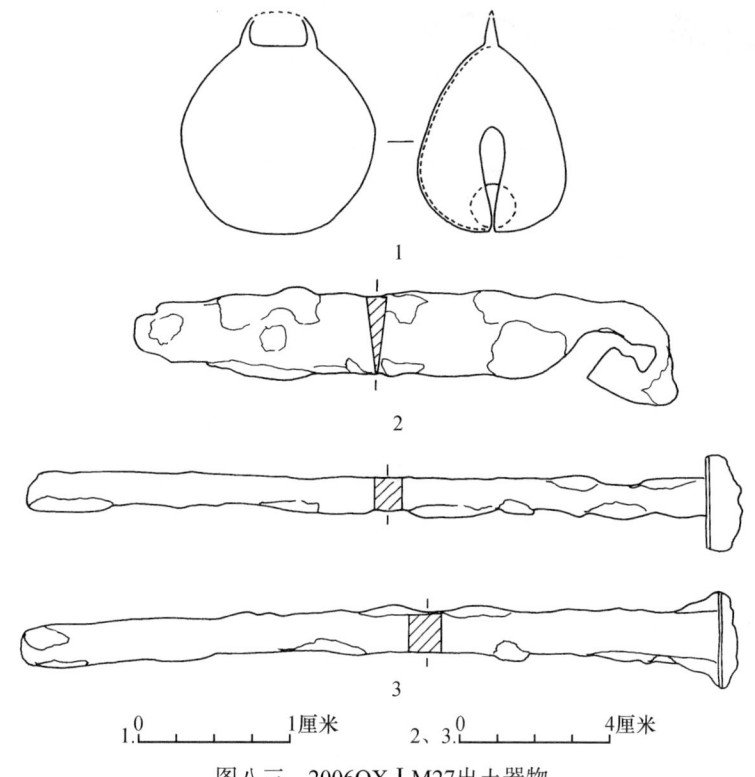

图八三　2006QXⅠM27出土器物
1. 铜铃（2006QXⅠM27：32）　2. 铁削刀（2006QXⅠM27：33）　3. 铁棺钉（2006QXⅠM27：34）

B型　8枚。"五"字交笔圆弧，略显肥硕。"铢"字"金"字头呈等腰三角形，下四点较长；"朱"字上横笔多方折，下横笔圆折。直径2.6～2.7、穿阔1厘米（图八四，9、13、14、18、21～23、25）。其中2枚上横笔显圆折（图八四，14、25），1枚穿下一横笔（图八四，21），1枚"铢"上一点（图八四，22），1枚穿下一点（图八四，25）。

C型　9枚。"五"字交笔显斜直，瘦窄。"铢"字"金"字头呈等腰三角形，下四点短小；"朱"字上下两横笔圆折。直径2.6～2.7、穿阔1厘米（图八四，10、11、15、16、24）。

D型　3枚。"五"肥大，交笔圆弧。"铢"字"金"字头多呈等腰三角形，下四点较短；"朱"字上下两横笔圆折，上横笔略外侈。直径2.5～2.6、穿阔1厘米（图八四，17、19、20）。其中2枚"铢"字"金"字头略显矢镞状（图八四，17、19）。

（二十八）2006QXⅠM28

位于2006QXⅠT5350东隔梁下，大部分在探方东隔梁以外。长方形竖穴土坑墓，南北向分布，方向26°。墓口略大于墓底，距地表深1米，长2.4米，宽1.24米；底长2.08米，宽1.16～1.04米；深0.26米。墓内无遗物。墓葬自身深仅为0.26米，推测可能为一座中途放弃的空墓（图八五）。

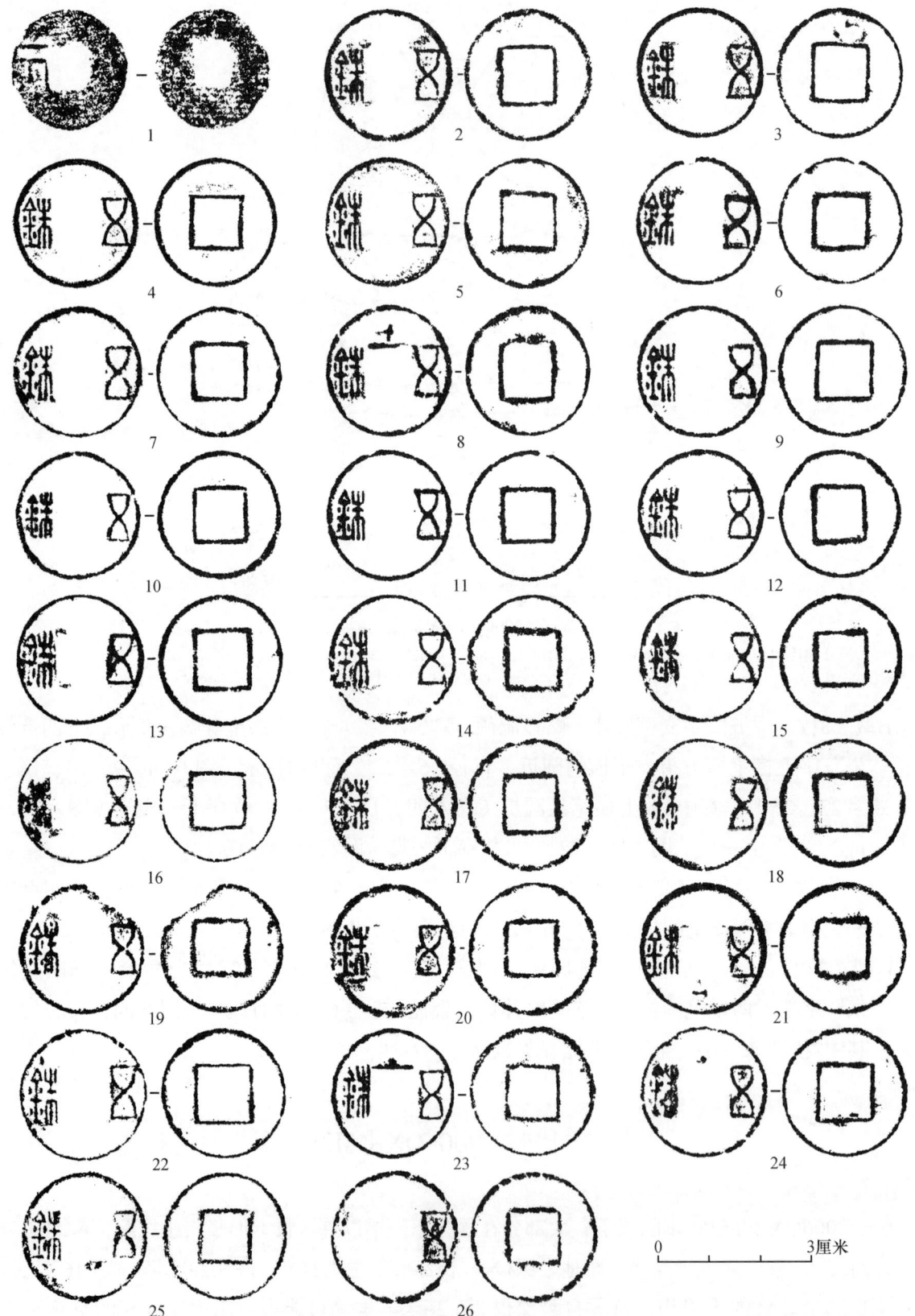

图八四 2006QXⅠM27出土铜钱拓片
（2006QXⅠM27∶31）

1.半两 2~8、12、26.A型五铢 9、13、14、18、21~23、25.B型五铢 10、11、15、16、24.C型五铢 17、19、20.D型五铢

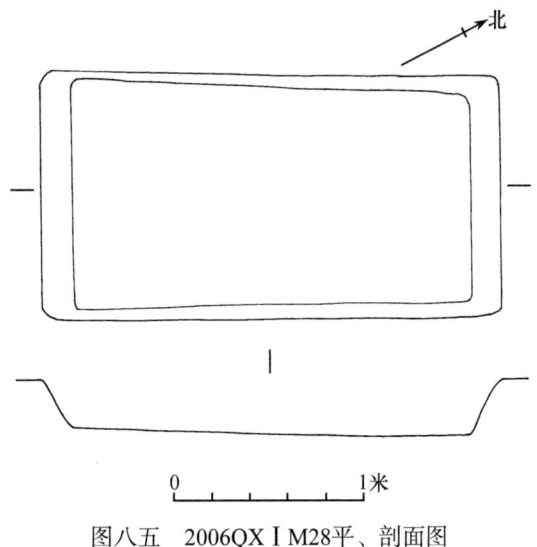

图八五　2006QXⅠM28平、剖面图

（二十九）2006QXⅠM29

位于2006QXⅠT5350中部偏西、2006QXⅠM23东侧。土洞墓，南北向分布，方向19°，由墓道、墓室组成（图八六）。

墓道位于墓室的北端，长方形竖井式，底略呈斜坡状。墓口距地表深1米，长3.3米，宽0.84~0.9米；底长3.24米，宽0.82米；深2.4~2.6米。

墓室为拱形土洞，平面呈梯形，北宽南窄。长2.26米，北宽0.82米，南宽0.54米，高1~1.2米。内填土均为花土，不见随葬品以及墓主的遗骸。在清理过程中发现有棺木灰痕，但已不成形。

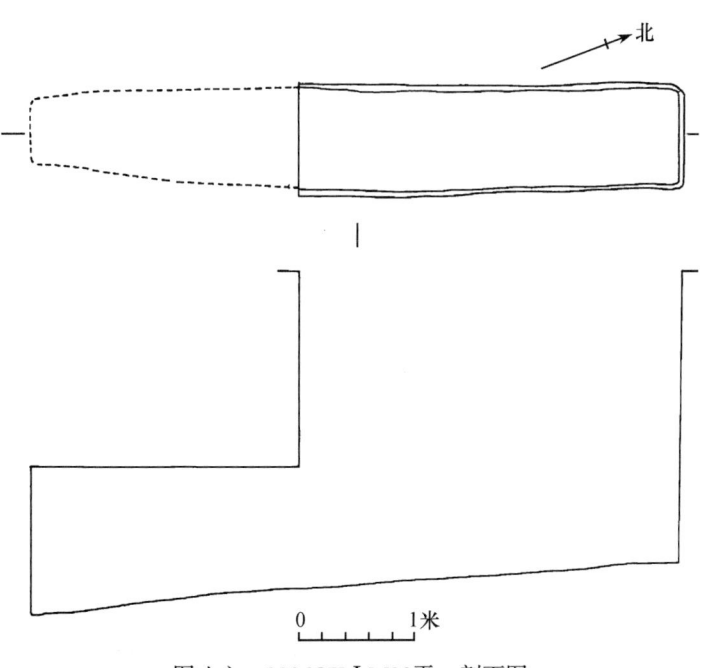

图八六　2006QXⅠM29平、剖面图

（三十）2006QXⅠM30

1. 墓葬形制

位于发掘区西北的总干渠西侧。长方形竖穴土坑墓，南北向分布，方向15°。墓口距地表深0.9米，长2.6米，宽0.98米；底长2.8米；深1.2米。墓南壁底部向内掏有高0.4、进深0.2米的龛，墓主足部置于其内。墓主仰身直肢葬，头向北，面向上，两臂微外张。有木灰残迹，推测应为木棺，但形制已不详。随葬器物计4件，大多数位于北壁下。均为陶器，其中罐3件、钵1件（图八七；图版一八）。

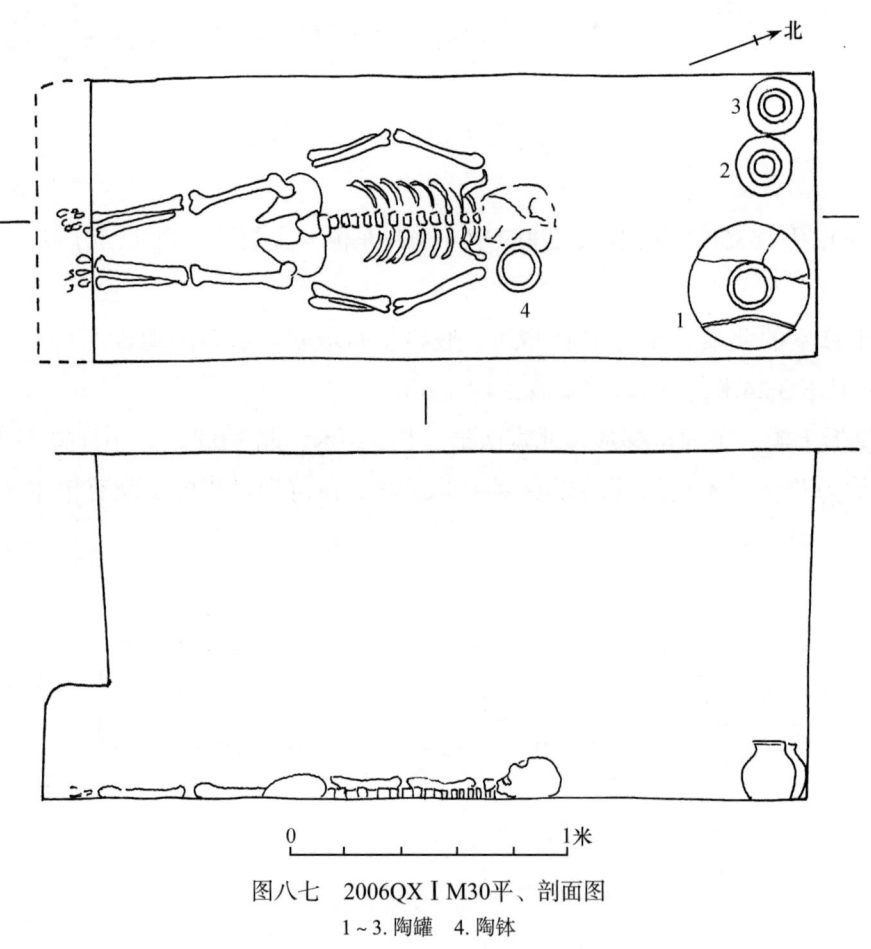

图八七　2006QXⅠM30平、剖面图
1~3.陶罐　4.陶钵

2. 随葬器物

陶罐　3件。泥质灰陶。标本2006QXⅠM30∶1，敞口，口沿较宽，平折沿，重唇，束颈，折肩，斜腹，平底。颈下部有一刻划符号，肩腹部饰三周指甲纹。口径13、腹径43、底径18.5、高36.5厘米（图八八，1、5；图版五八，3）。标本2006QXⅠM30∶2，侈口，圆沿，圆唇，束颈，斜肩，斜腹，平底。口径11.4、腹径20、底径12、高20厘米（图八八，2；图版五八，4）。标本2006QXⅠM30：3，侈口，圆唇，束颈，圆肩，斜腹，平底。近底部有削痕。口径10.8、腹径18.5、底径11.8、高19厘米（图八八，3；图版五八，5）。

陶钵　1件。标本2006QXⅠM30：4，敛口，圆沿，折肩，斜腹，平底。口径14.7、底径7、高5.7厘米（图八八，4；图版五八，6）。

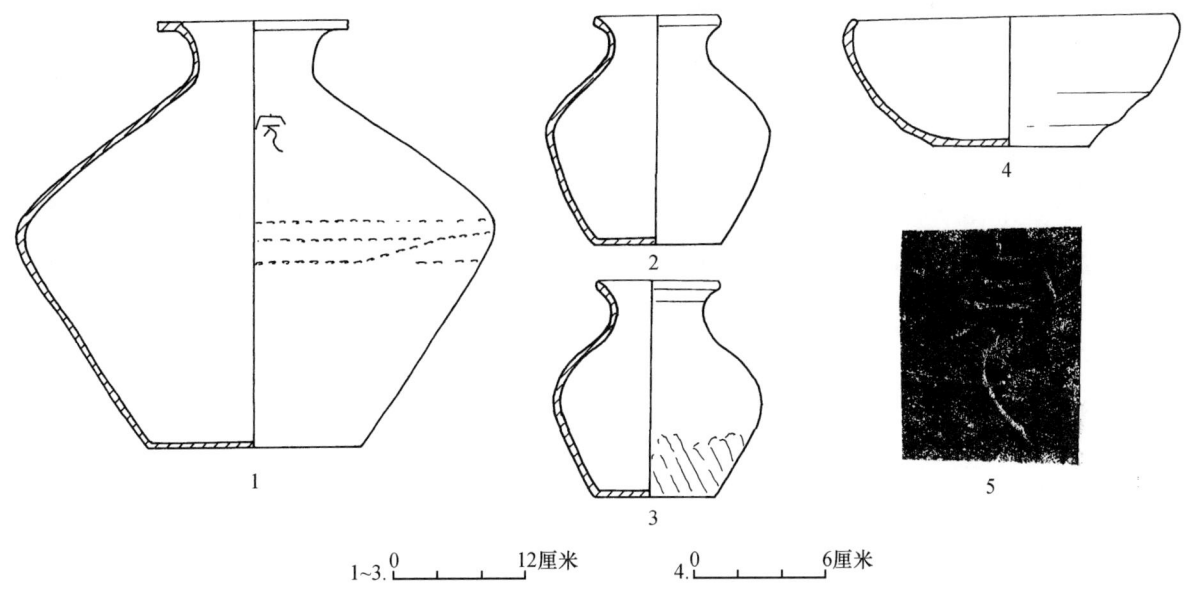

图八八　2006QXⅠM30出土陶器及陶罐刻划符号拓片
1~3.陶罐（2006QXⅠM30：1、2006QXⅠM30：2、2006QXⅠM30：3）　4.陶钵（2006QXⅠM30：4）
5.陶罐刻划符号拓片（2006QXⅠM30：1）

二、灰坑、水井

西杨庄墓地共发现汉、宋时期的灰坑17个，宋代水井1口。多数灰坑不见包含物，在本报告中将不予叙述。2006QXⅠH1、2006QXⅠJ1为北宋时期遗存，二者从出土器物看，属于同时期的遗迹，故将出土器物统一归于2006QXⅠH1予以编号。

（一）2006QXⅠH1

1. 形制

位于2006QXⅠT4948东北部。形状近圆形，坑口大于坑底。坑口距地表深0.4米，直径3米；坑底距地表深1.88米，直径1.56米；深1.48米。填土呈灰褐色，土质疏松，未见分层，出土遗物有大量的白色瓷片和泥质灰陶片（图八九）。

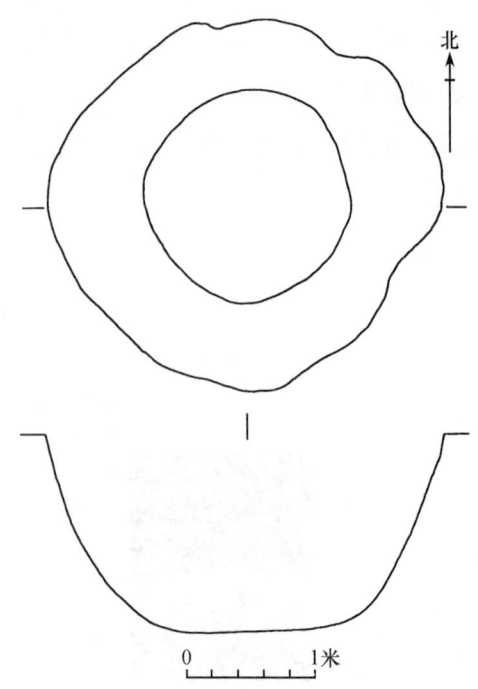

图八九 2006QXⅠH1 平、剖面图

2. 出土器物

出土陶器有陶盆、陶罐、陶器座等。

小陶盆 可复原者9件。皆为泥质灰陶。标本2006QXⅠH1∶7，敞口，侈沿较宽，方唇上折，斜腹，平底内凹。腹壁饰凹弦纹。口径30.5、底径17.5、高11.8厘米（图九〇，7；图版六一，5）。标本2006QXⅠH1∶3，敛口，折沿，垂唇，斜腹，平底内凹。腹壁有凸起的带状弦纹。口沿及腹、底部见有当时用于修复再使用的小孔。口径31.5、底径22、高13厘米（图九〇，3；图版六一，1）。标本2006QXⅠH1∶4，敛口，折沿，垂唇，斜腹，平底。口径29、底径20、高11.7厘米（图九〇，4；图版六一，2）。标本2006QXⅠH1∶9，敛口，折沿，垂唇，斜腹，平底内凹。腹部有凸起的带状弦纹。口径37、底径25.8、高14.5厘米（图九一，1）。标本2006QXⅠH1∶2，敛口，折沿，垂唇，斜腹，平底内凹。口径29、底径19.5、高12厘米（图九〇，2；图版六〇，6）。标本2006QXⅠH1∶6，敛口，卷沿，垂唇，器腹较深，外腹略曲，平底内凹。口径23、底径15.5、高11.8厘米（图九〇，6；图版六一，4）。标本2006QXⅠH1∶8，敛口，卷沿，外腹壁略弧，平底内凹。口径11.5、底径7.5、高5.5厘米（图九〇，8；图版六一，6）。标本2006QXⅠH1∶10，敛口，卷沿，垂唇，略曲腹，平底。口径24、底径15、高11厘米（图九一，2）。标本2006QXⅠH1∶1，敛口，折沿，圆唇，弧腹，平底内凹。口径29.5、底径21、高12.5厘米（图九〇，1；图版六〇，5）。

陶盆 2件。标本2006QXⅠH1∶33，泥质灰陶。残，敞口，平沿，圆唇，斜腹。口沿下饰附加堆纹。口径70.2、残高12厘米（图九二，3）。标本2006QXⅠH1∶34，泥质灰陶。残，敞口微敛，卷沿，圆唇，斜腹。口沿下饰附加堆纹，附加堆纹与2006QXⅠH1∶33相比显得肥大。口径64.8、残高9厘米（图九二，2）。

陶器座 1件。标本2006QXⅠH1∶5，泥质灰陶。敛口，平沿，斜壁，无底，底径大于口径。口径26.5、底径31.5、高11厘米（图九〇，5；图版六一，3）。

陶罐 皆为残片，不可复原。泥质灰陶。标本2006QXⅠH1∶28，敛口，圆沿，圆唇，鼓腹，有耳。下腹部有弦纹。口径16、腹径24、残高14厘米（图九三，5）。标本2006QXⅠH1∶29，敛口，卷沿，圆唇，弧腹。口径24、残高8厘米（图九三，6）。标本2006QXⅠH1∶30，敛口，平沿，圆唇，弧腹。口径31.2、残高10厘米（图九三，7）。标本2006QXⅠH1∶31，敛口，圆沿，圆唇，弧腹，耳较宽大。口径24、残高7.2厘米（图九三，8）。标本2006QXⅠH1∶27，敛口，平沿，圆唇，弧腹。器腹有明显的轮制痕。口径22、残高10厘米（图九三，4）。

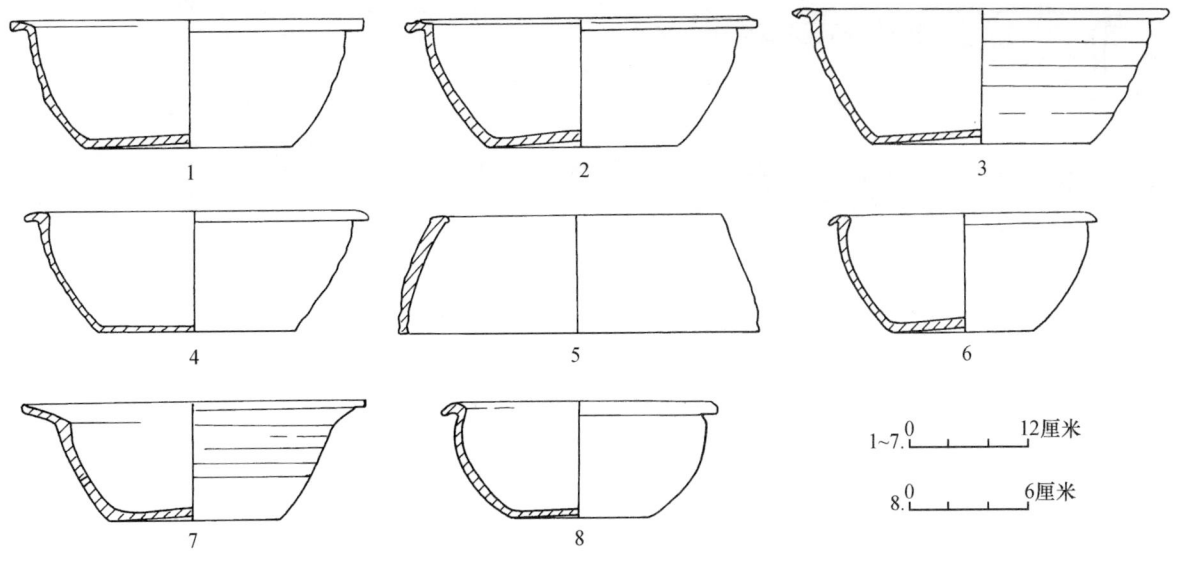

图九〇　2006QXⅠH1出土陶器

1~4、6~8.陶盆（2006QXⅠH1：1、2006QXⅠH1：2、2006QXⅠH1：3、2006QXⅠH1：4、2006QXⅠH1：6、2006QXⅠH1：7、2006QXⅠH1：8）　5.陶器座（2006QXⅠH1：5）

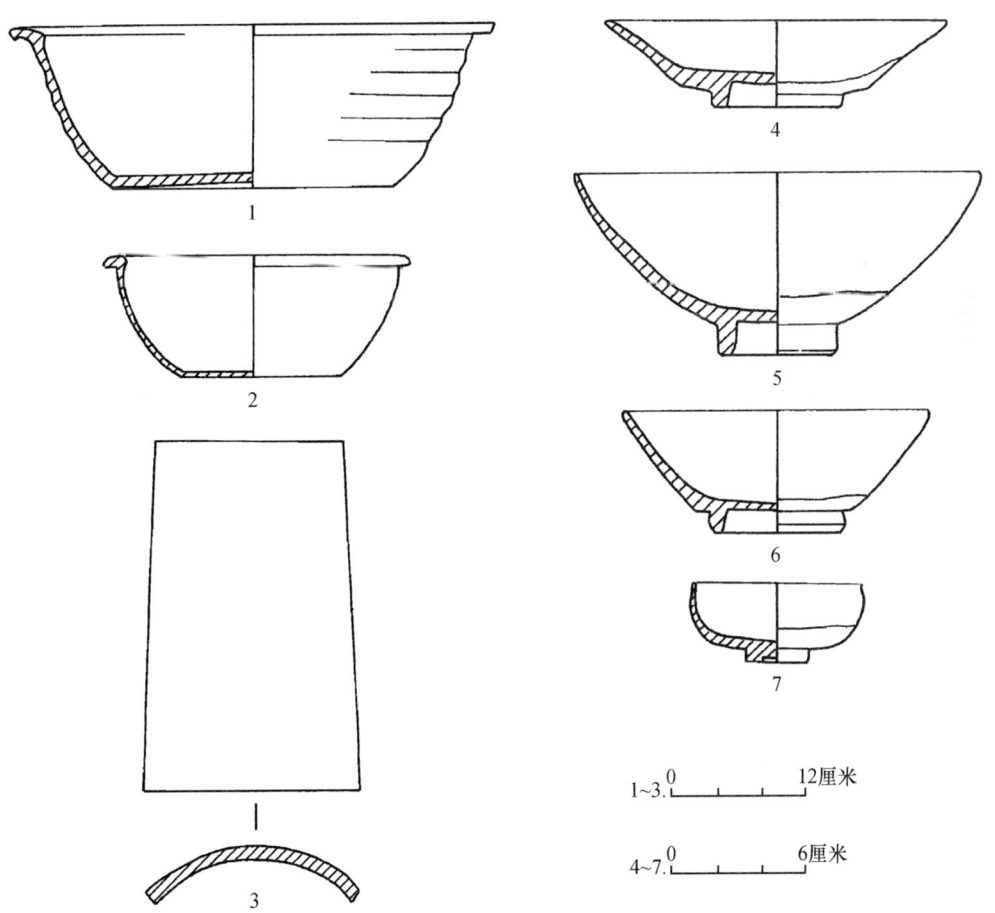

图九一　2006QXⅠH1出土器物

1、2.陶盆（2006QXⅠH1：9、2006QXⅠH1：10）　3.板瓦（2006QXⅠH1：11）　4.瓷盘（2006QXⅠH1：12）　5、6.瓷碗（2006QXⅠH1：13、2006QXⅠH1：15）　7.瓷盂（2006QXⅠH1：14）

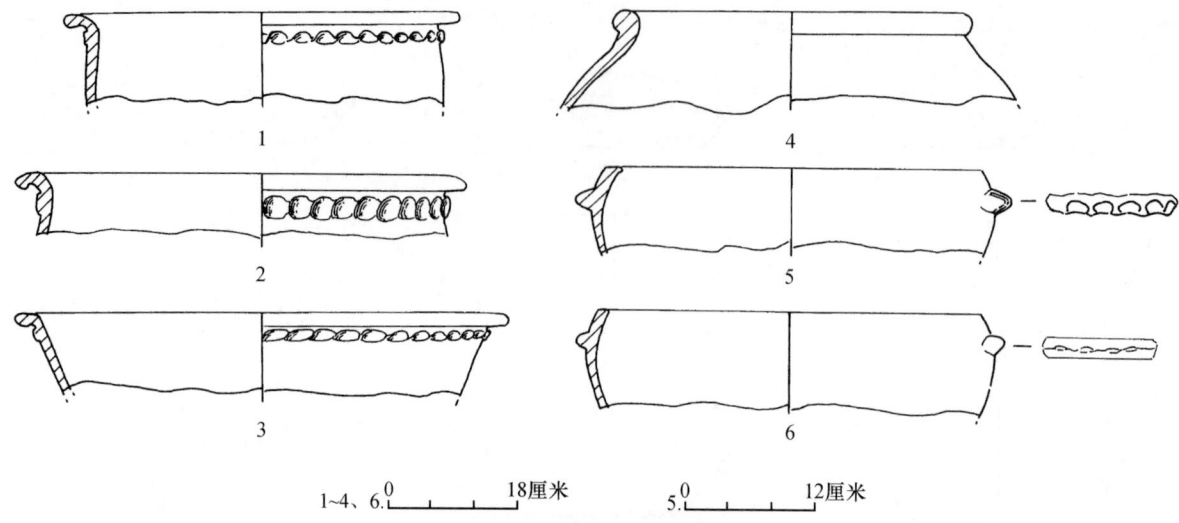

图九二　2006QXⅠH1出土陶器

1. 陶缸（2006QXⅠH1∶32）　2、3. 陶盆（2006QXⅠH1∶34、2006QXⅠH1∶33）　4. 陶瓮（2006QXⅠH1∶35）
5、6. 陶砂锅（2006QXⅠH1∶36、2006QXⅠH1∶37）

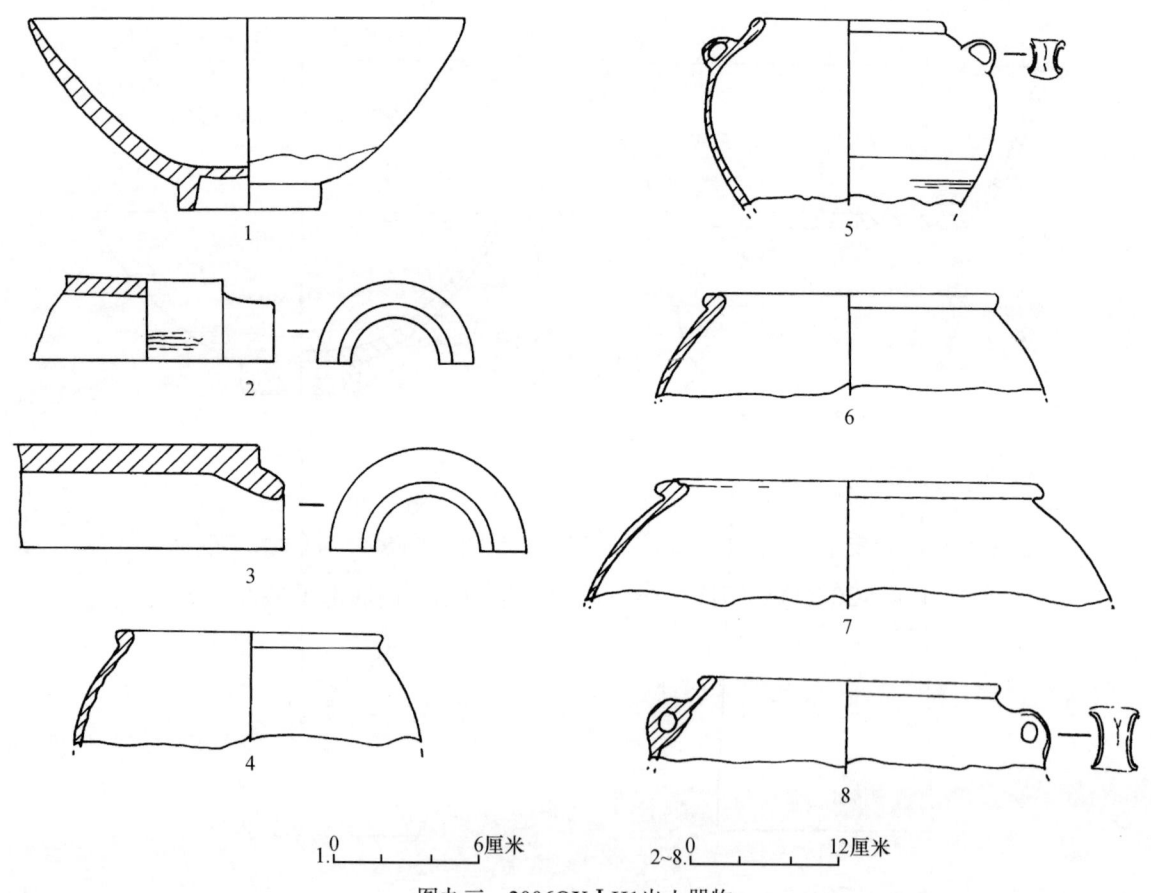

图九三　2006QXⅠH1出土器物

1. 瓷碗（2006QXⅠH1∶24）　2、3. 筒瓦（2006QXⅠH1∶25、2006QXⅠH1∶26）　4~8. 陶罐（2006QXⅠH1∶27、
2006QXⅠH1∶28、2006QXⅠH1∶29、2006QXⅠH1∶30、2006QXⅠH1∶31）

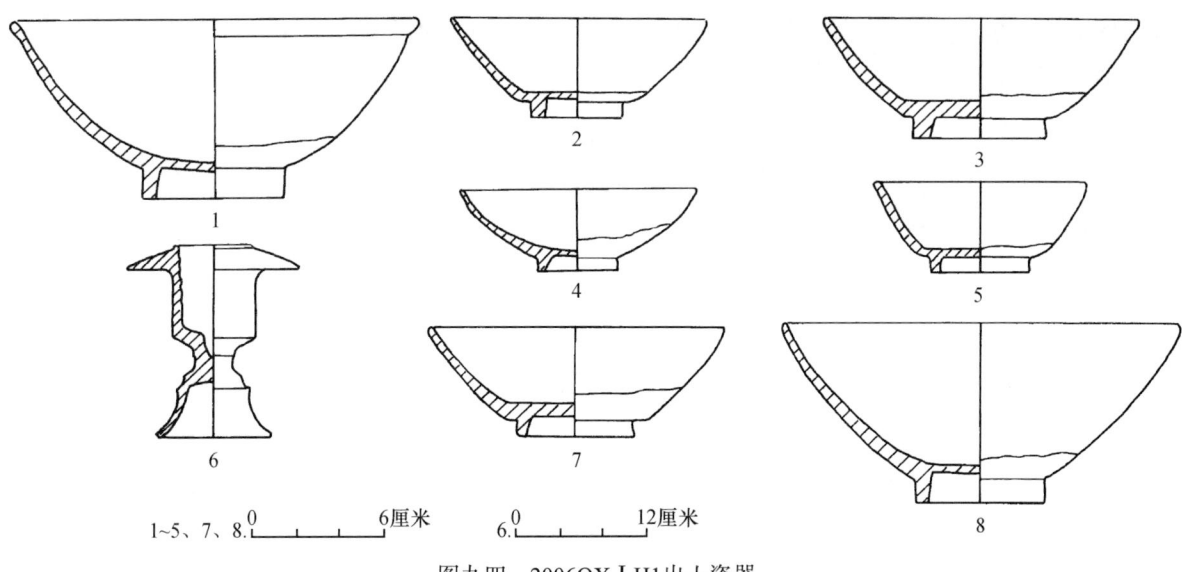

图九四　2006QXⅠH1出土瓷器

1~5、7、8.瓷碗（2006QXⅠH1∶16、2006QXⅠH1∶17、2006QXⅠH1∶18、2006QXⅠH1∶23、2006QXⅠH1∶22、2006QXⅠH1∶20、2006QXⅠH1∶21）　6.瓷灯（2006QXⅠH1∶19）

陶缸　1件。标本2006QXⅠH1∶32，仅见口沿一段，撇口，圆沿，圆唇，直腹。沿下饰附加堆纹。口径50、残高12厘米（图九二，1）。

陶瓮　6件。大型器，皆为口沿部分残片，圆沿，圆唇。其中可复原者1件，标本2006QXⅠH1∶35，口径42、残高13厘米（图九二，4）。

陶砂锅　2件。夹砂黑陶。皆为残片，器形相同，敛口，方沿，有长条形附加錾手，唯錾手有别。标本2006QXⅠH1∶36，錾手呈麻花状。口径35、残高8厘米（图九二，5）。标本2006QXⅠH1∶37，錾手呈曲线状。口径53.4、残高12厘米（图九二，6）。

瓷碗　10件。标本2006QXⅠH1∶13，灰白胎，施白釉，外腹足部露胎，内底部残存两处一组的支烧痕三组。敞口微敛，圆唇，斜腹，圈足。口径18.5、足径5.7、高8.2厘米（图九一，5；图版六二，1）。标本2006QXⅠH1∶24，灰白胎，施白釉，釉质泛青色，外足部露胎，内腹底部见四处支烧痕。敞口微敛，圆唇，斜腹，圈足。口径18、足径5.9、高7.4厘米（图九三，1）。标本2006QXⅠH1∶16，灰胎，施白釉，内底部见残存一处支烧痕。残，敞口，圆沿，垂唇，弧腹，圈足。口径19.3、足径6.4、高8.2厘米（图九四，1；图版六二，4）。标本2006QXⅠH1∶21，灰胎，施白釉，外腹下部及足部露胎，内腹底部见五处支烧痕。敛口，圆沿，圆唇，斜腹，圈足。口径18.5、足径5.9、高8.5厘米（图九四，8）。标本2006QXⅠH1∶23，灰褐胎，施白釉，外足部露胎，内底部残存支烧痕一周。敞口，圆沿，圆唇，弧腹，圈足。口径11.2、足径4.1、高4.1厘米（图九四，4）。标本2006QXⅠH1∶15，灰白胎，施青白釉，外足部露胎，内底部残存支烧痕一周。残，敞口，圆沿，斜腹，圈足。口径14、足径6、高5.8厘米（图九一，6；图版六二，3）。标本2006QXⅠH1∶17，红褐胎，施白釉，内底部不见支烧痕。残，敞口，圆沿，圆唇，斜腹，圈足。口径12.3、足径4.3、高4.3厘米（图九四，2；图版六二，5）。标本2006QXⅠH1：18，灰白胎，施白釉，内底部残存两处支烧痕。残，敞口，圆沿，圆唇，斜腹，圈足。口径14.7、足径6.5、高5.8厘米（图九四，3；图版六二，6）。标本2006QXⅠH1：20，灰胎，施青白釉，外底部及圈足露胎。残，敞口，圆沿，唇呈带状，斜腹，圈足，足轮较窄，内侧斜削，呈八字形。口径14、足径5.5、高5厘米（图九四，7）。标本2006QXⅠH1：22，灰白胎，施白釉，外足部露胎，内底部残存一处支烧痕。残，敞口，圆沿，唇呈带状，斜腹，圈足。口径10、足径5、高4.5厘米（图九四，5）。

瓷灯 1件。标本2006QXⅠH1：19，灰黄胎，施白釉。残，灯面圆形隆起，灯芯直口、深腹，沿部上凸，握手呈束腰状，喇叭形高足。灯面直径16.5、灯芯直径6、足径10.5、通高17.5厘米（图九四，6；图版六〇，4）。

瓷盘 1件。标本2006QXⅠH1：12，灰白胎，施黑釉，从其残存部分看，施釉似不彻底。残，敞口，圆沿，浅腹，圈足。口径15.5、足径5.6、高3.9厘米（图九一，4）。

瓷盂 1件。标本2006QXⅠH1：14，灰白胎，施白釉，外腹下部露胎，不见支烧痕。残，器形较小，敞口微敛，圆唇，直腹，圈足。口径8、足径3、高3.5厘米（图九一，7；图版六二，2）。

板瓦 4件，可复原者1件。标本2006QXⅠH1：11，灰陶。平面呈梯形。外素面，内饰布纹。长30、宽17～20厘米（图九一，3）。

筒瓦 2件。灰陶。标本2006QXⅠH1：26，残，胎厚。当为唐代遗物。残长22厘米（图九三，3）。标本2006QXⅠH1：25，残。外饰绳纹，瓦舌较长。当为汉代遗物。残长20厘米（图九三，2）。

石磨 1件。标本2006QXⅠH1：38，残，仅存磨的上部。

（二）2006QXⅠH4

1. 形制

位于2006QXⅠT5048的中西部，被2006QXⅠH2打破。平面近椭圆形，圜底。坑口距地表深0.7米，直径1.4米，深1.5米。坑内填土呈红褐色，质地疏松，包含物有黑色的炭灰颗粒和泥质灰陶片。陶器可辨器形为陶罐（图九五）。

2. 出土器物

陶罐 1件。标本2006QXⅠH4：1，泥质灰陶。残，侈口，折沿，内沿凸起，方唇，直领，广肩，斜腹，平底。肩腹部饰细绳纹。口径10.8、腹径35、底径20.5、高30厘米（图九六；图版五九，1）。

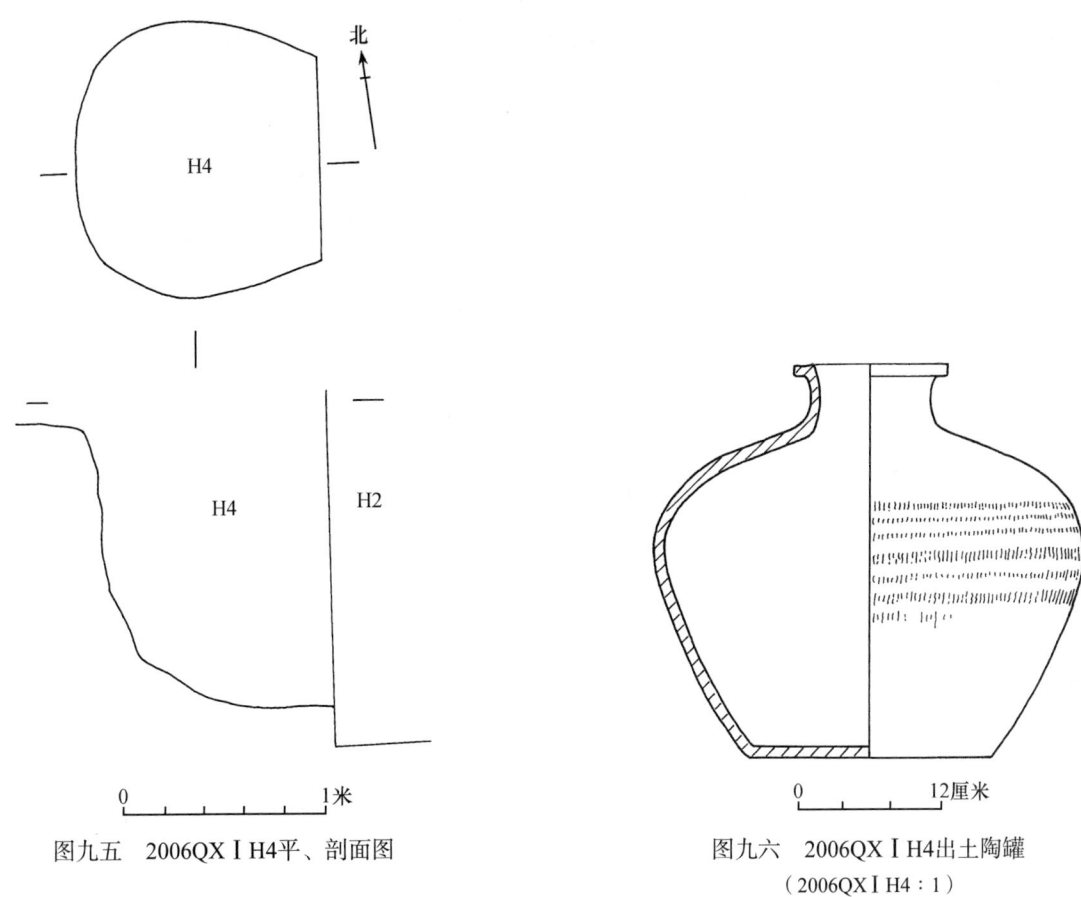

图九五　2006QXⅠH4平、剖面图

图九六　2006QXⅠH4出土陶罐
（2006QXⅠH4∶1）

（三）2006QXⅠH6

位于2006QXⅠT5148的西南角。平面呈椭圆形，圜底。坑口距地表深0.6米，长径0.76米，短径0.38米，深0.2米。坑内填土为红褐色，土质疏松，不见分层，无包含物（图九七）。

（四）2006QXⅠH7

1. 形制

位于2006QXⅠT5148的东南部，面积较大，向东延伸至2006QXⅠT5248，向南进入2006QXⅠT5147。平面形状不规则，北端为南北向的土沟，坑口大于坑底。坑口距地表深0.75～0.95米，局部长12.5米，宽7.5米；坑底距坑口深2米，局部长11.9米，宽4.5米。坑内填土呈红褐色，土质松软，含沙，无分层。文化遗物为素面残砖块和泥质灰陶片等。陶器可辨器形有陶甑、筒瓦（图九八；图版一九，2）。

图九七 2006QXⅠH6 平、剖面图

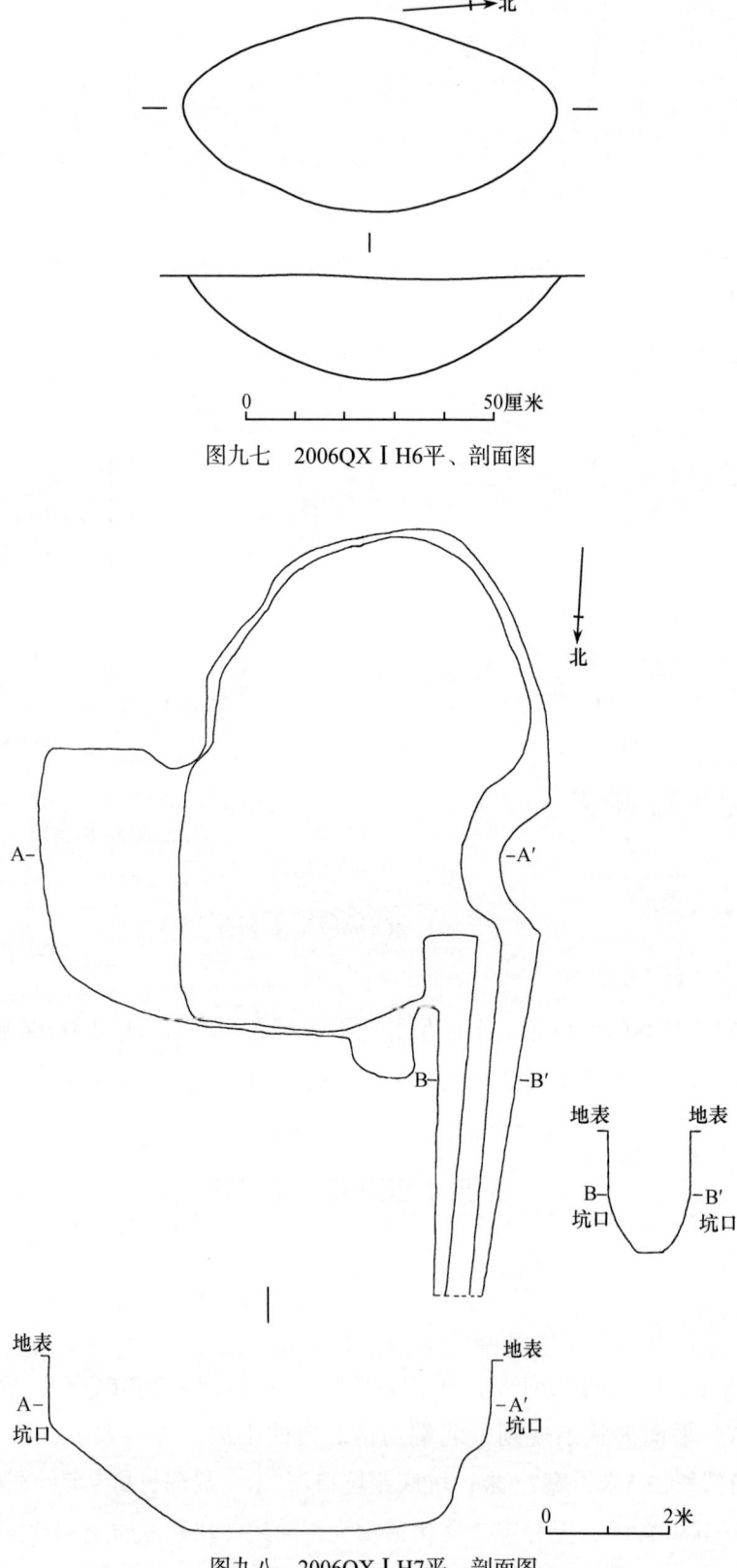

图九八 2006QXⅠH7 平、剖面图

2. 出土器物

陶甑　1件。标本2006QXⅠH7：4，泥质灰陶。器形较大，敞口，平折沿，重唇，外沿下凹，斜腹，平底，有箅孔二十六个。口径49.5、底径26、高32.5厘米（图九九，4；图版五九，4）。

筒瓦　3件。泥质灰陶。器形相同。标本2006QXⅠH7：1，残，瓦舌直伸略上卷。外饰绳纹，内饰布纹。长38、宽13.5、高7厘米（图九九，1；图版五九，2）。标本2006QXⅠH7：2，残长20厘米（图九九，2；图版五九，3）。标本2006QXⅠH7：3，瓦舌较短。残长18.5厘米（图九九，3；图版五九，3）。

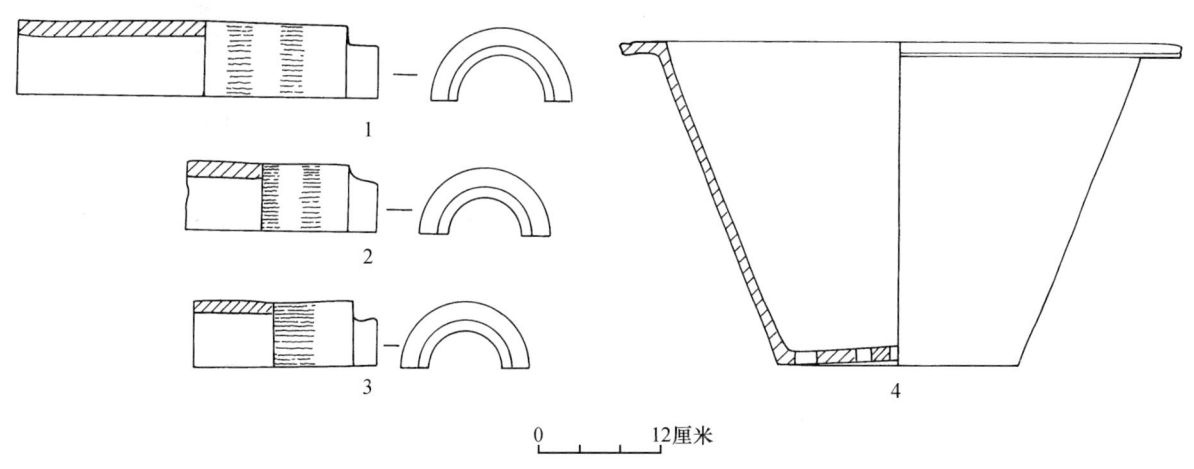

图九九　2006QXⅠH7出土器物

1~3.筒瓦（2006QXⅠH7：1、2006QXⅠH7：2、2006QXⅠH7：3）　4.陶甑（2006QXⅠH7：4）

（五）2006QXⅠH12

位于2006QXⅠT5350中部。略呈瓢形，南北向分布，坑口大于坑底。坑口距地表深1米，通长3米，宽0.8~1.7米；坑底长2.42米，宽0.7~1.08米；深0.65米。坑内填土与第2层堆积相近略有变化，其土色较第2层黄褐色略深。未发现任何遗物（图一〇〇；图版二〇，1）。

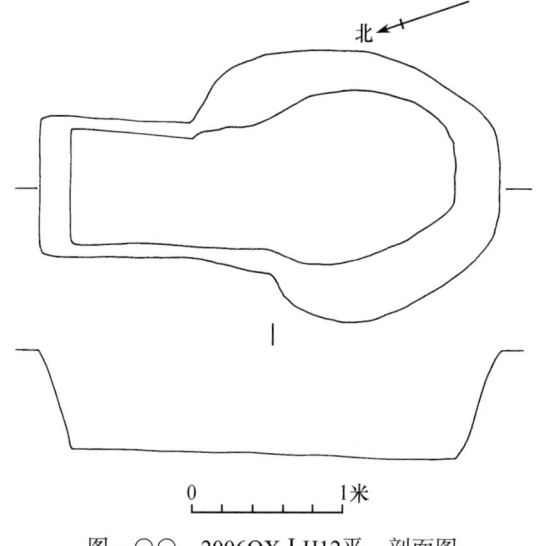

图一〇〇　2006QXⅠH12平、剖面图

（六）2006QXⅠJ1

位于2006QXⅠT4948东北部，井口被2006QXⅠH1打破。平面呈不规则圆形，曲壁。井口距地表深1.76米，直径1.6米；井身直径1.5～1.54米。井清理至深约5米仍不到底，由于此处地质条件不好，出于安全问题的考虑，故放弃清理。井内填土呈灰褐色，质地较软，所含水分较大。所见包含物有残砖、残板瓦、筒瓦等建筑材料、白釉瓷片、灰陶类器物、夹砂黑陶片，以及兽骨、蚌壳、石块等。以灰陶类器物和白釉瓷片多见（图一〇一；图版一九，1）。

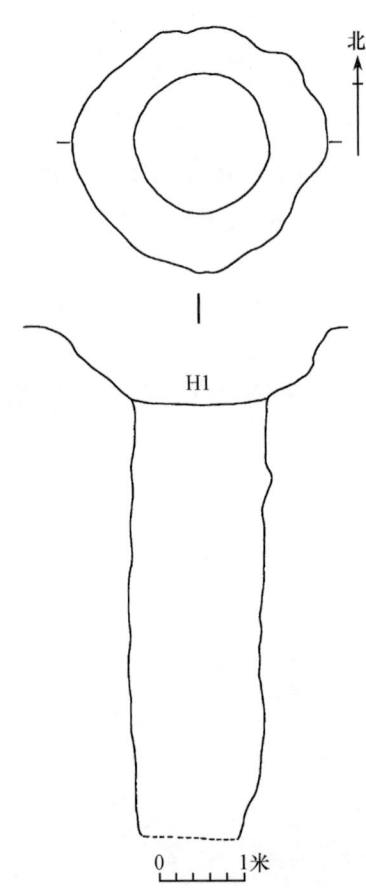

图一〇一　2006QXⅠJ1平、剖面图

三、灰沟、积石坑

灰沟共发现6条，均为第3层下遗迹。2006QXⅠG1呈曲尺形，东西向分布，西端折向南分布，沟口大于沟底，沟底平整，内填土呈黄褐色，与第3层堆积土区别明显。2006QXⅠG3形制与2006QXⅠG1同，唯沟的西端折向北，内填土为第3层堆积土。2006QXⅠG4呈"⊓"形分布，其向西仍有分布，但已被今人取土破坏，东端折向南分布的沟南端打破2006QXⅠM27的墓道北端。2006QXⅠG5为曲尺形，其西端打破2006QXⅠM14墓道北端。2006QXⅠG2分布特点与2006QXⅠG5基本相同，口大于底，西高东低呈坡状，其西端打破2006QXⅠM3的墓道。2006QXⅠG6呈南北向分布，受发掘范围的限制，向北未能再发掘，南端被2006QXⅠM20、2006QXⅠM21所打破。

（一）2006QXⅠG1

位于2006QXⅠT5046的南侧，西跨2006QXⅠT4946折向南进入2006QXⅠT4945。平面形状为"⌐"形，折角较垂直。其中东西向的沟较长，沟口略大于沟底，长约8米，宽1米，深0.7

米,其东端打破2006QXⅠM2的墓道;南北向的沟较短,长6.01米,宽0.96米,深0.7米。沟内填土呈灰黄色,略含沙,纯净,无文化遗物。其用途不详(图一〇二;图版二一,1)。

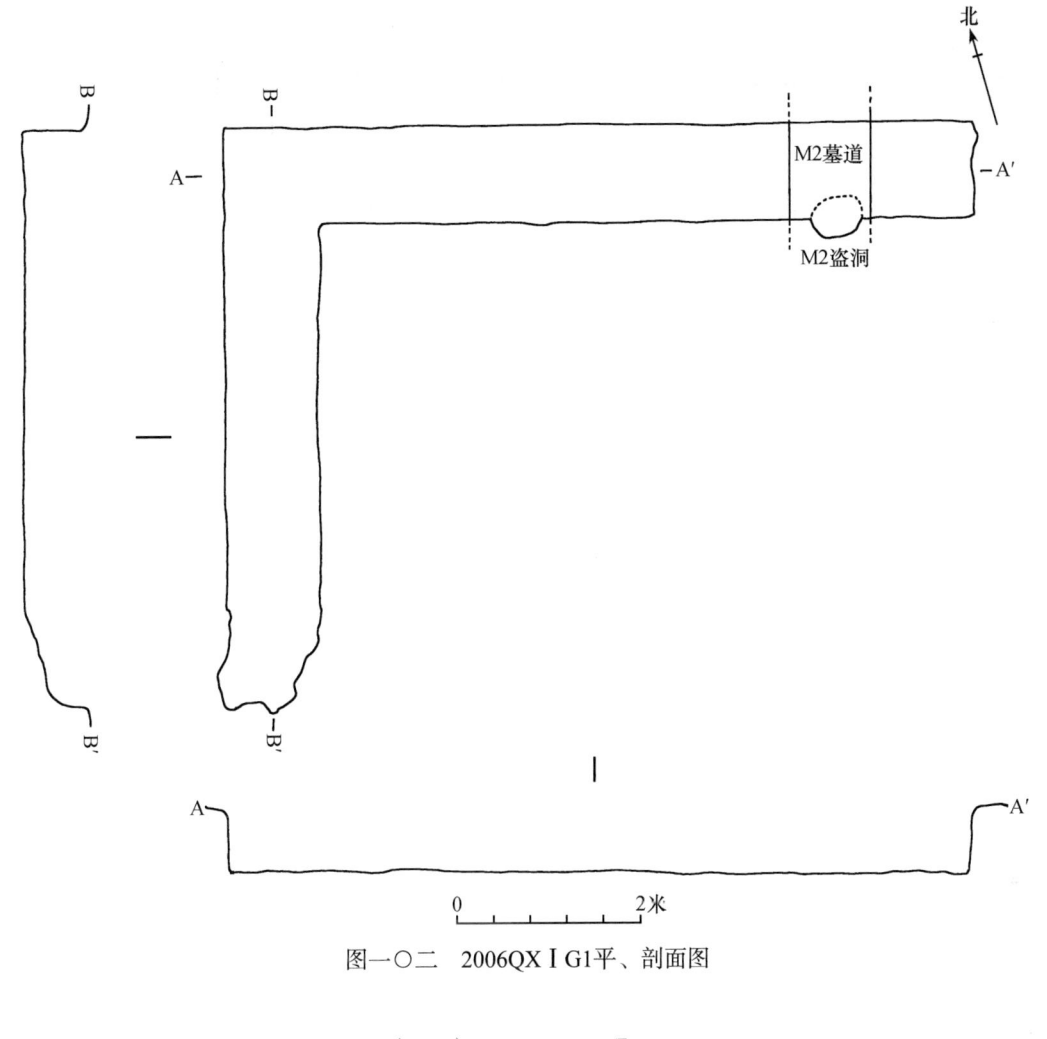

图一〇二 2006QXⅠG1平、剖面图

(二)2006QXⅠG2

位于2006QXⅠT5147的中部。平面形状为"⏉"形,西端打破2006QXⅠM3的墓道,分布特点与2006QXⅠG5基本相同,北端向北凸出,沟边不规则。沟口距地表深0.8米,南北长11.9米,东西长约11.6米,宽0.3~1.6米;沟底距地表深0.6~1.8米。沟内填土呈灰褐色,未见分层,不见文化遗物(图一〇三;图版二一,2)。

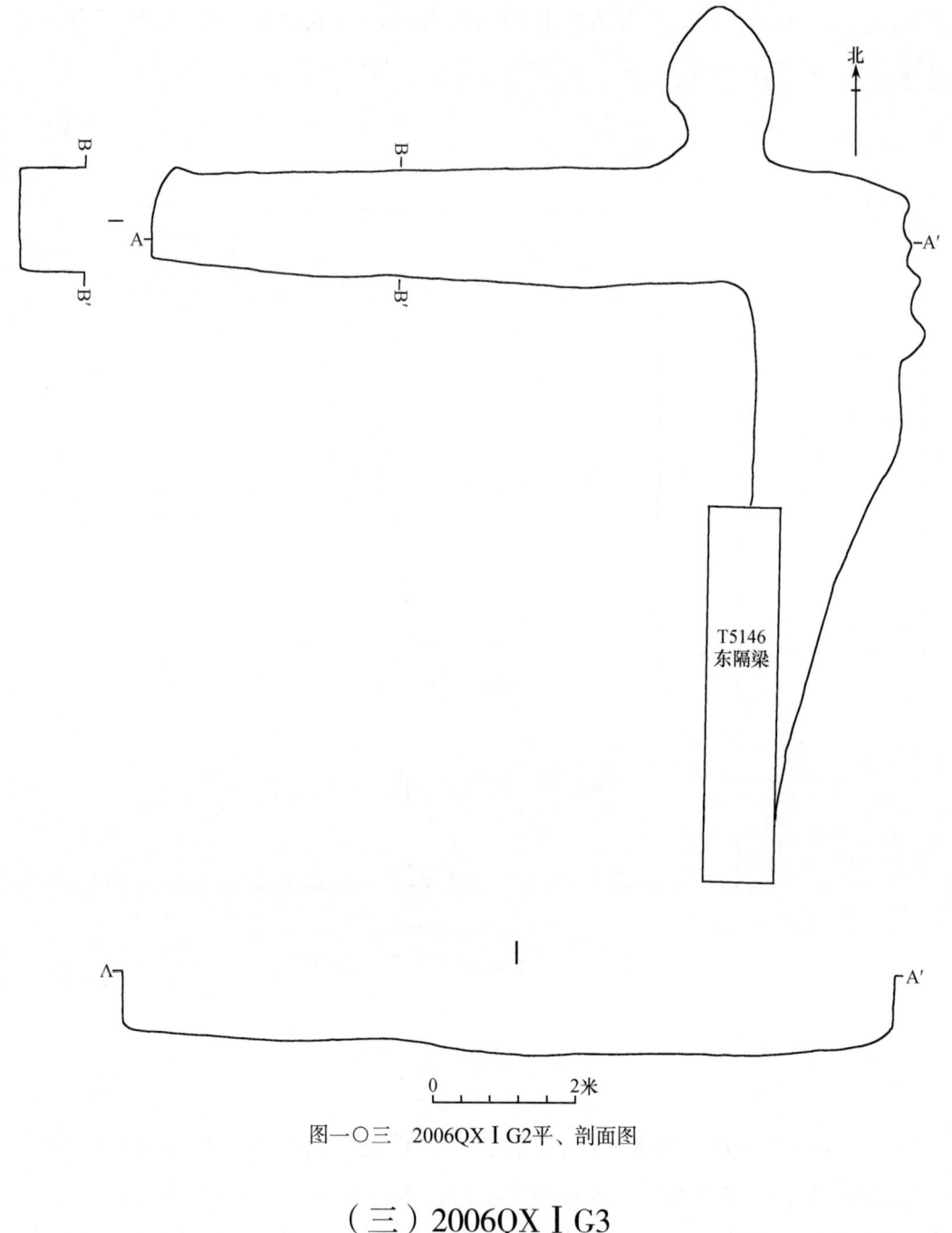

图一〇三 2006QXⅠG2平、剖面图

(三) 2006QXⅠG3

位于2006QXⅠT4948的北部，向西跨入2006QXⅠT4848，折向北的分布超出了发掘区的范围，打破2006QXⅠM12的前室，东南部被2006QXⅠH4打破。平面呈西北—东南向的"└┘"形，口大底小。总长18.5米，口宽1.06米，底宽0.8米，底部不平，东南部深0.82米，中部深0.72米，西北部深0.7米。沟内填土呈红褐色，质地疏松，无遗物（图一〇四；图版二二，1）。

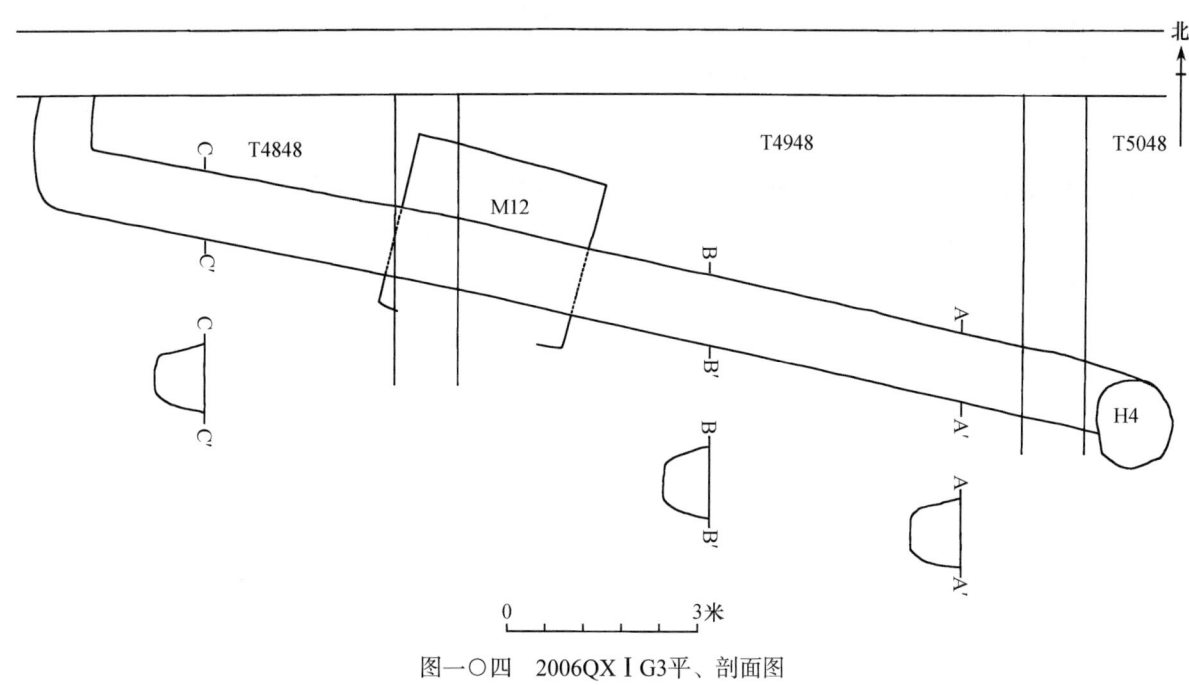

图一〇四　2006QXⅠG3平、剖面图

（四）2006QXⅠG4

位于2006QXⅠT5249的北部，向东跨入2006QXⅠT5349。平面呈"┐┐"形，东西向分布，宽窄不一，深浅不均。东西长18.55米，宽1.08~2.72米，深0.46~0.62米。从2006QXⅠT5249的西壁剖面看，向西仍有分布，但已不存在，其东部南端打破2006QXⅠM27的墓道北端。沟内填土呈灰褐色，土质疏松、纯净，无遗物。其用途不详（图一〇五；图版二二，2）。

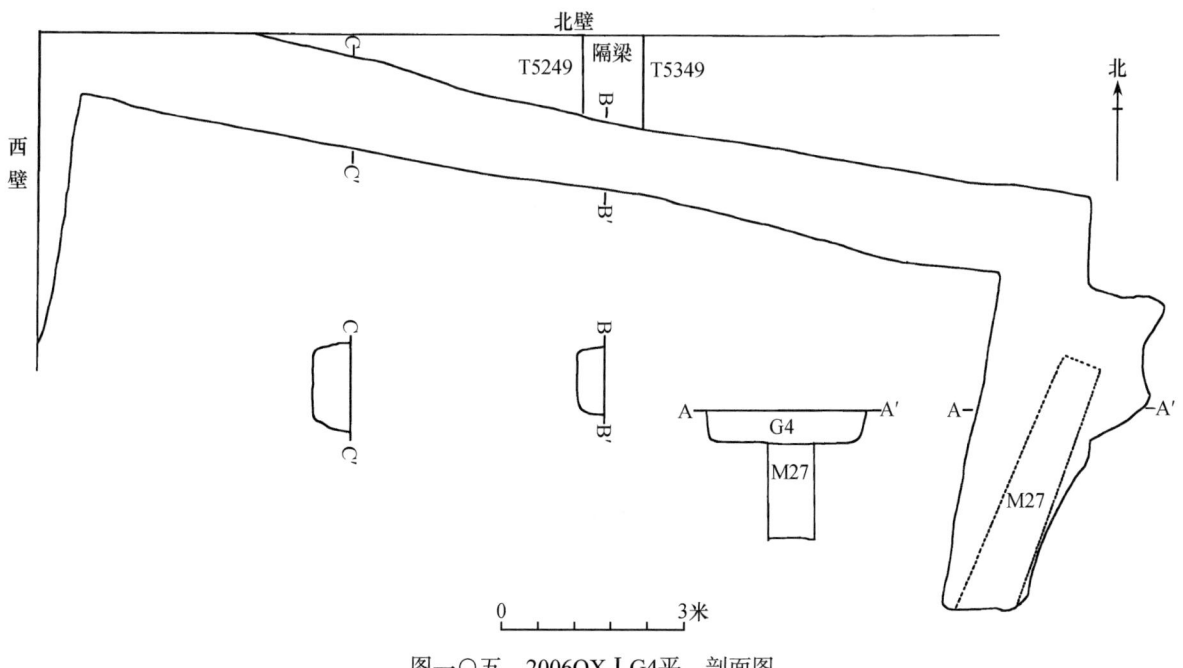

图一〇五　2006QXⅠG4平、剖面图

（五）2006QXⅠG5

位于2006QXⅠT5247的北隔梁下，向东进入2006QXⅠT5347，其西端打破2006QXⅠM14的墓道北端。平面呈不规则曲尺形。沟口距地表深0.8米，东西向沟长11.2米，南北向沟长9.04米，宽0.9～1.2米；沟底距地表深1.6米，宽0.5～0.8米；深0.8米。沟内填土呈浅黑褐色，未见分层，无遗物（图一〇六；图版二三，1）。

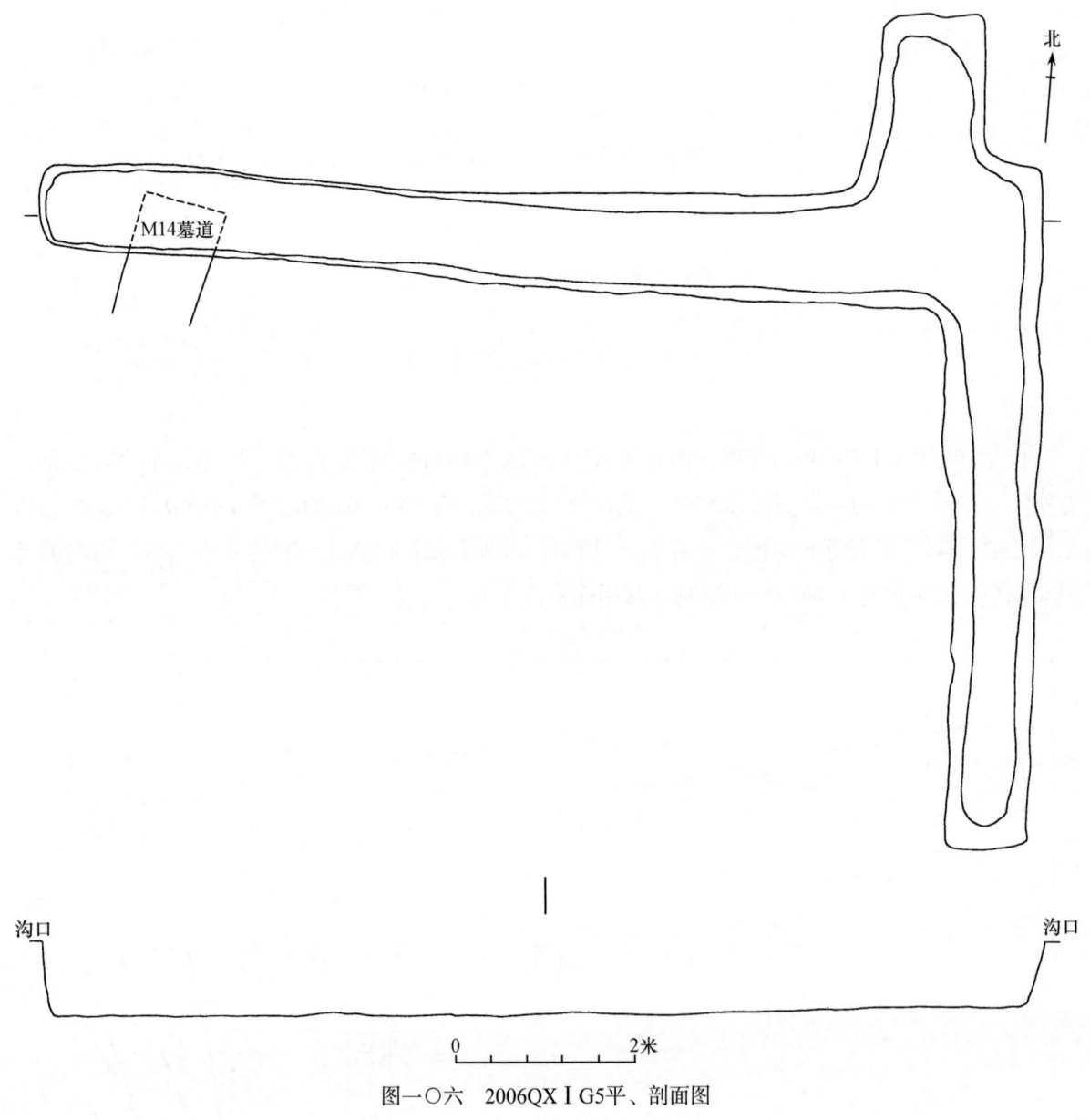

图一〇六　2006QXⅠG5平、剖面图

（六）2006QXⅠG6

位于2006QXⅠT5250中部偏东，北端超出发掘区域，并分别被2006QXⅠM20、2006QXⅠM21所打破。平面呈长条形，南北向分布，沟口大于沟底。已发掘部分长17.5米，口宽1.46～1.8米，底宽1.2米，沟底高低不平，深0.36～0.48米。沟内填土呈灰褐色，土质松软，较纯，无文化遗物（图一〇七；图版二三，2）。

（七）2006QXⅠ积石坑

位于2006QXⅠT4748。坑壁略向外倾斜。坑口距地表深约1米，东西长7.3米，南北宽7.5米，深1.5米。坑内堆积均为河卵石，仅在众多的河卵石中发现一片灰色陶片，素面无纹饰。从该坑的开口和被第3层所覆盖的特点分析，应为汉代遗存（图一〇八；图版二〇，2）。

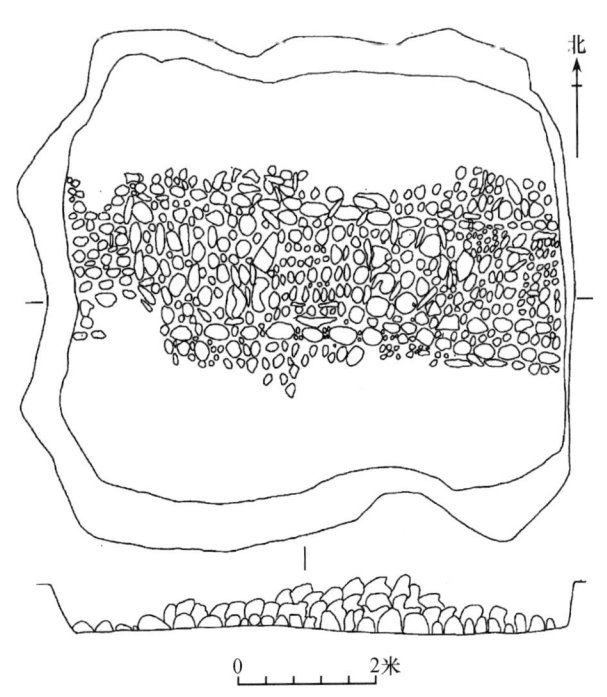

图一〇八　2006QXⅠ积石坑平、剖面图

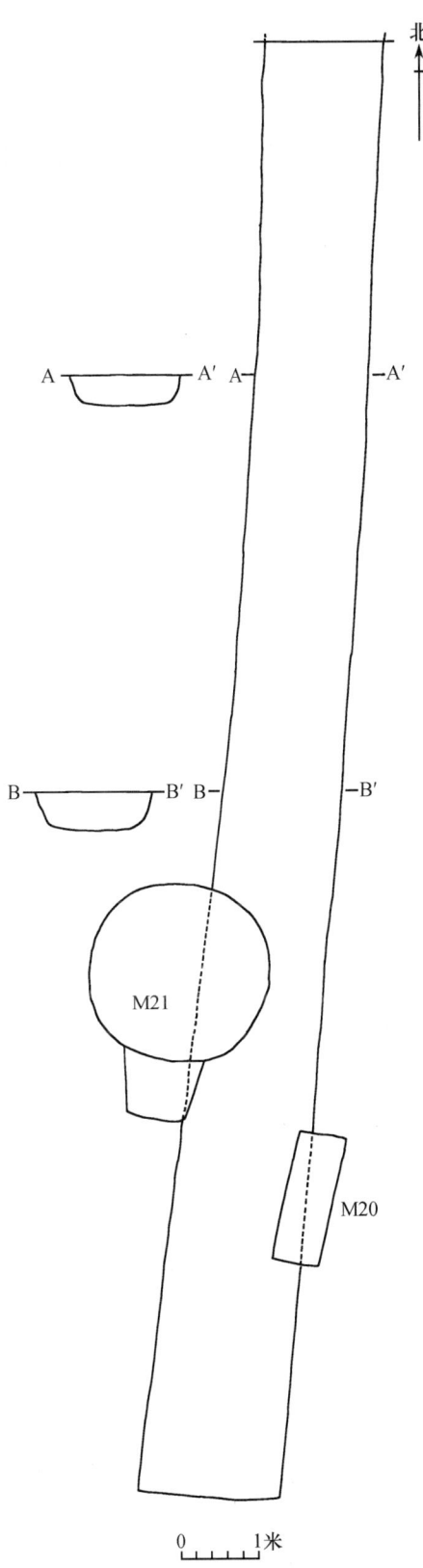

图一〇七　2006QXⅠG6平、剖面图

第三节　汉代遗迹的年代

西杨庄墓地的墓葬由西南向东北依次排列，越向东，墓葬的时代相对越晚，特别是东汉时期的墓葬大多位于发掘区的东部。尽管有宋元时期的墓葬、水井等遗迹分布于其间，但不是这次发掘的主流。

一、墓　葬

1. 西汉早中期墓葬

西汉早中期墓葬有2006QXⅠM8、2006QXⅠM9、2006QXⅠM10、2006QXⅠM11、2006QXⅠM13、2006QXⅠM15、2006QXⅠM17。墓葬形制有竖穴土坑墓和土洞墓两种，其中2006QXⅠM10、2006QXⅠM11、2006QXⅠM13为竖穴土坑墓。2006QXⅠM10为长方形竖穴土坑砖室墓，没有发现墓道和葬具，但在清理的过程中发现在接近砖室的位置有一层厚约2厘米的木灰痕迹，推测应为埋葬时用于封盖砖室的木板。这种现象在2006QXⅠM15、2006QXⅠM17的清理中也有发现。

这一阶段墓葬随葬器物最具代表性的为折肩罐，并在部分墓葬中发现有早期的陶礼器，如2006QXⅠM10、2006QXⅠM15、2006QXⅠM17，但能够形成一个完整的陶礼器组合者没有。其中2006QXⅠM15、2006QXⅠM17两座墓葬的器物组合接近，器物组合为陶鼎、陶盒、陶壶、陶罐、陶钵，其中陶钫仅在2006QXⅠM10内出土，陶鼎、陶钫、陶盒是战国晚期、西汉时期墓葬中常见的器物，特别是陶钫，西汉时期很流行[①]。2006QXⅠM10出土的1件泥质红陶釜（2006QXⅠM10∶6），圜底，并饰绳纹，具有早期陶器的风格，为其他墓葬中所不见。可见2006QXⅠM10、2006QXⅠM15、2006QXⅠM17三座墓葬的时间相差不远，但2006QXⅠM10的埋葬时间要早于2006QXⅠM15、2006QXⅠM17两座墓葬。出土器物的风格和器物组合与1965年河南新乡五陵村战国两汉墓的第二期出土器物接近[②]。

2006QXⅠM15、2006QXⅠM17虽为土洞墓，但在筑墓时采用了2006QXⅠM10的做法，即在洞室内砌筑砖椁，其内分别发现葬具痕迹。

2006QXⅠM11、2006QXⅠM13形制相同，东西并列，南北相错约30厘米，东西相隔仅50厘米。墓主头向一致，应属于同期不同时间埋葬。2006QXⅠM13出土随葬器物5件，2006QXⅠM11出土4件。两座墓葬关系紧密，具有早期异穴合葬的特点。经过对墓主骨架的鉴定，2006QXⅠM11为一40～45岁的男性，2006QXⅠM13则为一成年女性。两墓之间出现的错

[①] 王仲殊：《汉代考古学概说·汉代的陶器》，中华书局，1984年，第76页。
[②] 新乡市博物馆：《河南新乡五陵村战国两汉墓》，《考古学报》1990年第1期。

位现象，与当时筑墓产生的误差（失误）有关。2006QXⅠM11、2006QXⅠM13的埋葬特点反映出了东汉砖室墓出现之前夫妻合葬的面貌。

2006QXⅠM9所出土的半两钱，皆残。无轮无郭，背面平。小篆右读，文字平整，笔画方折。"两"字呈"$\overline{\overline{\mathrm{M}}}$"形，"半"字之头部呈"$\mathrm{J\!L}$"状。铸造规整，钱铭虽为小篆，但显隶化，应为西汉四铢半两。四铢半两为汉文帝前元五年（前175年）铸行，景帝、武帝时继续铸行，是西汉早期各种半两钱中铸行时间最长的一种[①]。因此，西汉早中期墓葬的相对时间当在西汉的景帝、武帝前后。

唯2006QXⅠM8，系带墓道的土洞墓，位于发掘区的中西部，墓道在墓室的北端，墓道宽于墓室，墓道的底部略呈斜坡状。墓主头向北，面向上侧，呈屈肢葬。器物置于墓主头北端。墓葬形制在所有的土洞墓中较为特殊，具有早期墓葬的特点。随葬器物简单，仅为2件形制相同的陶罐，与1985年鹤壁市后营古墓群战国墓出土陶罐相近[②]，唯腹部绳纹呈带状，底为平底，器物的时代明显晚于战国，没有发现战国时期常见的鼎、豆、壶等器物。由于墓内随葬的陶罐保留了战国陶器的遗风，筑墓的风格与新乡五陵村1965年发掘的B型墓葬一致[③]，因此，将墓葬的时代定在西汉早期为宜。

2. 西汉中晚期墓葬

西汉中晚期墓葬有2006QXⅠM6、2006QXⅠM16、2006QXⅠM18、2006QXⅠM19、2006QXⅠM22、2006QXⅠM23、2006QXⅠM24、2006QXⅠM29、2006QXⅠM30。墓葬多为土洞墓，墓道位于墓室的北端，部分墓葬墓道的底部略呈斜坡状。墓室均为圆拱形土洞，有耳室者甚少，仅见2座，如2006QXⅠM6、2006QXⅠM22。2006QXⅠM18、2006QXⅠM19、2006QXⅠM30为竖穴土坑墓。尤其是2006QXⅠM18，墓葬形制非常小，呈南北向分布，墓内仅见6件随葬器物，但不见人骨遗存。器物的放置方向与同时期墓葬相悖，位于墓室的南壁下，推测应为一座二次埋葬或儿童埋葬墓。土洞墓的形制与本次发掘的西汉早中期土洞墓形制相同，均为中原地区两汉时期常见的土洞墓[④]。

这时期个别墓葬的人骨及葬具一部分位于墓道之内。这种埋葬现象与河南新乡凤凰山战国两汉墓地中的同时期墓葬有相同点。《新乡凤凰山战国两汉墓地研究》一文中称这种墓葬为"半土坑半土洞墓"，并认为是竖穴土坑墓向土洞墓的一种演变[⑤]。从某种意义上看，可能一种埋葬习俗，特别是发现的宋代墓葬2006QXⅠM25，亦出现了相同的现象。另一方面，也可以认为是早期土洞墓向成熟时期的演变。

[①] 蔡运章等：《洛阳钱币发现与研究》，中华书局，1998年，第116页。
[②] 河南省文物研究所、鹤壁市博物馆：《鹤壁市后营古墓群发掘简报》，《中原文物》1986年第3期。
[③] 新乡市博物馆：《河南新乡五陵村战国两汉墓》，《考古学报》1990年第1期。
[④] 王仲殊：《汉代考古学概说·汉代的陶器》，中华书局，1984年，第76页。
[⑤] 新乡市文物工作队：《新乡凤凰山战国两汉墓地研究》，《中原文物》2007年第6期。

在器物的特点方面，陶器演化现象明显，如陶罐的曲腹现象在本期同类陶罐中已经消失。2006QXⅠM6、2006QXⅠM16、2006QXⅠM18、2006QXⅠM22、2006QXⅠM24内束颈、折肩、平底罐已经不见，表明这类的陶罐在逐步地消失。陶鼎、陶盒、陶壶、陶钫以及小陶壶已经基本不见，各墓葬出土的随葬器物比较简单。其中2006QXⅠM6出土的细颈陶壶（2006QXⅠM6：2），与新乡五陵村战国两汉墓1965年发掘的第二期M39出土的Ⅳ式陶壶[①]、陕西扶风石家一号汉墓出土的蒜头壶[②]、新乡凤凰山战国两汉墓第二期Ⅸ式陶壶（M39：28）接近，唯器物的腹部略显扁矮，时代接近西汉。

3. 东汉时期墓葬

东汉时期墓葬有2006QXⅠM1、2006QXⅠM2、2006QXⅠM3、2006QXⅠM4、2006QXⅠM12、2006QXⅠM14、2006QXⅠM27，集中分布在发掘区的中南部，唯2006QXⅠM12位于发掘区西北部2006QXⅠT4948的西壁下。墓葬被盗严重。墓葬形制有土洞墓和砖室墓两种，其中砖室墓又可分为多室墓和单室墓。2006QXⅠM1、2006QXⅠM2为土洞墓，墓葬形制基本相同，长方形竖井式墓道，均以小砖封堵墓室。2006QXⅠM1在墓室的西壁下接近墓道处发现土洞耳室，形制特点与鹤壁市后营古墓群东汉时期的土洞墓形制接近[③]。出土器物仅见陶耳杯1件、货泉钱1枚。2006QXⅠM2未发现随葬遗物。货泉钱作为王莽改制货币的一种，东汉以后不再作为流通货币使用，作为随葬器物使用，应与货泉钱的流通时间相同或在被废止以后。由此分析，2006QXⅠM1的时代应在东汉初或更晚，结合其他东汉时期墓葬出土器物的特点，2006QXⅠM1、2006QXⅠM2的时代应在东汉早中期。

2006QXⅠM3、2006QXⅠM4、2006QXⅠM12、2006QXⅠM14、2006QXⅠM27分别为砖室墓，斜坡式墓道。筑墓形式系明筑，即由地面作出墓葬的轮廓，以小砖砌筑墓室。墓葬形制可分为三种：2006QXⅠM4、2006QXⅠM12平面呈凸字形，大部分结构已不存在，前室均呈方形，后室呈长方形，均应为夫妻合葬墓。由于被盗严重墓内仅见零星的骨架遗存。其中2006QXⅠM12后室高出前室地面0.12米，并在前室西壁下筑有棺床。2006QXⅠM3、2006QXⅠM14前室均为方形，前后室以拱形的甬道贯连，且顶部均为穹隆顶，在2006QXⅠM3的前室西壁下见有与2006QXⅠM12相同的棺床。2006QXⅠM27系单室墓，墓室为长方形，墓顶为穹隆顶。从墓室结构看，2006QXⅠM4、2006QXⅠM12、2006QXⅠM27与洛阳烧沟汉墓属于第六期东汉晚期五型二式的横前堂砖室墓接近（例M1027）[④]。

出土器物以陶灶、陶井、陶圈厕、陶猪、陶狗、方形陶盒、陶耳杯、陶案、陶仓等为基本

---

① 新乡市博物馆：《河南新乡五陵村战国两汉墓》《考古学报》1990年第1期。
② 罗西章：《陕西扶风石家一号汉墓发掘简报》，《中原文物》1985年第1期。
③ 河南省文物研究所、鹤壁市博物馆：《鹤壁市后营古墓群发掘简报》，《中原文物》1986年第3期。
④ 中国科学院考古研究所：《洛阳烧沟汉墓》，科学出版社，1959年，第68页。

组合，由于墓葬均严重被盗，其组合已不是原始组合。但是发掘出土的残存器物，应该说已经反映出了东汉时期墓葬随葬器物的特点，接近于新乡五陵村战国两汉墓第五、六期出土器物的组合①。2006QXⅠM3、2006QXⅠM4、2006QXⅠM12、2006QXⅠM14、2006QXⅠM27出土的陶案，与洛阳市南昌路东汉墓BM3出土的Ⅱ式案器形相同②，为中原地区东汉时期墓葬中所常见。2006QXⅠM14出土的陶盒与1997年新乡火电厂汉墓第三期东汉时期M11∶14长盒形制相同③，唯仅见外盖。

本阶段墓葬出土的铜钱多为五铢钱，仅在2006QXⅠM27出土半两钱1枚，2006QXⅠM1出土货泉钱1枚，2006QXⅠM3出土货泉钱5枚和大泉五十钱2枚。五铢钱为鹤壁地区常见的两汉五铢。其中的2006QXⅠM3出土的A型五铢与2006QXⅠM27的C型五铢，形制虽有不同，但"五"字较瘦窄，交笔微斜曲，"铢"字"金"字头较小，呈三角形，下四点短小，"朱"字上横笔方折或圆折是它们的共同点，与鹤壁地区两汉墓葬中的昭、宣五铢或建武五铢接近。2006QXⅠM3与2006QXⅠM27出土的B型五铢，"五"字两交笔圆弧较大，显得肥硕，"铢"字金字头呈三角形或箭镞形，大部分"金"字头较大，下四点较长，"朱"字上下两横笔圆折略外侈，或上横笔方折、下横笔圆折。其中发现有记号钱，如穿下一横笔、"铢"上一点或穿下一点，其应为宣帝五铢。2006QXⅠM27出土的A型五铢与同墓内的B型五铢相近，唯"五"字显瘦，与鹤壁地区两汉墓葬中的东汉早期五铢接近。2006QXⅠM3出土的C型五铢，"五"字较B型瘦窄，但与其出土的D型五铢、2006QXⅠM27出土的D型五铢相比较，显得渐趋变宽，两交笔圆折，"铢"字"金"字头呈三角形，下四点较长，"朱"字上下两横笔圆折或略有外侈，个别"朱"字高于"金"字，并见1枚合背五铢。2006QXⅠM4出土的铜钱，虽分为二型，则更接近于2006QXⅠM3出土的C型五铢；2006QXⅠM12亦是如此。大部分铜钱的时代为东汉早期的光武帝建武五铢。2006QXⅠM27出土的B、D型五铢则接近于早期的宣帝五铢。

全部五铢钱以鹤壁地区两汉墓葬中的E型为多见，为东汉钱，早期五铢相对较少④。进一步表明了本阶段墓葬的年代在东汉早中期。

2006QXⅠM27为单室结构，且不见耳室，在鹤壁地区目前仅发现这一座，反映了自东汉以来繁缛复杂的多室墓向简单墓室结构演变的特点，因此五铢钱在2006QXⅠM27中很难作为判定墓葬年代的依据，其时代应该在东汉晚期，甚至更晚。

---

① 新乡市博物馆：《河南新乡五陵村战国两汉墓》，《考古学报》1990年第1期。
② 洛阳市第二文物工作队：《洛阳市南昌路东汉墓发掘简报》，《中原文物》1987年第3期。
③ 新乡市文物工作队：《1997年春新乡火电厂汉墓发掘简报》，《华夏考古》1998年第3期。
④ 本节五铢钱参考《安阳鹤壁钱币发现与研究·鹤壁钱币发现与研究》，中华书局，2003年。

二、灰坑、灰沟

汉代的灰坑、灰沟等遗迹开口均在第3层下。出土遗物甚少，其确切的时代很难判断，但就个别遗迹单位出土的器物残片和所见的灰沟均打破东汉时期的墓葬这一特点分析，大部分时代当在东汉或稍晚。唯2006QXⅠH4出土的直领罐时代特征明显，其时代应在西汉中晚期；2006QXⅠH7出土的陶甑与四川真武山M5（东汉）出土的陶甑器形相同[①]。

第四节 宋元时期遗迹的年代

一、墓 葬

宋元时期的墓葬有2006QXⅠM5、2006QXⅠM7、2006QXⅠM20、2006QXⅠM21、2006QXⅠM25、2006QXⅠM26、2006QXⅠM28，2006QXⅠM28为一座中途废弃的空墓，其余墓葬均为单人仰身直肢葬，南北向分布，2006QXⅠM5、2006QXⅠM21墓室为圆形，有墓道。2006QXⅠM5为南北向分布，墓道在墓室的南端，虽墓道底部为斜坡式，但仍应为竖井式。在墓道与墓室间有堆放的石块，应是用于封堵墓门的。随葬器物在墓主头南侧。墓主头西脚东，在同时期墓葬中属孤例。2006QXⅠM21坑壁规整，方向与2006QXⅠM5同，墓道呈阶梯状，但形制较小。墓葬早期破坏严重，不见任何与埋葬有关的痕迹存在，但在墓底部发现有灰砖砌筑的环形痕迹，并在墓葬的甬道口部发现有朱砂的痕迹，当为一种祭祀现象的残留。

2006QXⅠM7、2006QXⅠM20为竖穴土坑墓，形制较小，只发现墓主的肢骨残存，表明为两座未成年的儿童墓葬。

2006QXⅠM25、2006QXⅠM26的墓道为长方形竖井式，且宽于墓室。其筑墓的方法是在已有的墓道北端向内掏出墓室，墓室狭小，仅能容下一棺，其中2006QXⅠM25的棺木向南超出了墓室，2006QXⅠM26的墓室亦仅能容下木棺。两座墓葬东西并列，应为同一个家族的墓葬。所使用的葬具变化显著，较该墓地本次发掘所见的两汉时期墓葬，其葬具明显的变化就是改变了前期木棺两端宽窄对等的做法，形成了木棺平面呈梯形、头部宽大、脚部窄小的葬具形制特点。

宋元时期墓葬出土器物较少，一般1~2件，多为瓷器，其中陶器仅1件，个别墓葬不见随葬遗物，如2006QXⅠM5出土器物2件，分别为陶双系罐、瓷盏。瓷盏与1963年鹤壁集窑的第二段白釉小瓷碗器形相同[②]，陶双系罐的器形与2006QXⅠH1所出的陶罐器形迥异，明显具有晚唐五代陶器的风格，故2006QXⅠM5的时代应在晚唐五代时期或稍晚。

---

① 宜宾市博物馆：《四川宜宾真武山发现一座东汉崖墓》，《华夏考古》2003年第1期。
② 河南省文化局文物工作队：《河南省鹤壁集瓷窑遗址发掘简报》，《文物》1964年第8期。

2006QXⅠM7、2006QXⅠM26出土的6枚铜钱，除1枚唐代开元通宝外，其余均为北宋的年号钱，分别为至道元宝、熙宁元宝和元祐通宝，其中至道元宝为宋太宗995～997年间铸，熙宁元宝为宋神宗1068～1077年间铸，元祐通宝为宋哲宗1086～1094年间铸。可见西杨庄墓地宋代墓葬的年代大多应在1094年以后甚至更晚一些。

2006QXⅠM26瓷器与铜钱同出，最晚的为元祐通宝和熙宁元宝，当属北宋中晚期钱币，出土的瓷碗，敞口，圆沿，圆唇，弧腹，圈足，器足较高，与鹤壁集窑1978年发掘的第3层第二期的Ⅱ式碗接近[①]，表明2006QXⅠM26的埋葬时间上限当在北宋中晚期以后。

2006QXⅠM7出土的瓷瓜棱罐，器形规整，灰黄胎，施黄釉，器足低矮，具有明显的沿太行山一带所见元代仿钧瓷烧制技术风格，其埋葬时间应为北宋以后的元代更趋合理。

二、灰坑、水井

2006QXⅠH1、2006QXⅠJ1出土器物的器形，与鹤壁集窑北宋中晚期地层出土的器物接近，其时代应为北宋中晚期及北宋晚期。

黑釉瓷盘（2006QXⅠH1∶12）与白釉瓷碗（2006QXⅠH1∶13、2006QXⅠH1∶16、2006QXⅠH1∶23、2006QXⅠH1∶24）、白釉瓷盂（2006QXⅠH1∶14）从器形来看，应晚于瓷碗（2006QXⅠH1∶15、2006QXⅠH1∶17、2006QXⅠH1∶18、2006QXⅠH1∶20、2006QXⅠH1∶22），时代相当于鹤壁集窑1978年发掘的第3层第二期，2006QXⅠH1∶19白釉瓷灯器形则与该期出土的Ⅱ式瓷灯相同[②]，唯素面，器形较大、器身较高，2006QXⅠH1∶13与该期Ⅰ式碗相同[③]，其时代应在北宋晚期或宋金之间。受地域自然条件影响，西杨庄墓地出土的瓷器釉色单一，器形简单，制作工艺也显得滞后。

第五节　对西杨庄墓地的几点认识

一是墓葬方向均为南北向，以单人葬为主，墓葬排列有序，没有发现早晚期墓葬相叠压或打破现象。多数土洞墓的墓道与墓室等宽，均为竖井式墓道，大部分不见耳室，所见耳室多位于墓室的西侧北端。如2006QXⅠM1、2006QXⅠM6。个别墓道的底部为斜坡状。随葬器物大部分放置在墓主的头前，少数墓室内发现有家禽遗骨，如2006QXⅠM8、2006QXⅠM11、

[①] 鹤壁市博物馆：《河南省鹤壁集瓷窑遗址1978年发掘简报》，文物编辑委员会：《中国古代窑址调查发掘报告集》，文物出版社，1984年。

[②] 鹤壁市博物馆：《河南省鹤壁集瓷窑遗址1978年发掘简报》，文物编辑委员会：《中国古代窑址调查发掘报告集》，文物出版社，1984年。

[③] 鹤壁市博物馆：《河南省鹤壁集瓷窑遗址1978年发掘简报》，文物编辑委员会：《中国古代窑址调查发掘报告集》，文物出版社，1984年。

2006QXⅠM13。这种现象在东汉时期的砖室墓中也有发现，在2006QXⅠM3前室的东北角亦有发现，这种现象在鹤壁地区两汉时期墓葬的发掘中尚属首次，为了解和认识鹤壁地区汉代墓葬的埋葬习俗提供了新的资料。

二是竖穴土坑墓少见，均为单人葬，其中2006QXⅠM18规模较小，为两汉时期墓葬中唯一的一座小型墓葬。2006QXⅠM10则为竖穴土坑砖室墓。

三是发现的东汉时期砖结构墓葬多为多室墓，唯2006QXⅠM27为单室墓。出土器物以东汉时期常见的陶瓮、陶罐、陶仓、陶灶、陶圈厕、陶方盒、陶耳杯、陶井、陶案、陶狗、陶猪等。

第六节 结　语

西杨庄墓地的墓葬，从墓葬规格看，没有发现高规格的埋葬，一般墓室较小，随葬器物悬殊不明显，墓主人的身份应为两汉及宋元时期的平民。值得一提的是，在个别陶器的表面发现了单体或成组的刻划符号，为进一步了解和认识两汉时期的经济、政治、文化等状况补充了新的实物材料。

2006QXⅠH1、2006QXⅠJ1中出土的瓷器残片，多为白釉类生活器皿，偶见黑釉器。器胎表面均施化妆土，与磁州窑系瓷器的施釉方法一致。其烧制方法见支钉分离烧制法和砂圈分离烧制法两种，亦为磁州窑系宋金时期所常见的烧制方法。这批材料的发现，为认识鹤壁地区瓷器手工业的状况，尤其是对磁州窑系的认识，增添了新的资料，并为鹤壁地区宋代文化、社会经济的研究提供了新的资料。

第三章　黄庄墓地Ⅰ区

第一节　概　　述

淇县黄庄墓地Ⅰ区于1985年由淇县文物保管所调查发现。2006年6月，为了配合南水北调中线工程建设在这里进行了文物勘探。根据勘探资料，鹤壁市文物工作队于2006年8~10月对墓地进行了发掘，按正南北方向共布10米×10米探方22个，探方实际发掘面积均为9米×9米，清理汉代墓葬22座（其中M1~M7、M22为发掘区周边残墓）、灰坑4个、灰沟2条（图一〇九；图版六三）。

墓葬区的地层堆积情况较为简单。第1层即为耕土层，厚32~49厘米，褐色土，土质疏松，内含有大量的植物根系及近现代残瓦、石块等，其下为生土。墓葬皆开口于第1层下，因墓葬区曾经是取土区，地表破坏较严重。据当地村民讲以前在此取土烧砖，已挖走生土层上的地表土，后来有村民在此重新平整土地、开荒种植，从而形成现在的耕土层直接叠压生土层的情形。

第二节　遗　　迹

一、墓　　葬

黄庄墓地Ⅰ区清理墓葬22座，按形制分为竖穴土坑墓、竖穴土坑砖室墓和土洞墓三类。竖穴土坑墓7座，即2006QHⅠM1、2006QHⅠM5、2006QHⅠM8、2006QHⅠM11~2006QHⅠM13、2006QHⅠM22；竖穴土坑砖室墓5座，即2006QHⅠM2~2006QHⅠM4、2006QHⅠM15、2006QHⅠM19；土洞墓10座，即2006QHⅠM6、2006QHⅠM7、2006QHⅠM9、2006QHⅠM10、2006QHⅠM14、2006QHⅠM16~2006QHⅠM18、2006QHⅠM20和2006QHⅠM21。

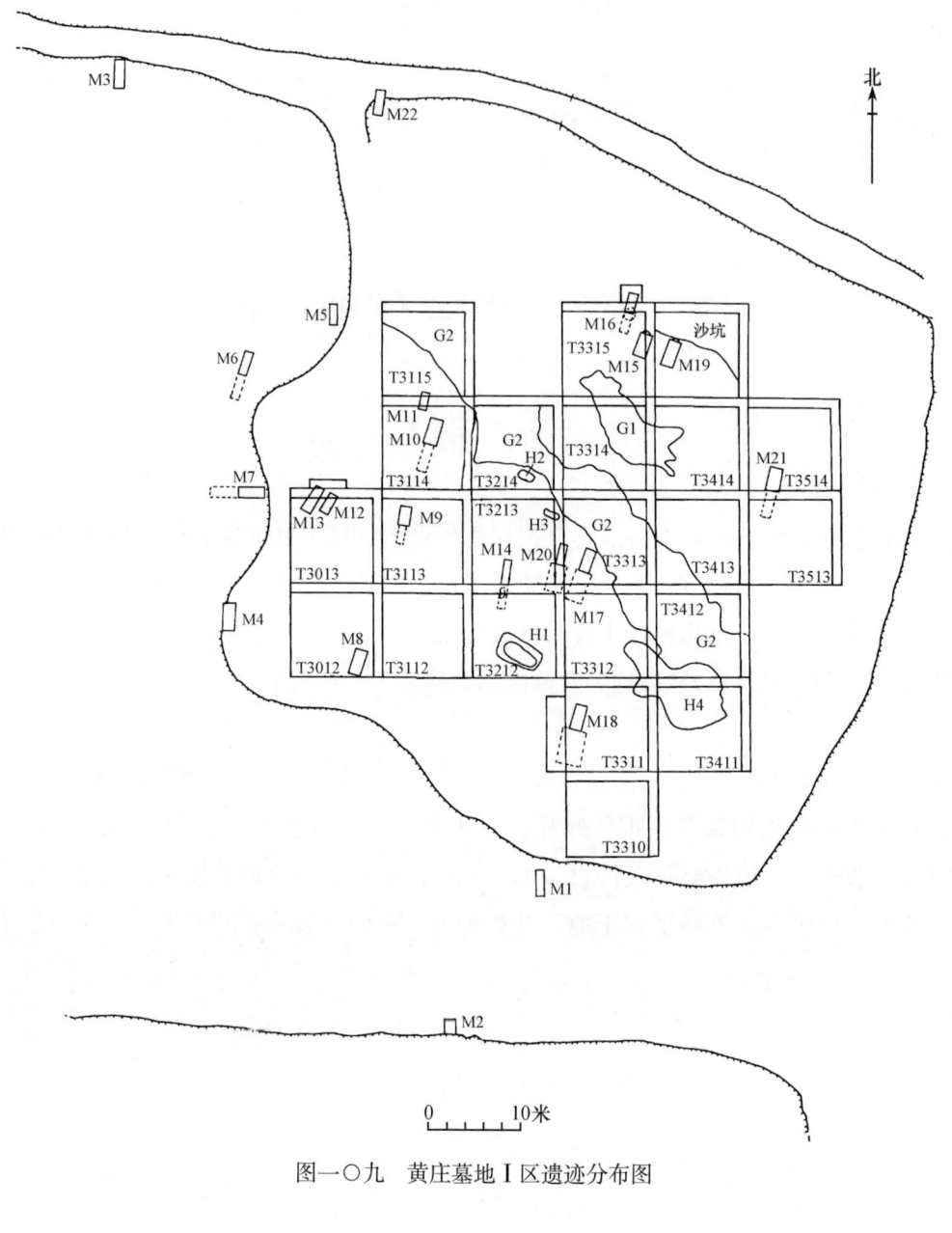

图一〇九 黄庄墓地Ⅰ区遗迹分布图

（一）2006QHⅠM1

1. 墓葬形制

位于发掘区南部，北临2006QHⅠT3310。竖穴土坑墓，墓口已被破坏，方向10°。平面呈长方形。长2.9米，宽0.8～0.98米。由于被扰乱，墓室内无人骨架，仅存零碎骨头，无葬具（图一一〇）。

2. 随葬器物

陶钵 1件。标本2006QHⅠM1∶1，泥质灰陶。敛口，圆唇，弧腹，平底。口径14.6、底径5、高6.4厘米（图一一一，1）。

陶罐　1件。标本2006QHⅠM1：2，泥质灰陶。口沿残破，短颈，圆鼓腹，下腹斜收，平底。腹部饰数周弦纹。口径8、腹径16、底径11.6、高16.2厘米（图一一一，2）。

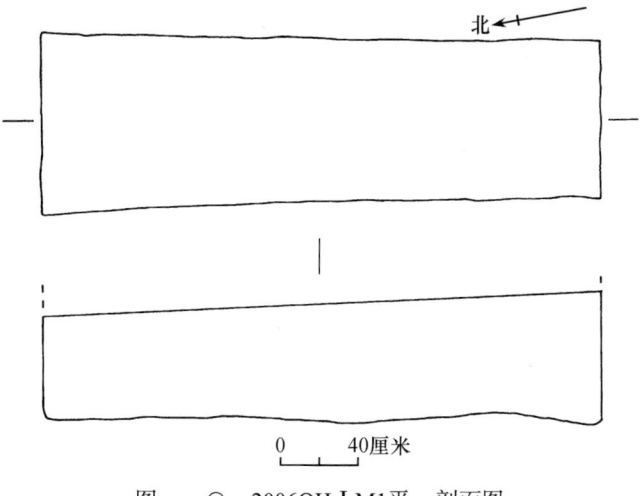

图一一〇　2006QHⅠM1平、剖面图

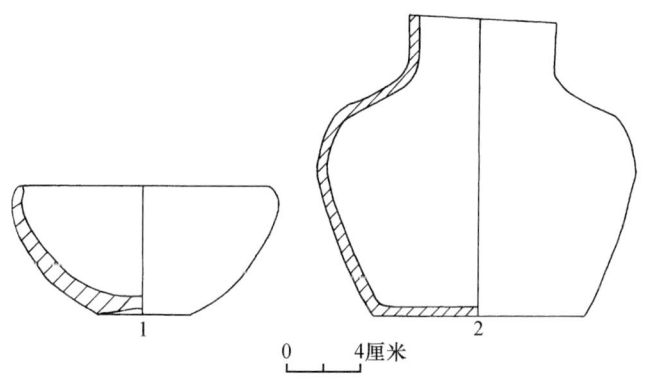

图一一一　2006QHⅠM1出土陶器
1. 陶钵（2006QHⅠM1：1）　2. 陶罐（2006QHⅠM1：2）

（二）2006QHⅠM2

位于发掘区南部。竖穴土坑砖室墓，已被严重扰乱，方向10°。平面呈长方形。残长2.4米，宽0.98米。墓壁已被破坏，仅残留墓底部分及墓底铺地砖，砖为三排，中间一排砖为南北向竖铺，两侧砖为东西向横铺。砖长40厘米，宽14厘米，厚10厘米（图一一二）。

（三）2006QHⅠM3

位于发掘区西北部。竖穴土坑砖室墓，已残，方向10°。平面呈长方形。现清理的墓口距地表深0.4米，长2.86米，宽0.92米，深1.7米。墓葬以青灰砖砌筑。墓壁采用单砖错缝平砌，较规整，铺地砖为三排，中间一排砖为南北向竖铺，两侧砖为东西向横铺。砖长55厘米，宽14厘米，厚9厘米。人骨架被扰。随葬品仅见残碎陶片（图一一三；图版六四）。

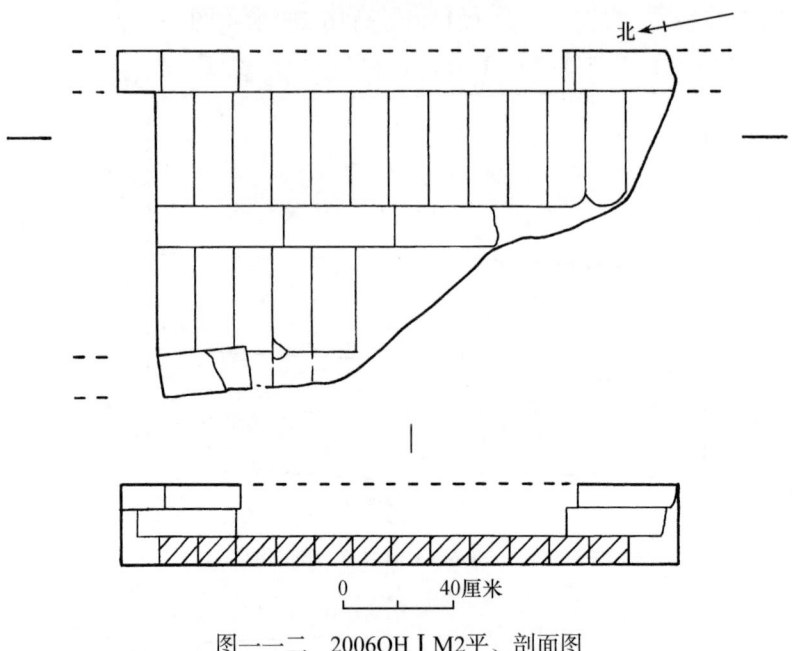

图一一二　2006QHⅠM2平、剖面图

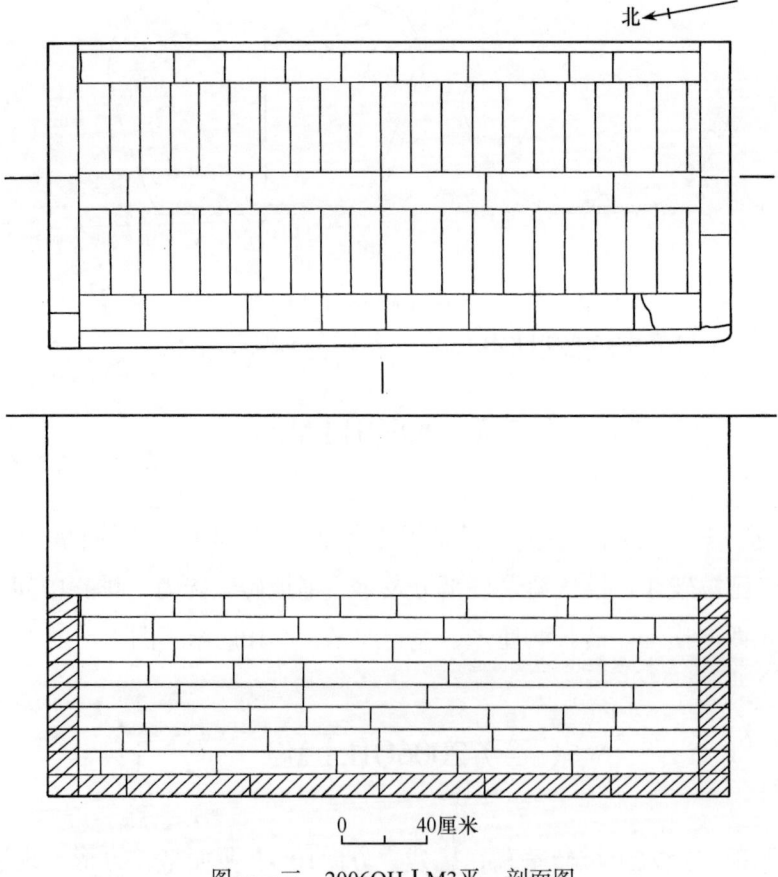

图一一三　2006QHⅠM3平、剖面图

（四）2006QHⅠM4

位于发掘区西南角，2006QHⅠT3012西部。竖穴土坑砖室墓，已残，方向10°。墓室西南角及西北角各有圆形盗洞1个，墓室被扰乱。平面呈长方形。原始墓口不明，现清理的墓口距地表深0.3米，长2.7米，宽1.2米，深2.28米。墓室以青灰砖砌筑。墓壁及铺地砖砌法同2006QHⅠM3。砖长56厘米，宽14厘米，厚9厘米。因先后两次被盗，人骨架被扰，葬式不详，葬具亦被扰。无随葬品（图一一四；图版六五）。

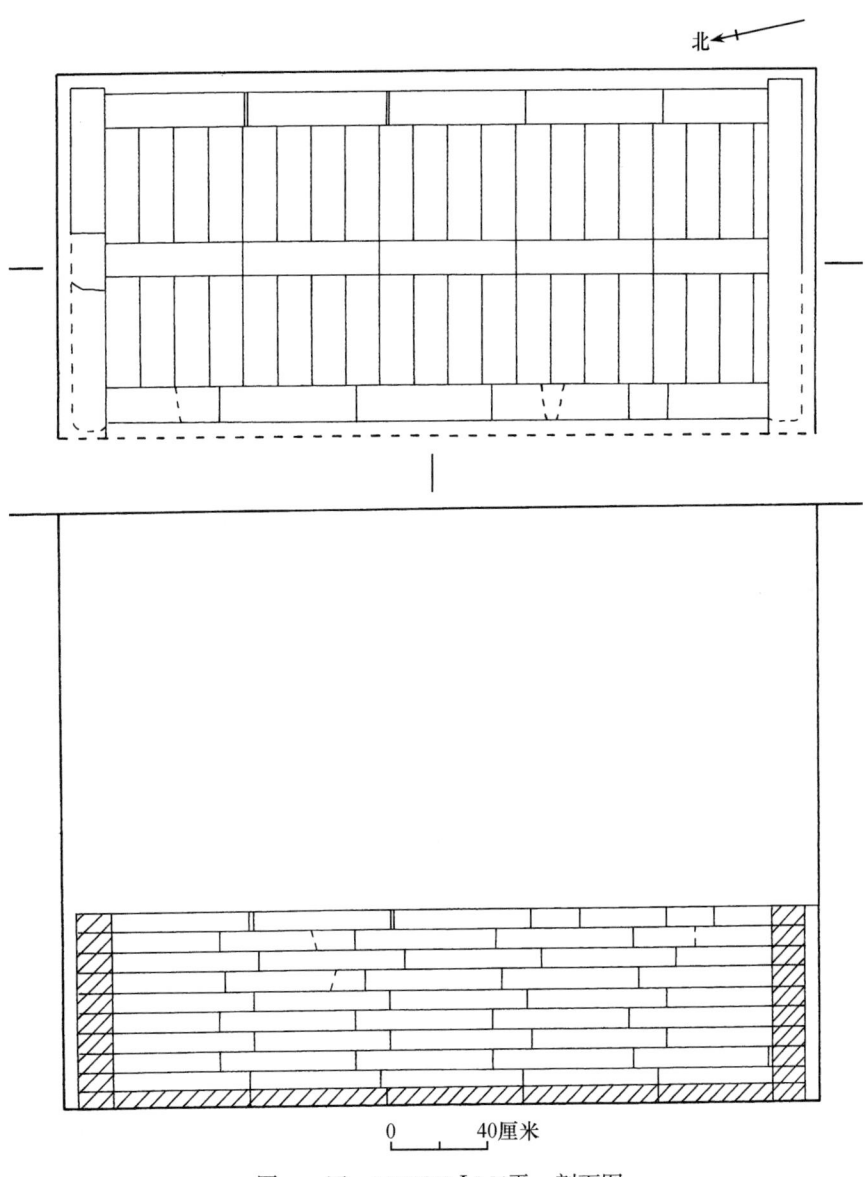

图一一四　2006QHⅠM4平、剖面图

(五) 2006QHⅠM5

位于发掘区西北部,2006QHⅠT3115西北部。属一座残墓,竖穴土坑墓,方向10°。平面呈长方形,四壁较规整,墓底较平。原始墓口不明,现清理的墓口距地表深0.54米,长2.5米,宽0.9米,深1.76米。未见人骨及随葬品(图一一五)。

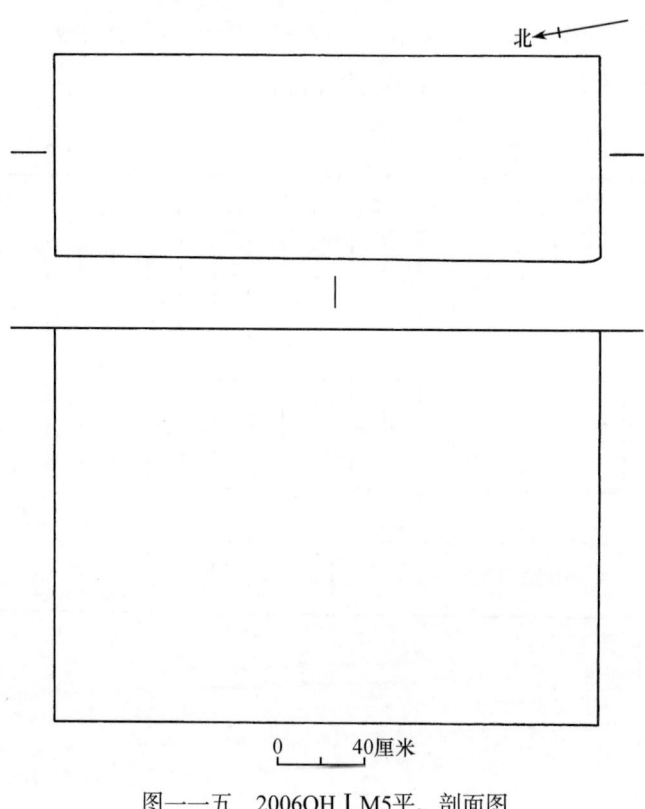

图一一五 2006QHⅠM5平、剖面图

(六) 2006QHⅠM6

1. 墓葬形制

位于发掘区西北部,2006QHⅠM5西南部。土洞墓,方向20°,由墓道、墓室组成(图一一六;图版六六)。

墓道位于墓室北端,四壁较规整,平面近长方形。长2.44米,宽1.1~1.24米,深1~1.4米。

墓室平面呈长方形。长2.76米,宽0.9米,深0.96米。墓室内无人骨架,无葬具。随葬品仅1件陶钵。

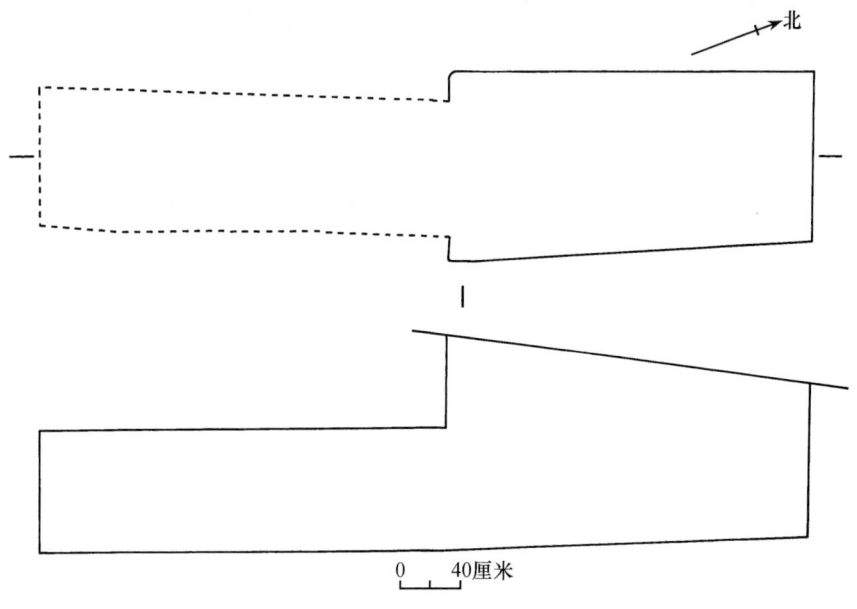

图一一六　2006QHⅠM6平、剖面图

2. 随葬器物

陶钵　1件。标本2006QHⅠM6∶1，泥质灰陶。敛口，圆唇，弧腹，平底。口径14.3、底径5.5、高6.3厘米（图一一七，1）。

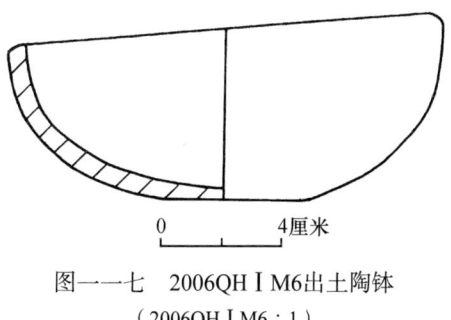

图一一七　2006QHⅠM6出土陶钵
（2006QHⅠM6∶1）

（七）2006QHⅠM7

位于发掘区西部，2006QHⅠT3013西北部。土洞墓，方向105°，由墓道、墓室组成（图一一八；图版六七）。

墓道位于墓室东端，平面呈长方形。长2.8米，宽1.32米。

墓室平面呈长方形。长3.32米，宽1.28米。墓壁为单砖错缝平砌，共7层，第5层以上残缺。砖长56厘米，宽16厘米，厚9厘米。墓底铺地砖为三排，中间一排砖为东西向竖铺，两侧砖为南北向横铺。墓室内人无骨架，无葬具。随葬品仅见陶器残片。

（八）2006QHⅠM8

1. 墓葬形制

位于2006QHⅠT3012东南部。竖穴土坑墓，方向20°。平面呈长方形。墓口距地表深0.3

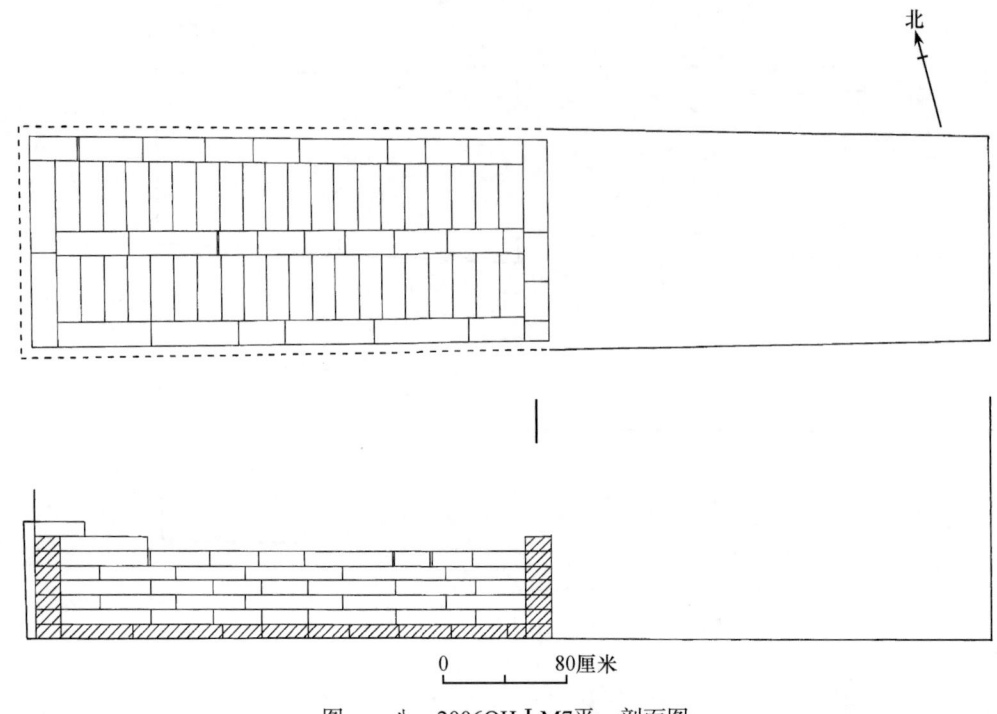

图一一八 2006QHⅠM7平、剖面图

米,长2.8米,宽1.38米;墓底长2.8米,宽0.82米;深1.1米。在墓东西两侧发现有生土二层台,二层台上有一层厚厚的木灰痕迹。宽0.28米,高0.8米。墓内木棺朽甚,仅见棺灰痕迹。棺内发现人骨架1具,骨架保存较好,仰身直肢葬。随葬品计4件,骨架头部左侧放置1件陶钵,另在骨架北部随葬有陶罐3件(图一一九;图版六八)。

2. 随葬器物

陶钵 1件。标本2006QHⅠM8:1,泥质灰陶。敛口,口沿处有磕损,圆唇,弧腹,平底。口径13、底径5、高5.2厘米(图一二○,1;图版七九,1)。

陶罐 3件。泥质灰陶。标本2006QHⅠM8:2,敞口,平沿内凹,方唇,短颈,溜肩,弧腹斜收,平底。肩腹部饰弦断绳纹。口径14.3、腹径21、底径12.5、高22.8厘米(图一二○,2,图版七九,3)。标本2006QHⅠM8:3,敞口,平沿内凹,方唇,束颈,溜肩,鼓腹斜收,平底。肩腹部饰绳纹。口径12.7、腹径22、底径12、高22.7厘米(图一二○,3;图版七九,2)。标本2006QHⅠM8:4,侈口,沿下有两个对称圆孔,方唇,扁圆腹,小平底。肩部饰曲折暗纹,并刻有一字似"张",肩、腹交界处饰两周凹弦纹。盖,覆钵状。盖径13.2、口径8.6、腹径18、底径7、通高18.1厘米(图一二○,4;图版七九,4)。

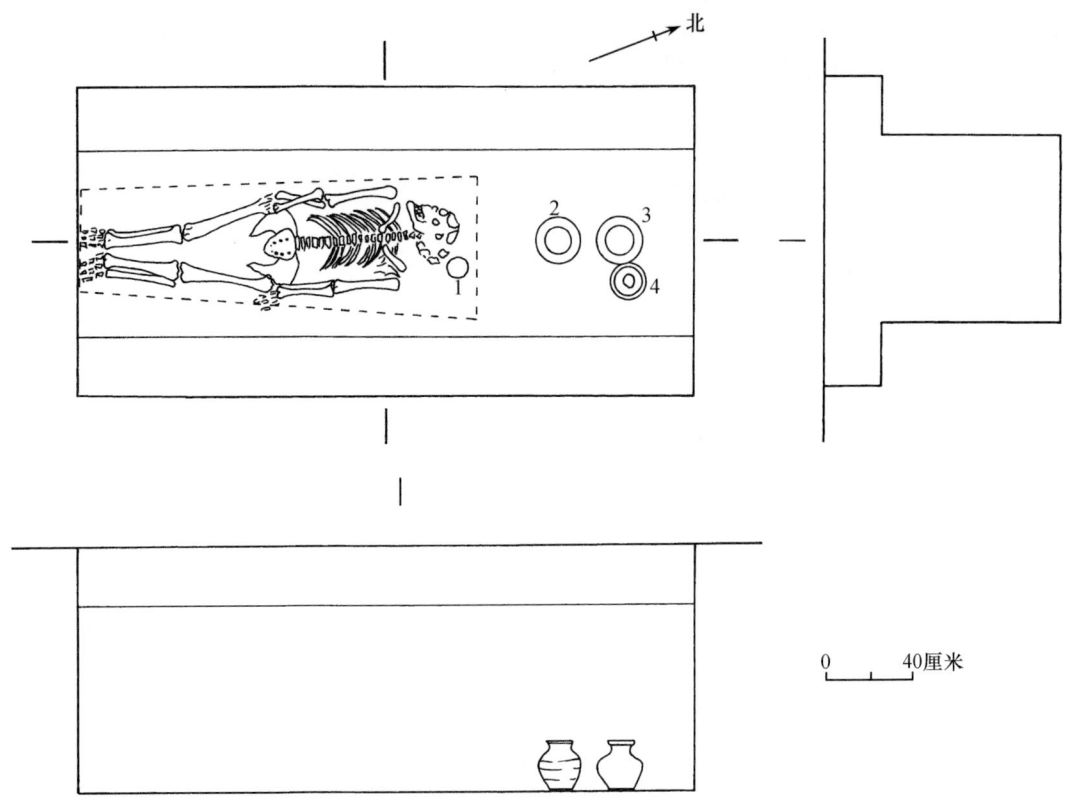

图一一九　2006QHⅠM8平、剖面图
1.陶钵　2、3.陶罐　4.带盖陶罐

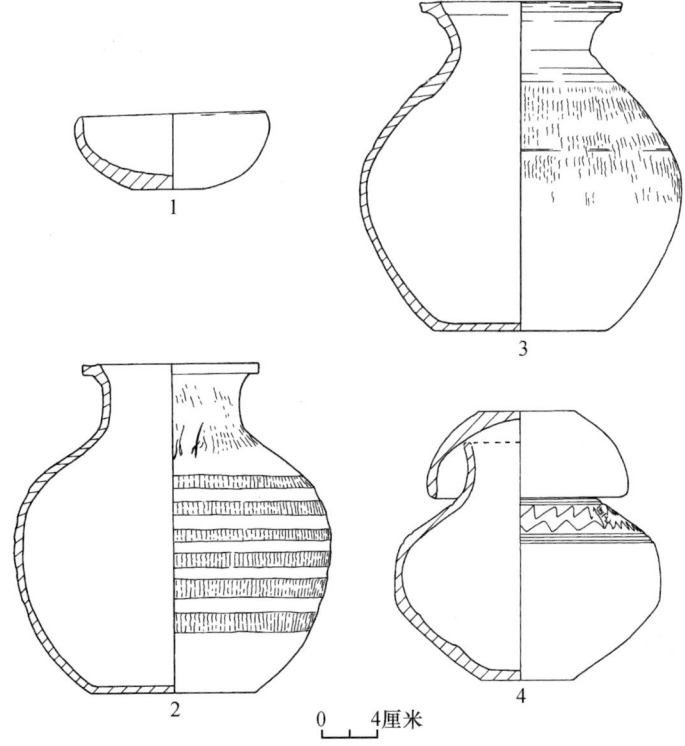

图一二○　2006QHⅠM8出土陶器
1.陶钵（2006QHⅠM8：1）　2、3.陶罐（2006QHⅠM8：2、2006QHⅠM8：3）　4.带盖陶罐（2006QHⅠM8：4）

（九）2006QHⅠM9

1. 墓葬形制

位于2006QHⅠT3113西北部。土洞墓，方向10°，由墓室、墓道组成，全长4.3米（图一二一；图版六九）。

墓道位于墓室北端，平面呈长方形。长2.1米，宽1.2米，深1米。

墓室平面呈长方形，四壁较规整，无脚窝、壁龛等。长2.2米，宽0.9～1米。墓室内有人骨架1具，腐朽严重。葬具为木棺，仅留灰痕。长约1.6米，宽0.4～0.54米。墓室入口处放置2件陶罐。

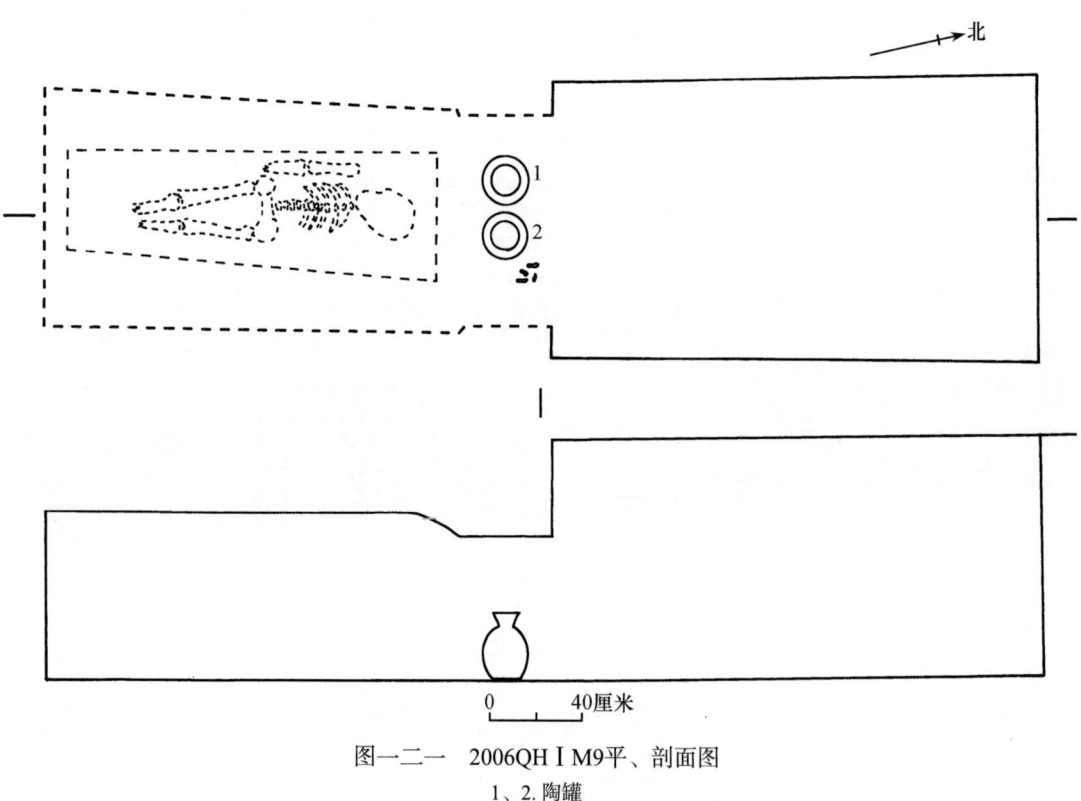

图一二一　2006QHⅠM9平、剖面图
1、2.陶罐

2. 随葬器物

陶罐　2件。泥质灰陶。标本2006QHⅠM9：1，敞口，平沿，方唇，短束颈，圆鼓腹，下腹斜收，平底。肩腹部饰弦断绳纹。口径14、底径8.5、高24.1厘米（图一二二，1；图版七九，5）。标本2006QHⅠM9：2，与2006QHⅠM9：1器形及纹饰相同。口径13.1、底径10.5、高24.7厘米（图一二二，2；图版七九，6）。

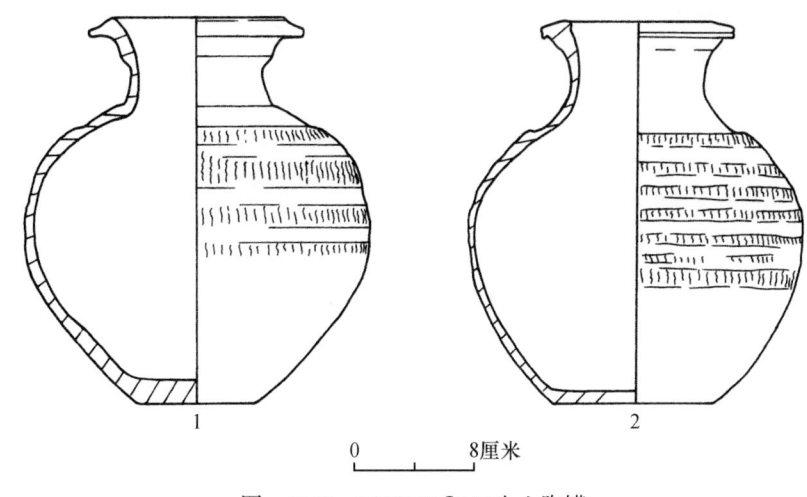

图一二二 2006QHⅠM9出土陶罐
1. 2006QHⅠM9∶1　2. 2006QHⅠM9∶2

（十）2006QHⅠM10

1. 墓葬形制

位于2006QHⅠT3114中部。土洞墓，方向15°，由墓道、墓室组成（图一二三；图版七〇）。

墓道位于墓室北端，平面呈长方形，竖穴土坑，口大底小，四壁向下内收。墓口距地表深0.45米，长2.9米，宽1.4～1.5米；底坡长2.6米，宽1.2米；深1.3～1.7米。

墓室平面呈长方形。洞口距地表深1.16米，宽1米，高1米。墓室长2.9米，宽1.04米，高0.9～1米。葬具为木棺，已朽。残留灰迹长1.98米，宽0.54～0.6米。棺内有人骨架1具，头向北，头骨破碎。随葬品计9件陶器，头部置陶钵1件，其余8件放置于人骨北侧及棺外东部。

2. 随葬器物

陶鼎　2件。泥质灰陶。标本2006QHⅠM10∶1，子母口，圆唇，弧腹，圜底，蹄形足稍矮。鼎口附长方形有孔双耳，耳外折直立。口沿下饰一周白彩宽带纹，腹部饰三组花蕊花叶纹，耳、足上均满涂白彩。盖，隆顶。口上饰一周白彩宽带纹，其上绘有红、白彩相间的卷云纹，已模糊，中间饰柿蒂纹。盖径18.5、口径16.5、通高15厘米（图一二四，1；图版八〇，1）。标本2006QHⅠM10∶2，与2006QHⅠM10∶1器形相同。盖径18、口径16、通高15.5厘米（图一二四，2；图版八〇，2）。

陶钫　2件。泥质灰陶。标本2006QHⅠM10∶3，敞口，平沿，方唇，束颈，圆鼓腹，高圈足外撇。纹饰以白彩为主，不少部位红、蓝、白彩兼施，纹饰在口、颈、腹部及圈足上四面均相同，盖边、口沿处、圈足上各饰一周白彩宽带纹，颈部饰正、倒三角形纹饰，腹部纹饰两

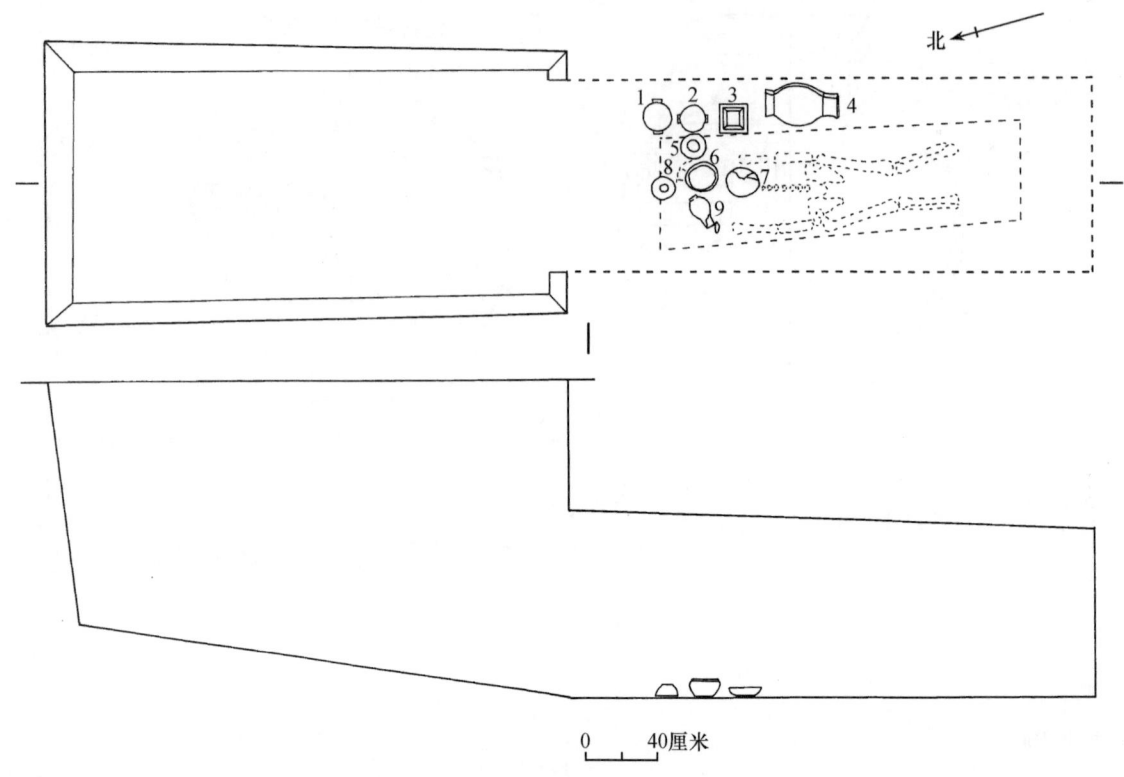

图一二三 2006QHⅠM10平、剖面图
1、2.陶鼎 3、4.陶钫 5.陶盒 6.陶盒身 7.陶盒盖 8.陶钵 9.小陶壶

面相同,有两组纹饰,一组为卷云纹,一组为铺首衔环,圈足上饰卷云纹。盖,尖顶四面坡式。四面纹饰相同,靠近顶部有一圆形花心,四面绘卷草纹,四个脊棱上靠近口部位置有四个长方形小孔。盖径11.5、口径11.5、足径12、通高42厘米(图一二五,1;图版八一,1、2)。标本2006QHⅠM10:4,与2006QHⅠM10:3器形相同。盖径11.7、口径11.7、足径12、通高42厘米(图版八一,3、4)。

陶盒 2件。泥质灰陶。标本2006QHⅠM10:5,子母口,圆唇,弧腹,平底。腹部饰三组花叶纹,每组图案均为中间有一个圆形花心并有点状花蕊,两边各有两片主叶。盖,隆顶,顶有圆形捉手。捉手内饰柿蒂纹,其下饰卷云纹。盖径20、口径18、底径8、通高14厘米(图一二四,3;图版八〇,5)。标本2006QHⅠM10:6、2006QHⅠM10:7,与2006QHⅠM10:5器形相同。盖径20.4、口径18.4、底径8.5、通高14厘米(图一二四,4;图版八〇,3、4)。

陶钵 1件。标本2006QHⅠM10:8,泥质灰陶。敛口,圆唇,弧腹,平底。口径14、底径5.5、高6.1厘米(图一二五,3;图版八〇,6)。

小陶壶 1件。标本2006QHⅠM10:9,泥质灰陶。器形较小,口沿残,方唇,束颈,圆鼓腹,平底。腹部绘有纹饰,已不清。盖,平顶略弧。涂白彩,纹饰已不清。盖径7.6、口径6.2、底径4.5、通高12.5厘米(图一二五,2)。

图一二四　2006QHⅠM10出土陶器

1、2.陶鼎（2006QHⅠM10∶1、2006QHⅠM10∶2）　3.陶盒（2006QHⅠM10∶5）　4.陶盒（2006QHⅠM10∶7、2006QHⅠM10∶6）

图一二五　2006QHⅠM10出土陶器
1. 陶钫（2006QHⅠM10∶3）　2. 小陶壶（2006QHⅠM10∶9）　3. 陶钵（2006QHⅠM10∶8）

（十一）2006QHⅠM11

位于2006QHⅠT3114北部。竖穴土坑墓，方向10°。平面呈长方形，口底等宽，四壁较直，没有加工痕迹。墓口距地表深0.5米，长2.1米，宽0.8米，深1.1米。未见人骨架及随葬品（图一二六）。

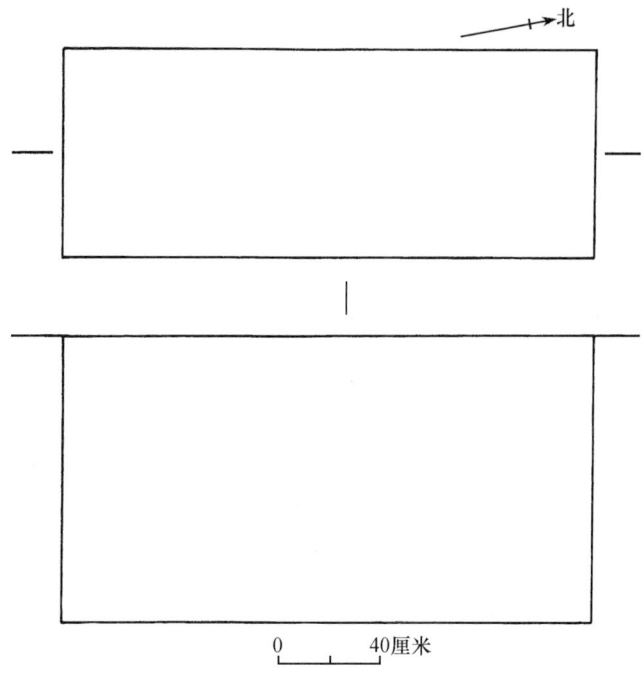

图一二六　2006QHⅠM11平、剖面图

（十二）2006QHⅠM12

位于2006QHⅠT3013北部。竖穴土坑墓，方向15°。平面呈长方形，四壁较规整。长2.9米，宽0.9米，深1.15米。墓葬北部有一椭圆形盗洞。墓内有木棺，仅留灰痕。残长1.9米，宽0.5~0.6米。棺内有人骨架1具，腐朽严重，面向、头向不详。无随葬品（图一二七）。

（十三）2006QHⅠM13

位于2006QHⅠT3013西北部。竖穴土坑墓，被扰乱，方向30°。平面呈长方形，四壁不甚规整。残长0.7米，残宽0.9米，深0.2米。墓内仅有木棺灰痕。残长0.6米，残宽0.5米。棺内仅见墓主小腿骨以下骨架，从残留骨架看，应为屈肢葬。无随葬品（图一二八）。

（十四）2006QHⅠM14

位于2006QHⅠT3213南部。土洞墓，方向12°，由墓道、墓室组成（图一二九）。

墓道位于墓室北端，平面呈长方形，底呈斜坡状。长2.4米，宽0.76米。

墓室呈长方形，洞口顶部已扰，高度不明。长2.8米，宽0.7米。墓底见棺灰痕迹。残长0.72米，宽0.4~0.5米。墓室内人骨架及随葬品被扰乱破坏，头向、葬式不明。随葬品仅见几块陶器残片。

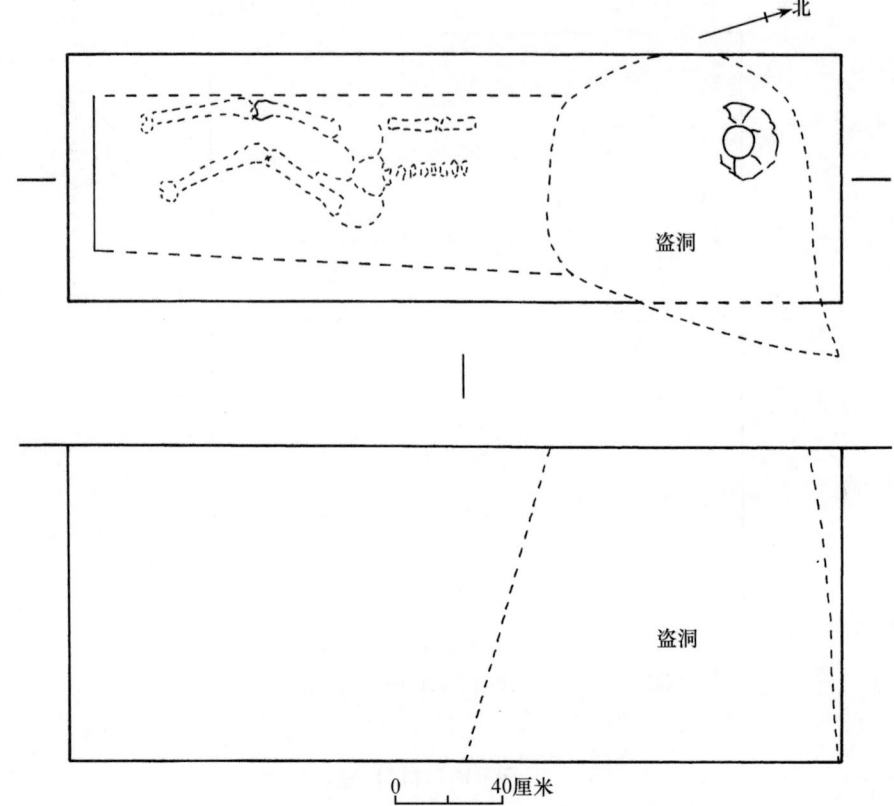

图一二七　2006QHⅠM12平、剖面图

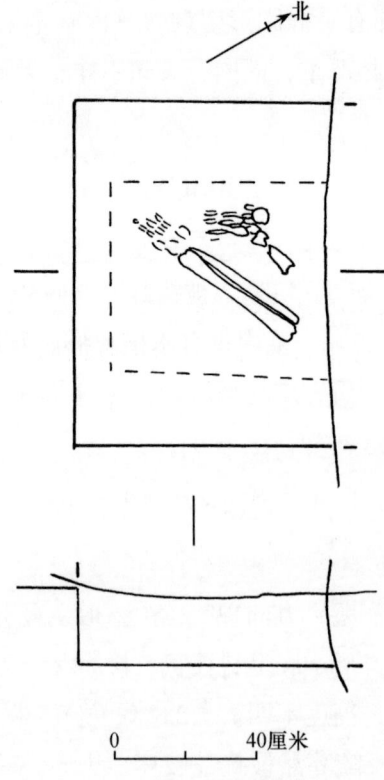

图一二八　2006QHⅠM13平、剖面图

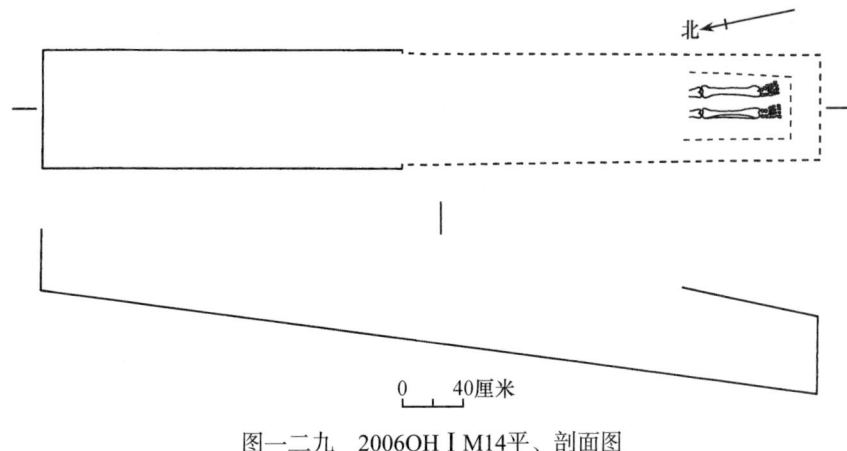

图一二九　2006QHⅠM14平、剖面图

（十五）2006QHⅠM15

1. 墓葬形制

位于2006QHⅠT3315东部。竖穴土坑砖室墓，方向20°。平面呈长方形，口小底大。墓口长2.9米，宽1.6米；砖室长3.25米，宽1.3米。墓壁采用单砖错缝平砌，共9层，表面分布有一层棚木灰。墓北壁第6层砖向上有3层砖向北倾斜。铺地砖为三排，中间一排砖南北向竖铺，两侧砖为东西向横铺。北壁有一壁龛，高0.8米，进深0.6米。墓砖第4层以上壁龛里面有炭灰痕迹，但无随葬品。砖长56厘米，宽15厘米，厚9厘米。该墓发掘时已被严重盗扰过，未发现人骨架及葬具。随葬的陶钫、陶鼎、陶盒等均放置于北部（图一三〇；图版七一）。

2. 随葬器物

陶钫　2件。泥质灰陶。标本2006QHⅠM15：1，敞口，平沿，方唇，束颈，圆鼓腹，高圈足外撇。纹饰在口、颈、腹部及圈足上四面均相同，口下、颈下、下腹部和圈足上各饰一周白彩宽带纹，颈部饰倒三角形及圆点相间的彩绘，腹部纹饰两面相同，有两组纹饰，一组为卷云纹，一组为铺首衔环，铺首面目狰狞，衔一大圆环，圈足上饰卷云纹。盖，尖顶四面坡式。四面饰花叶纹（已模糊不清），口上为一周白彩宽带纹，四个脊棱上靠近口部位置有四个长方形小孔。盖径12.3、口径11.8、足径12.3、通高42.7厘米（图一三一，2；图版八二，1、2）。标本2006QHⅠM15：2，与2006QHⅠM15：1器形相同。盖径12.2、口径11.8、足径12.3、通高42.2厘米（图一三一，1；图版八二，3、4）。

陶盒　1件。标本2006QHⅠM15：3，泥质灰陶。子母口，圆唇，弧腹，平底。口下饰一周白彩宽带纹，腹部饰三组花蕊花叶纹。盖，隆顶，顶有圆形捉手。捉手内饰花叶纹，外饰红、白相间的卷云纹，口上饰一周白彩宽带纹。盖径18.2、口径15.7、底径8.6、通高13.5厘米（图一三二，1；图版八三，1）。

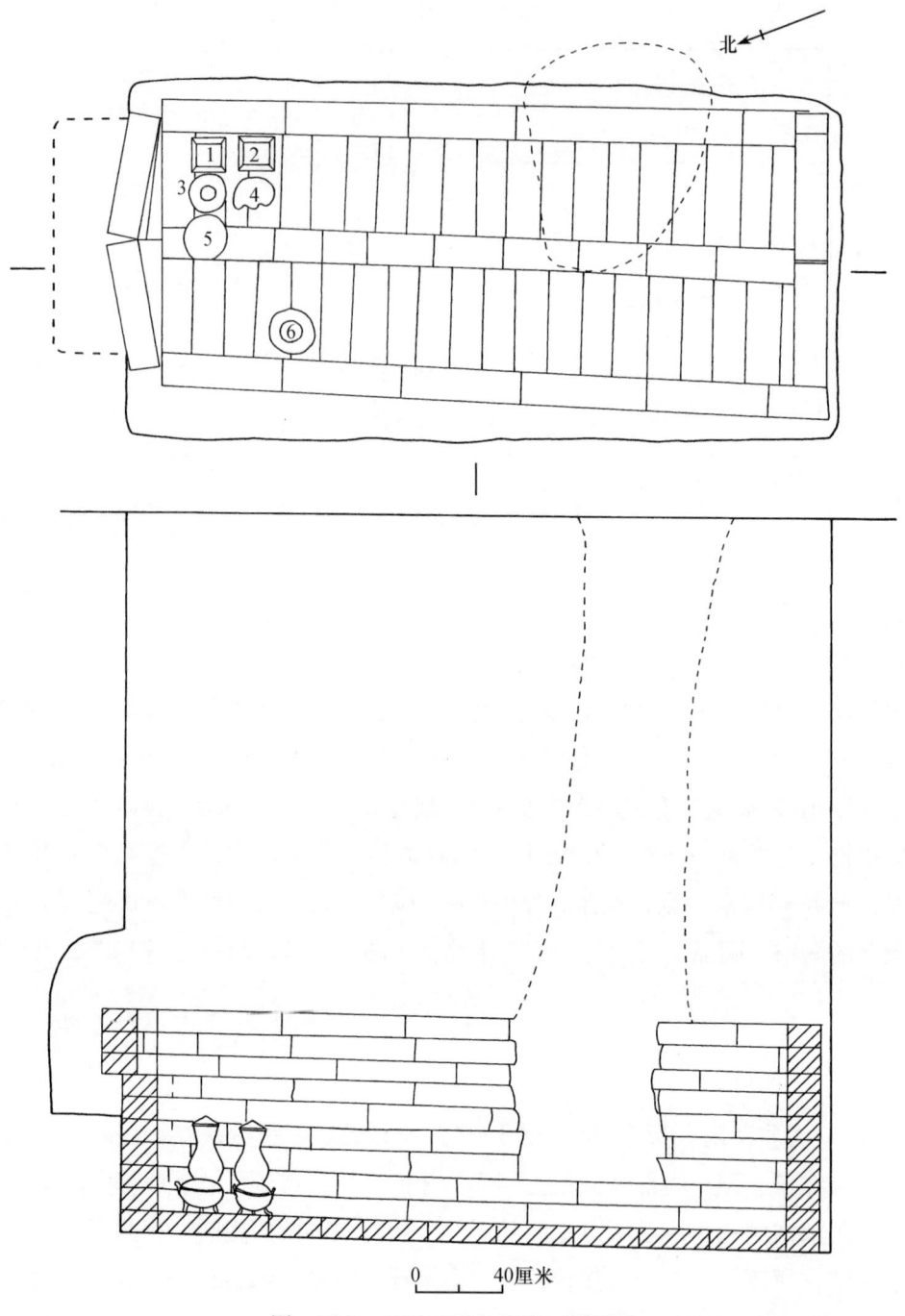

图一三〇　2006QHⅠM15平、剖面图
1、2.陶钫　3.陶盒　4、5.陶鼎　6.陶罐

陶鼎　2件。泥质灰陶。标本2006QHⅠM15：4，子母口，圆唇，弧腹，圜底，蹄形足稍矮。鼎口附长方形有孔双耳，耳外折直立。口沿下饰一周白彩宽带纹，腹部饰三组花蕊花叶纹（纹饰之间用红色横线相连），耳上满涂白彩，足部涂白彩部分已脱落。盖，隆顶。口上饰一周白彩宽带纹，其上饰白彩卷云纹。盖径18.5、口径16.1、通高15.5厘米（图一三二，2；图版

图一三一　2006QHⅠM15出土陶钫
1. 2006QHⅠM15∶2　2. 2006QHⅠM15∶1

八三，2）。标本2006QHⅠM15∶5，与2006QHⅠM15∶4器形相同。盖径18.1、口径16.5、通高15.5厘米（图一三二，3；图版八三，3）。

陶罐　1件。标本2006QHⅠM15∶6，泥质灰陶。敞口，平沿，方唇，束颈，圆鼓腹下收，平底。肩腹部饰数周绳纹。口径14.1、腹径22.6、底径13.2、高25.3厘米（图一三二，4）。

（十六）2006QHⅠM16

位于2006QHⅠT3315东北部。土洞墓，方向20°，由墓道、墓室组成（图一三三）。

墓道位于墓室北端，平面呈长方形。长2.6米，宽0.9~1.04米，深0.9米。

墓室北高南低，底呈斜坡状。长2.96米，宽1.1~1.22米，高0.8米。墓室底部为单砖横向平铺，墓壁为单砖错缝立砌，共5层。所用墓砖均为青灰色长条形素面砖，砖长56厘米，宽15厘米，厚9厘米。在墓道南部、墓室北部发现有一处盗洞，墓严重被盗扰，无人骨架，无葬具，无随葬品。

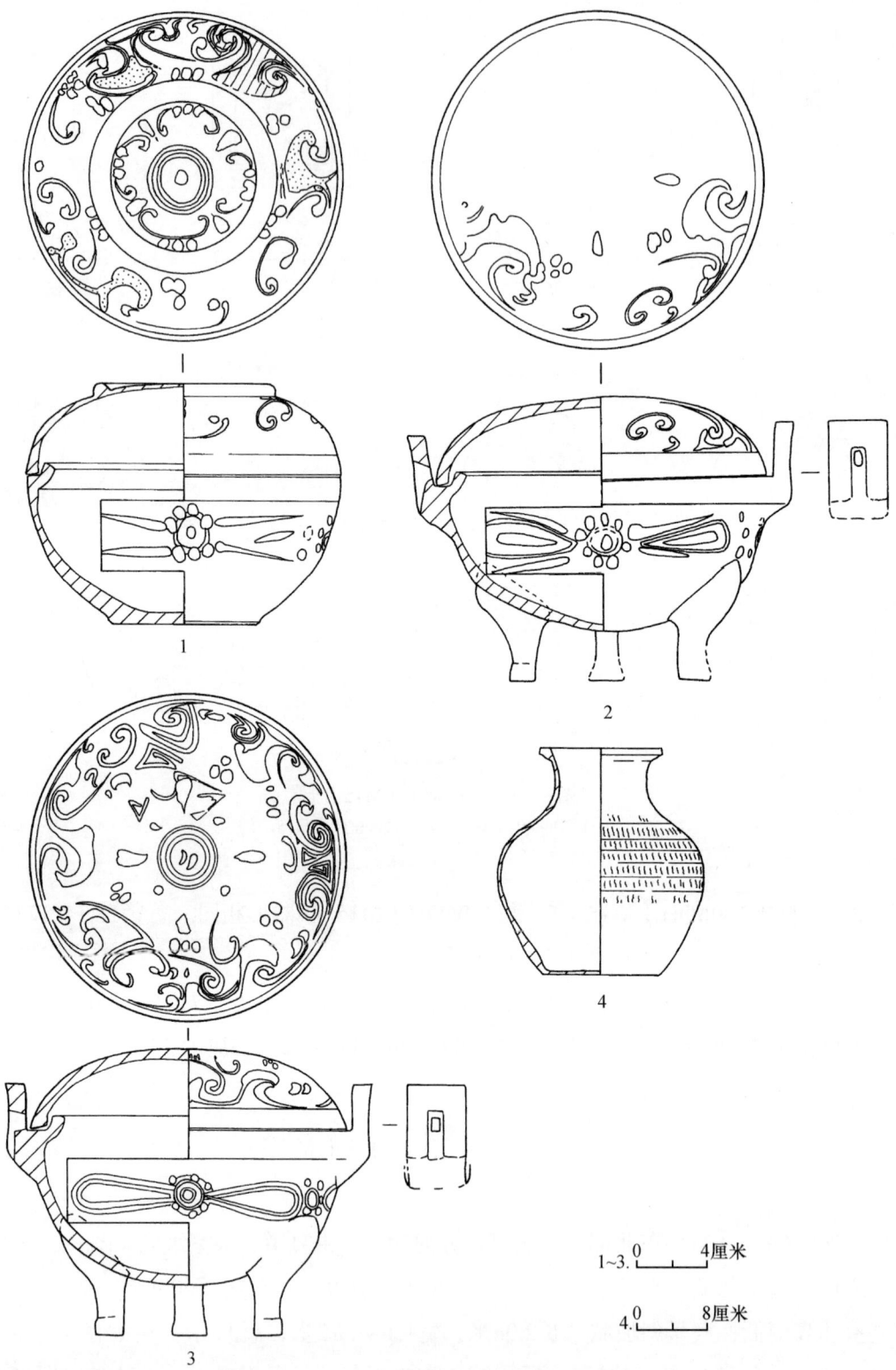

图一三二 2006QHⅠM15出土陶器
1. 陶盒（2006QHⅠM15:3） 2、3. 陶鼎（2006QHⅠM15:4、2006QHⅠM15:5） 4. 陶罐（2006QHⅠM15:6）

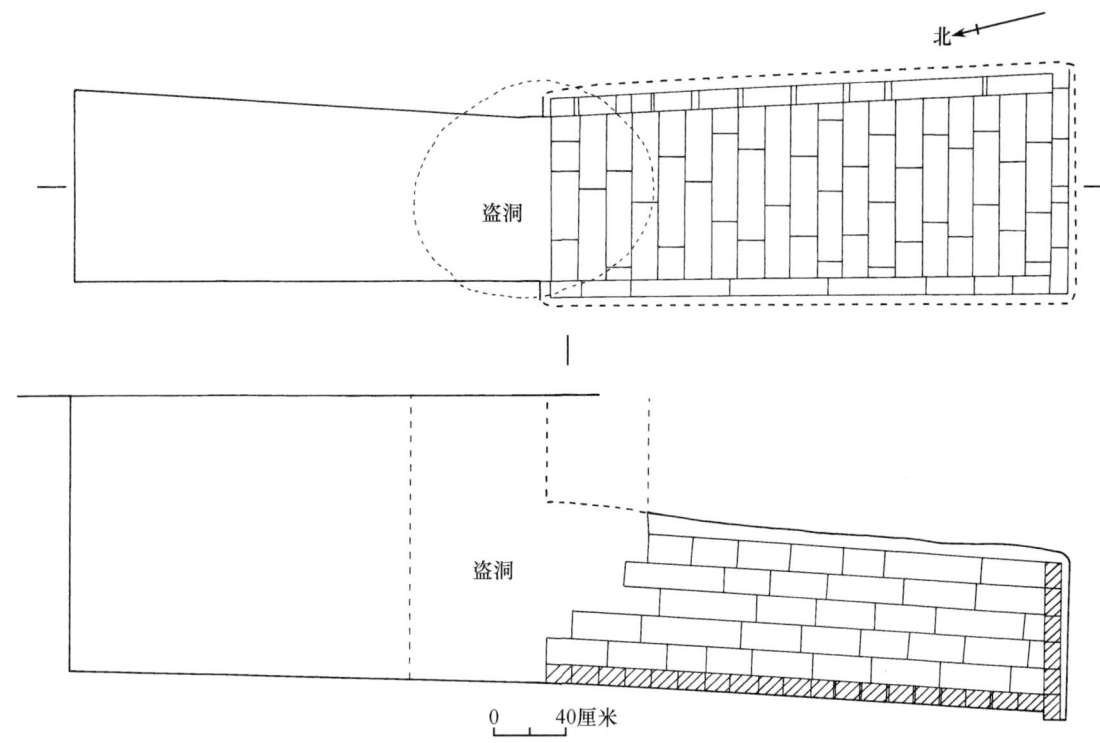

图一三三 2006QHⅠM16平、剖面图

（十七）2006QHⅠM17

1. 墓葬形制

位于2006QHⅠT3313西南部。土洞墓，方向20°，由墓道、墓室组成（图一三四；图版七二）。

墓道位于墓室北端，平面呈长方形。长2.6米，宽1米，深1.84~1.9米。

墓室平面呈长方形。长3.4米，宽1.2~1.34米，高1.1~1.15米。墓室用34块长方形空心砖砌筑，每块砖面均模印有菱形纹，内饰圆形乳钉。封门用2块砖东西向立砌。砖长107厘米，宽40厘米，厚13厘米。盖顶砖和铺地砖各11块，东西向平铺。砖长107厘米，宽28厘米，厚13厘米。左、右两壁（形制相同）各横立空心砖4块，均南北向放置。北部上端每块砖长150厘米，宽40厘米，厚13厘米；下端每块砖长130厘米，宽40厘米，厚13厘米。后壁横立2块砖，东西向放置。砖长107厘米，宽40厘米，厚13厘米。墓室内有木棺灰迹，长1.75米，宽0.54~0.6米。棺内有人骨架1具，保存完好，仰身直肢葬。人骨架头部一侧随葬1件陶钵，木棺外随葬器物有陶壶、陶罐、陶钵、陶鼎等。

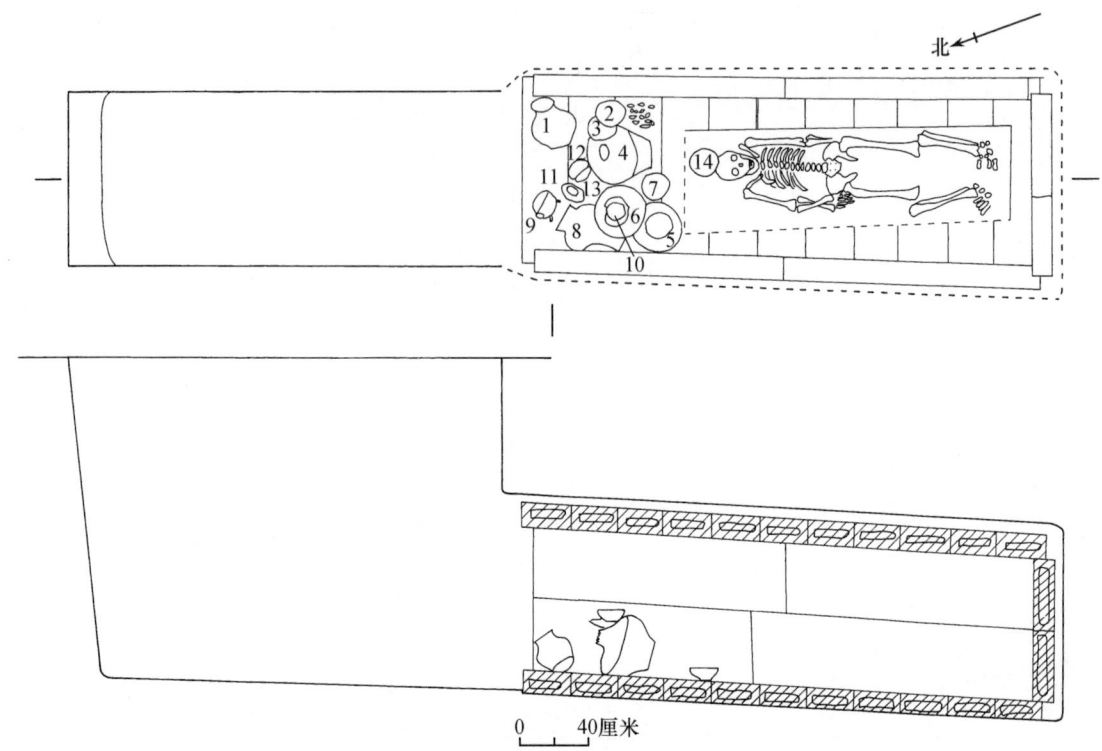

图一三四 2006QHⅠM17平、剖面图
1、5.陶罐 2.陶盒身 3.陶盒盖 4.陶小口罐 6、8.陶壶身 7、13.陶壶盖 9.陶鼎 10.陶甑 11.陶炉 12.陶盒 14.陶钵

2. 随葬器物

陶罐 2件。泥质灰陶。标本2006QHⅠM17∶1，敞口，平沿内凹，方唇，束颈，圆鼓腹，下腹斜收，平底。肩腹部饰凸弦纹和绳纹。口径13、腹径23、底径12、高26.9厘米（图一三五，1；图版八三，5）。标本2006QHⅠM17∶5，敞口，平沿，方唇，束颈，圆鼓腹，平底。腹部饰不规则绳纹。口径12.8、腹径22、底径15、高24.4厘米（图一三五，2；图版八三，6）。

陶小口罐 1件。标本2006QHⅠM17∶4，泥质灰陶。口沿残破，广肩斜折，斜腹，小平底。肩部饰数周暗弦纹，腹部饰不规则绳纹。底径20.6、残高30.5厘米（图一三五，3）。

陶盒 2件。泥质灰陶。标本2006QHⅠM17∶12，子母口，圆唇，弧腹，平底略内凹。口沿下饰两周白彩宽带纹。盖，隆顶。顶部饰白彩卷云纹。盖径17.2、口径14.5、底径7.5、通高11.7厘米（图一三六，2；图版八四，5）。标本2006QHⅠM17∶2（盒身）与标本2006QHⅠM17∶3（盒盖）经整理为一件器物。与2006QHⅠM17∶12器形相同。盖径18.2、口径15.7、底径8、通高12厘米（图一三六，1；图版八四，1、2）。

陶壶 2件。泥质灰陶。标本2006QHⅠM17∶6、2006QHⅠM17∶7，盘口，细长颈，圆鼓腹，高圈足外撇。口下、颈下、腹中部和圈足上各饰一周白彩宽带纹，颈部饰三角形纹内填

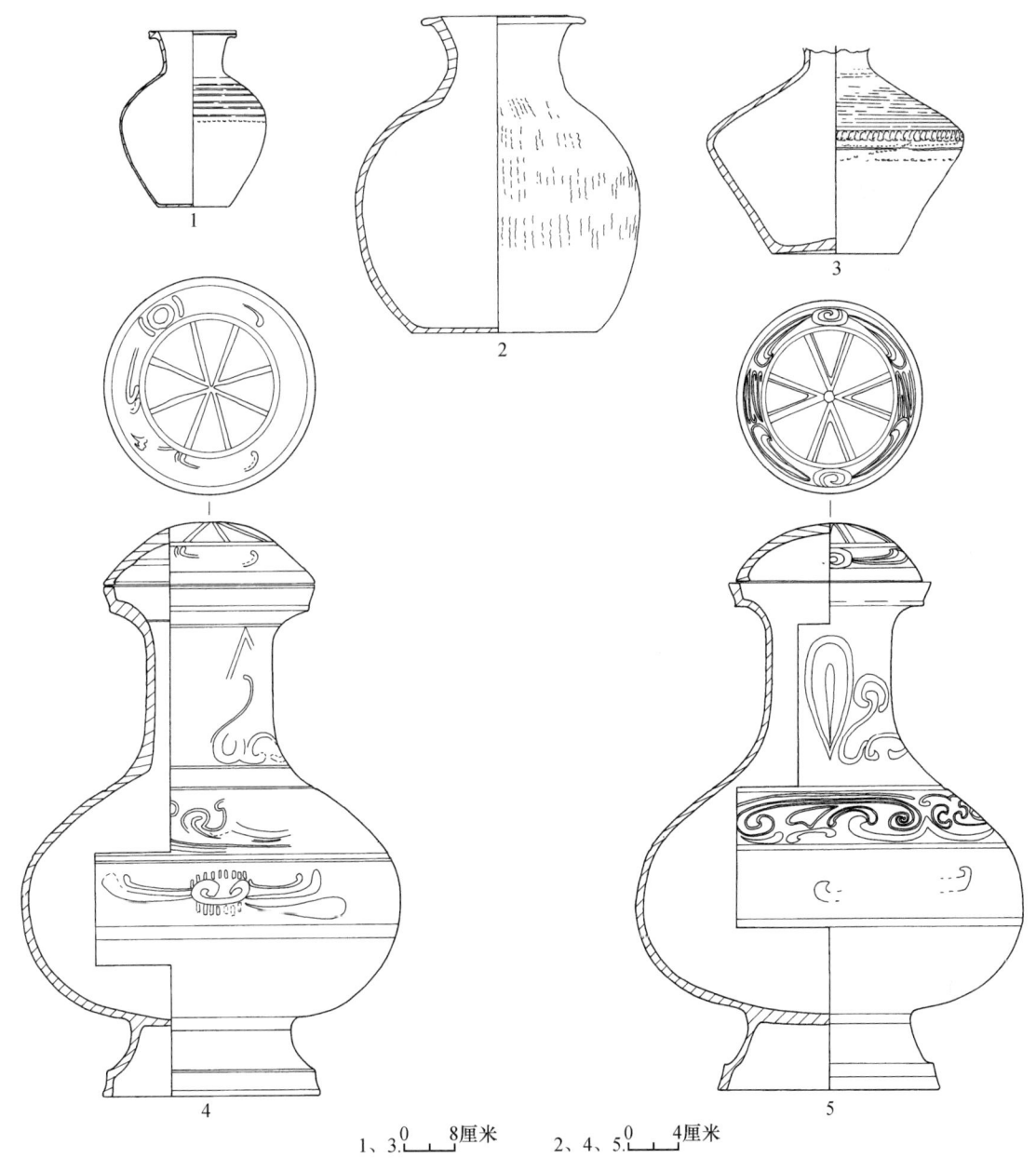

图一三五 2006QHⅠM17出土陶器

1、2. 陶罐（2006QHⅠM17：1、2006QHⅠM17：5） 3. 陶小口罐（2006QHⅠM17：4） 4. 陶壶（2006QHⅠM17：7、2006QHⅠM17：6） 5. 陶壶（2006QHⅠM17：13、2006QHⅠM17：8）

卷云纹，腹上部饰白彩卷云纹，腹中部饰四组花叶纹。盖，隆顶。口上饰白彩宽带纹，顶部饰对称三角形纹。盖径15.6、口径15.5、足径17.2、通高43.5厘米（图一三五，4；图版八五，1、2）。标本2006QHⅠM17：8、2006QHⅠM17：13，盘口，细长颈，圆鼓腹，高圈足外撇。口下、颈下、腹中部和圈足上各饰一周白彩宽带纹，颈部饰白彩卷云纹，腹上部饰白彩卷云纹，腹中部饰花叶纹（模糊不清）。盖，隆顶。口上饰白彩宽带纹，顶部饰对称三角形纹。盖径15.5、口径16.5、足径17.6、通高43.5厘米（图一三五，5；图版八五，3、4）。

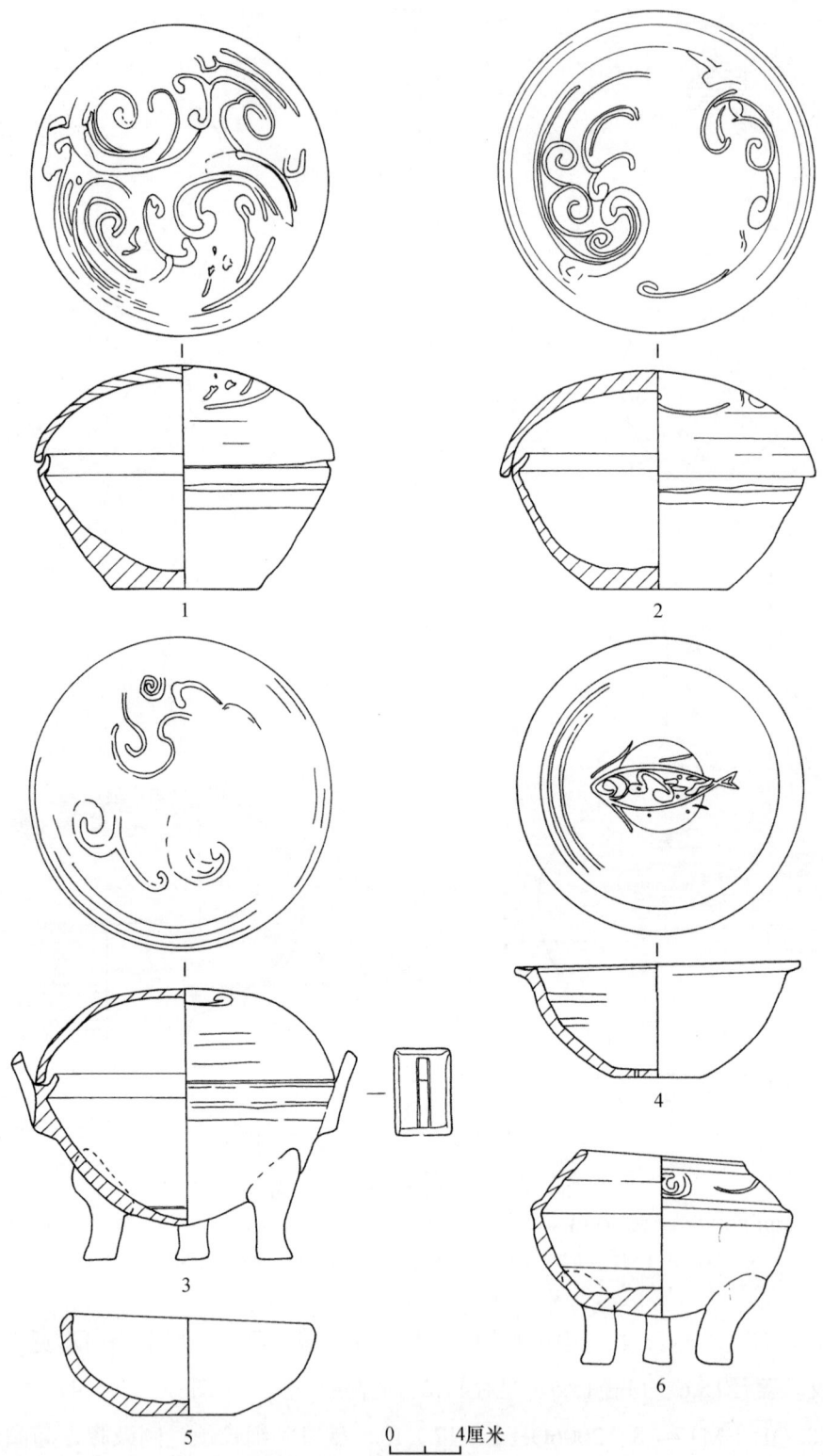

图一三六　2006QHⅠM17出土陶器
1. 陶盒（2006QHⅠM17：3、2006QHⅠM17：2）　2. 陶盒（2006QHⅠM17：12）　3. 陶鼎（2006QHⅠM17：9）
4. 陶甗（2006QHⅠM17：10）　5. 陶钵（2006QHⅠM17：14）
6. 陶炉（2006QHⅠM17：11）

陶鼎　1件。标本2006QHⅠM17：9，泥质灰陶。子母口，圆唇，弧腹，圜底，蹄形足稍矮。鼎口附长方形有孔双耳，耳外折。盖，隆顶微平。顶部饰卷云纹，盖沿饰两周白彩宽带纹，有些部位已脱落。盖径17、口径14.5、通高14.5厘米（图一三六，3；图版八三，4）。

陶甑　1件。标本2006QHⅠM17：10，泥质灰陶。侈口，平折沿，方唇，弧腹，平底，底部有五个圆形箅孔。沿面涂有白彩（有的已脱落），器内沿下饰两周白彩宽带纹，底部饰瘦鱼一条，饰白彩。口径16、底径5.7、高6.5厘米（图一三六，4；图版八四，3）。

陶炉　1件。标本2006QHⅠM17：11，泥质灰陶。敛口，方唇，折肩，弧腹，圜底，蹄形足。口下和折肩处各饰一周白彩宽带纹，肩部饰白彩卷云纹，有些白彩已脱落。口径8.6、通高11.6厘米（图一三六，6；图版八四，4）。

陶钵　1件。标本2006QHⅠM17：14，泥质灰陶。敛口，圆唇，弧腹，平底。口径14.1、底径6.2、高5.6厘米（图一三六，5；图版八四，6）。

（十八）2006QHⅠM18

1. 墓葬形制

位于2006QHⅠT3311西部。土洞墓，方向20°，由墓道、墓室、耳室组成（图一三七；图版七三）。

墓道位于墓室北端，平面呈长方形，底略呈斜坡状。口长3米，宽1.3米；底长2.97米，宽1～1.3米；深3.7～3.8米。北壁由上至下有脚窝3个。宽约0.2米，高0.15～0.3米，深0.1～0.12米，间距0.4～1米，上一个脚窝略偏西。东壁距北壁0.4～0.55米由上至下有脚窝4个。宽0.17～0.24米，高0.13～0.2米，深0.1米，间距0.37～0.92米。东壁有一土洞耳室。宽1.05米，高0.7米，进深0.75米。洞口底部有凹槽，其内有木板灰痕。长1.05米，宽0.22～0.27米，深0.06米。洞口外侧有凹印，向上约0.2米，有少许木板灰痕，推测洞口用木板封门。耳室底部也有木板灰痕，在南侧发现1件陶俑（残破），其头部有发髻，面目清秀，红色嘴唇。

在墓道与墓室之间有一凹槽。长1.3米，宽0.15米，深0.06米。凹槽左右壁上各有一小洞。宽0.25～0.28米，高0.2～0.25米，深0.1～0.2米。上、下小洞之间有凹槽。宽0.15米，高0.7米。小洞和凹槽内有木板灰痕，推断墓室用木板封门，上、下各有一根横木固定，横木两端插入左右小洞里面。

墓室为梯形。长2.73米，宽1.23～1.4米，高1.2～1.3米。墓顶为6块长方形空心砖东西向平铺而成，砖正反面均有菱形纹，内有乳钉纹，每组九枚。砖长138厘米，宽45厘米，厚13厘米。东西两壁和南壁为青砖砌成。砖长55厘米，宽15厘米，厚9厘米。东西两壁由下至上错缝平砌8层，第9层为立砌。西壁留有耳室洞口，呈塔顶形。底宽约0.44米，上口宽0.1米，高0.63米。南壁错缝平砌6层，高约0.9米。墓底为单砖东西向错缝平砌而成。墓底有棺木灰痕。长2米，宽0.58～0.64米。灰痕内发现有人骨架1具，腐朽严重，骨架头西侧放置陶钵1件。

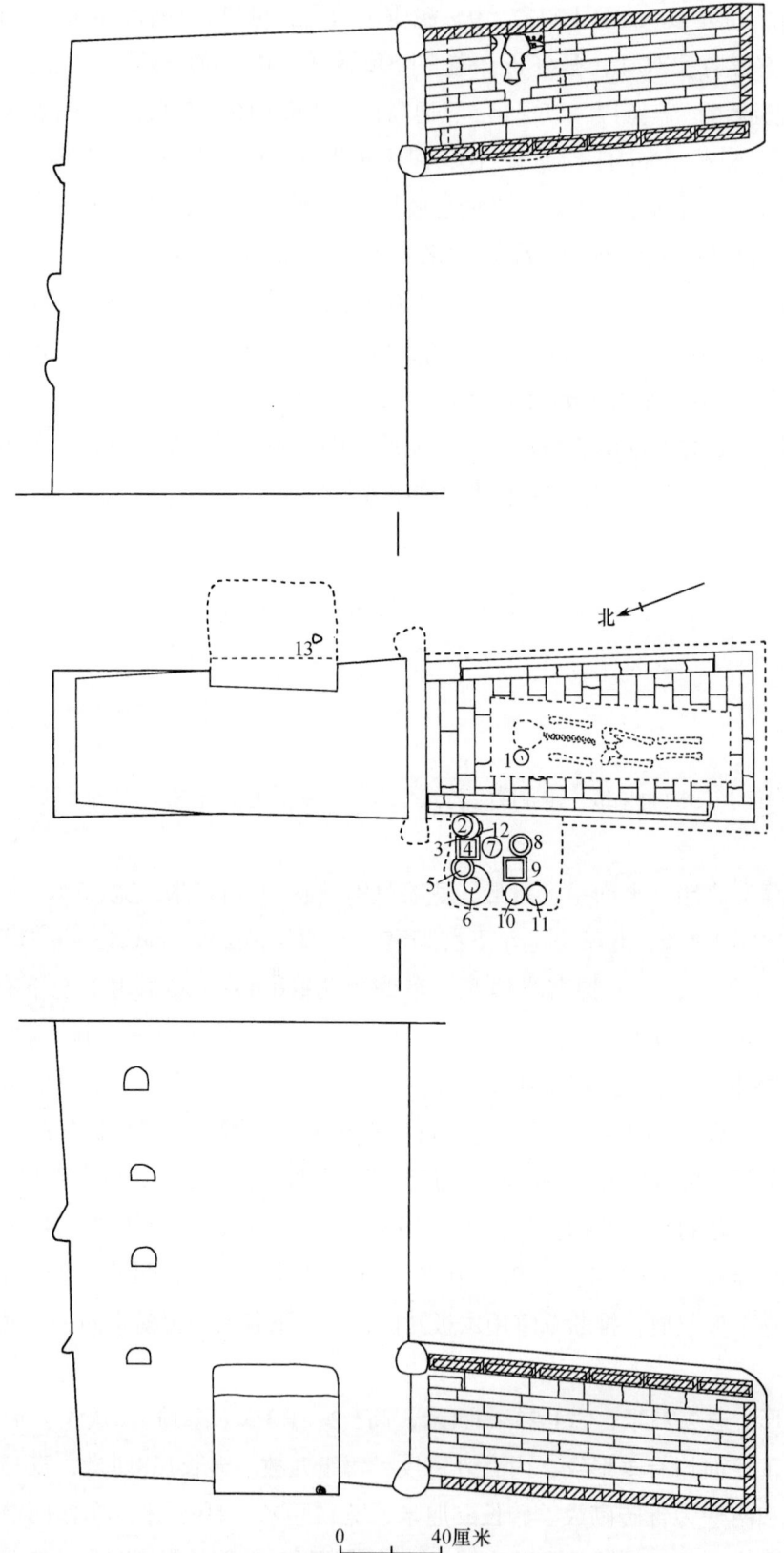

图一三七 2006QHⅠM18平、剖面图
1.陶钵 2、7.陶盒 3.铁釜 4、9.陶鈁 5、6、8、12.陶罐 10、11.陶鼎 13.陶人俑头

墓室西侧有一土洞耳室，底部有木板灰痕，推测可能用木板铺地。宽0.94米，高1.07米，进深0.8米。耳室内有随葬器物11件。

2. 随葬器物

陶钵　1件。标本2006QHⅠM18∶1，泥质灰陶。敛口，圆唇，弧腹，平底。口径15、底径6、高6.5厘米（图一三八，1；图版八六，1）。

陶盒　2件。泥质灰陶。标本2006QHⅠM18∶2，子母口，圆唇，弧腹斜收，平底。口沿下饰一周白彩宽带纹，其下为一周红彩宽带纹。盖，隆顶微平。口沿饰三组红、白彩相间的宽带纹，顶部饰红、白相间的卷云纹，白彩有些已模糊。盖径18.6、口径16.5、底径7.7、通高13.7厘米（图一三八，2；图版八六，6）。标本2006QHⅠM18∶7，与2006QHⅠM18∶2器形相同。盖径18.6、口径16.5、底径7、通高13厘米（图一三八，5；图版八六，5）。

陶钫　2件。泥质灰陶。标本2006QHⅠM18∶4，敞口，平沿，方唇，束颈，圆鼓腹，高圈足外撇。颈部饰倒三角形纹，腹部饰对称铺首及卷云纹，部分脱落。盖，尖顶四面坡式。沿上饰红、白相间的宽带纹，顶部饰红、白相间的花叶纹。盖径14.2、口径13.2、足径13.5、通高42厘米（图一三八，4；图版八七，1）。标本2006QHⅠM18∶9，与2006QHⅠM18∶4器形相同。盖径14.6、口径13.5、足径13.5、通高42厘米（图版八七，2）。

陶罐　4件。泥质灰陶。标本2006QHⅠM18∶5，敞口，平沿内凹，方唇，束颈，鼓腹下收，平底。肩腹部饰弦断绳纹。口径13.7、腹径24、底径13、高26厘米（图一三九，1；图版八六，3）。标本2006QHⅠM18∶6，敞口，平折沿，方唇，短颈，广折肩，下腹斜收，平底，底部有刀削痕。肩部饰暗弦纹数周，腹部饰不规则绳纹。口径13.1、腹径40、底径17.7、高29.5厘米（图一三九，2）。标本2006QHⅠM18∶8，敞口，方唇，束颈，圆鼓腹，平底。颈部饰数周弦纹，肩腹部饰弦断绳纹。口径13.2、腹径26、底径12.5、高25.3厘米（图一三九，3；图版八六，4）。标本2006QHⅠM18∶12，敞口，圆唇，短颈，圆鼓腹下收，平底。口径11.5、腹径19、底径10.9、高12.9厘米（图一三九，4；图版八六，2）。

陶鼎　2件。泥质灰陶。标本2006QHⅠM18∶10，子母口，圆唇，弧腹，圜底，蹄形足稍矮。鼎口附长方形有孔双耳，耳外折直立。口沿处、附耳均饰红、白相间的宽带纹。盖，隆顶微平。口沿饰红、白相间的宽带纹，顶部饰红、白相间的卷云纹。盖径17.4、口径16、通高15.5厘米（图一三九，6；图版八八，1）。标本2006QHⅠM18∶11，与2006QHⅠM18∶10器形相同。盖径17.3、口径16、通高15厘米（图一三九，7；图版八八，2）。

陶人俑头　1件。标本2006QHⅠM18∶13，泥质灰陶。残破，经修复。通体涂白彩，唇部饰红彩，颈下有一圆形孔。残高7.5厘米（图一三九，5；图版八八，5）。

铁釜　1件。标本2006QHⅠM18∶3，腹部、口沿处残缺，罐体锈蚀严重（锈斑累累）。敞口，方唇，束颈，圆鼓腹，圜底。肩部饰对称双系，一系残缺。口径16、高19.3厘米（图一三八，3；图版八八，3）。

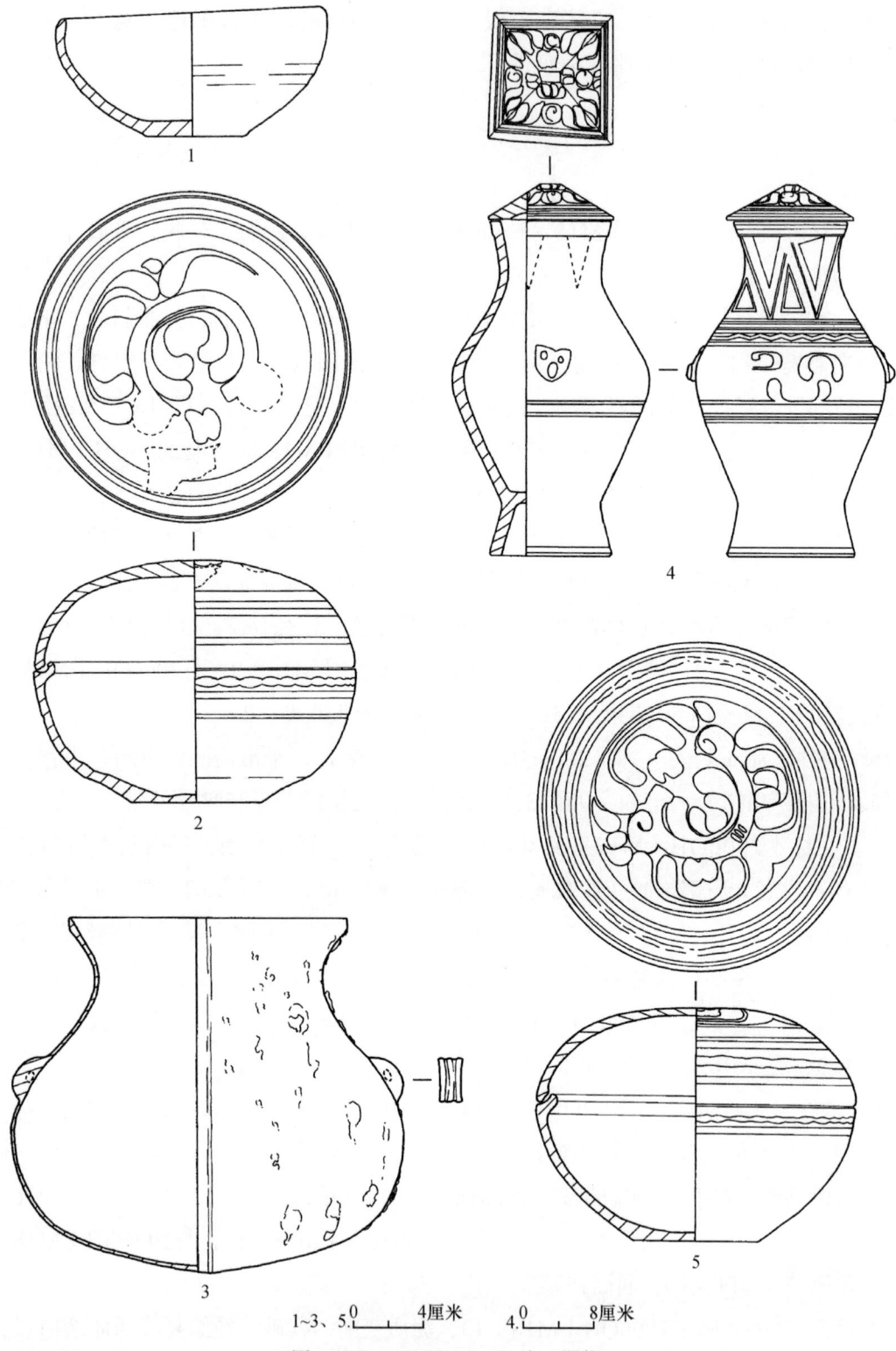

图一三八　2006QHⅠM18出土器物
1. 陶钵（2006QHⅠM18∶1）　2、5. 陶盒（2006QHⅠM18∶2、2006QHⅠM18∶7）　3. 铁釜（2006QHⅠM18∶3）
4. 陶钫（2006QHⅠM18∶4）

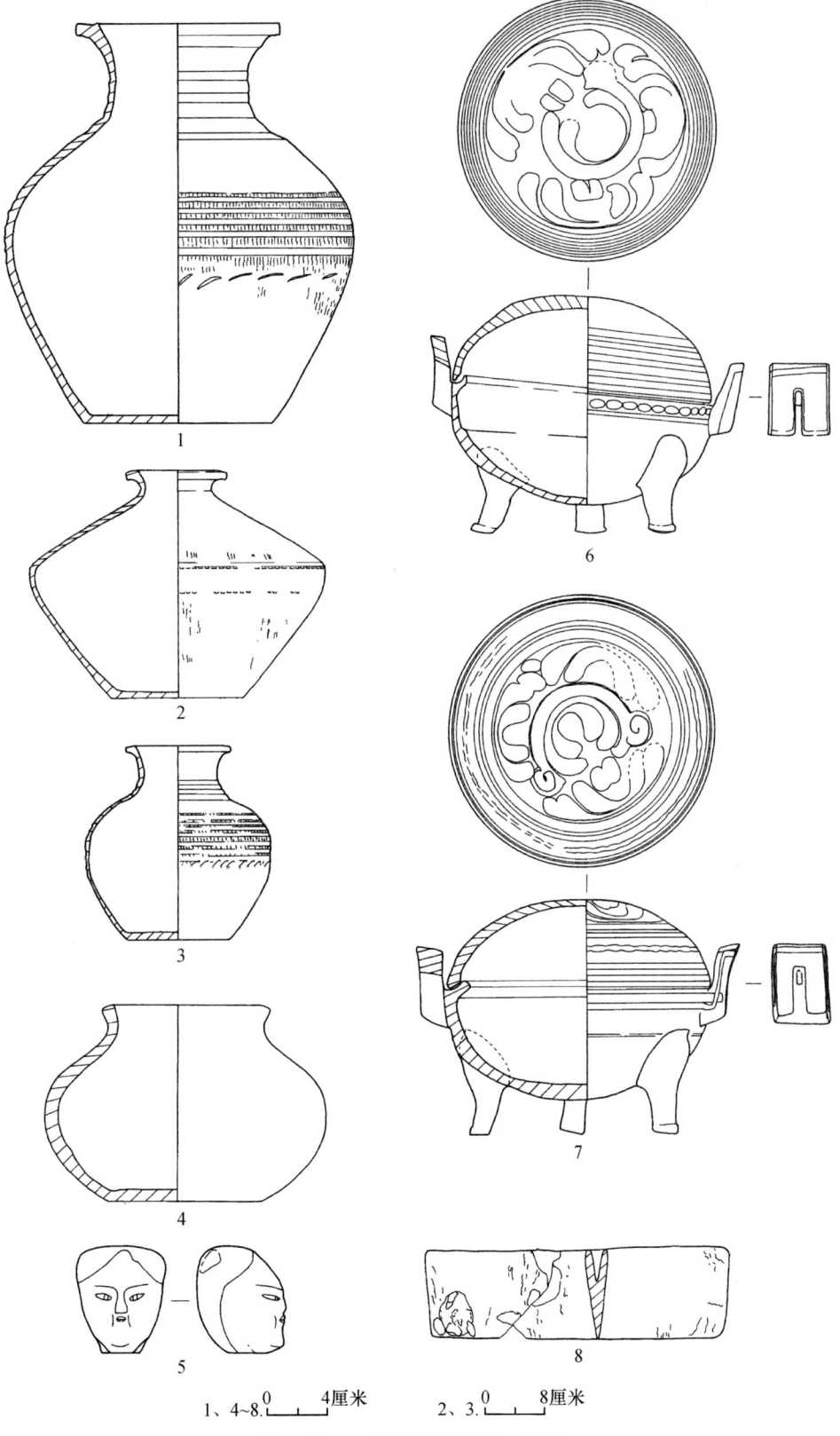

图一三九　2006QHⅠM18出土器物
1~4.陶罐（2006QHⅠM18：5、2006QHⅠM18：6、2006QHⅠM18：8、2006QHⅠM18：12）
5.陶人俑头（2006QHⅠM18：13）　6、7.陶鼎（2006QHⅠM18：10、2006QHⅠM18：11）
8.铁铲（2006QHⅠM18：14）

铁铲　1件。标本2006QHⅠM18：14，残，已锈蚀。平面呈长方形。残长20.2、宽6厘米（图一三九，8；图版八八，4）。

（十九）2006QHⅠM19

1. 墓葬形制

位于2006QHⅠT3415西部。竖穴土坑砖室墓，方向25°。平面呈长方形。长3.1米，宽1.4米。四壁及底部均用长方形砖砌筑而成，砖室高0.95米。墓壁1~4层为单砖错缝立砌，第5层及以上为单砖平砌。砖长33厘米，宽16厘米，厚12厘米。四壁砖顶面上有木板腐朽灰迹，由此推测，墓室顶部用木板棚盖好后填土。墓底为单砖东西向横铺。墓北壁设一头龛，宽1.2米，高0.9米，进深0.7米。墓室内发现人骨架1具，腐朽严重，头向北，面向不明，仰身直肢葬，性别、年龄均不详。葬具为木棺，残留灰痕。残长1.76米，宽0.5~0.6米。头龛内出土3件器物，2件陶人俑头、1件陶马俑头。在墓室北端还出土有11件器物，为陶钫、陶盒、陶鼎等（图一四〇；图版七四）。

2. 随葬器物

小陶壶　2件。泥质灰陶。标本2006QHⅠM19：1，器形较小，喇叭口，方唇，束颈，圆鼓腹，平底。腹部彩绘纹饰脱落。盖，隆顶。顶部饰彩绘，大部分已脱落。盖径6.3、口径6.6、底径5、通高13.4厘米（图一四一，1；图版八九，2）。标本2006QHⅠM19：2，与2006QHⅠM19：1器形大致相同。盖径6.1、口径6.2、底径5、通高13.3厘米（图一四一，2；图版八九，1）。

陶钫　2件。泥质灰陶。标本2006QHⅠM19：3，敞口，平沿，方唇，束颈，圆鼓腹，高圈足外撇。纹饰以白彩为主，口、颈、腹部和圈足上各饰一组白彩细带纹，颈部饰倒三角形纹，腹部纹饰两面相同，有两组纹饰，一组为铺首衔环，绘有一怪兽，双目圆睁，面部狰狞，口部衔一大圆环，一组为卷云纹。口径11.3、足径12.1、高37.6厘米（图一四一，6；图版八七，3）。标本2006QHⅠM19：4，与2006QHⅠM19：3器形相同。口径11.4、足径12、高42.1厘米（图版八七，4）。

陶罐　3件。泥质灰陶。标本2006QHⅠM19：5，敞口，平折沿，方唇，短颈，广折肩，下腹斜收，平底。肩部饰暗弦纹数周，腹部饰绳纹。口径15、腹径36、底径16、高27.1厘米（图一四一，5；图版八八，6）。标本2006QHⅠM19：6，敞口，平折沿，方唇，束颈，鼓腹斜收，平底。肩腹部饰弦断绳纹。口径13.3、腹径21.3、底径10、高25.7厘米（图一四一，7；图版八九，3）。标本2006QHⅠM19：7，敞口，平折沿，方唇，束颈，鼓腹斜收，平底。肩腹部饰弦断绳纹。口径13、腹径23、底径9.5、高26厘米（图一四一，3；图版八九，4）。

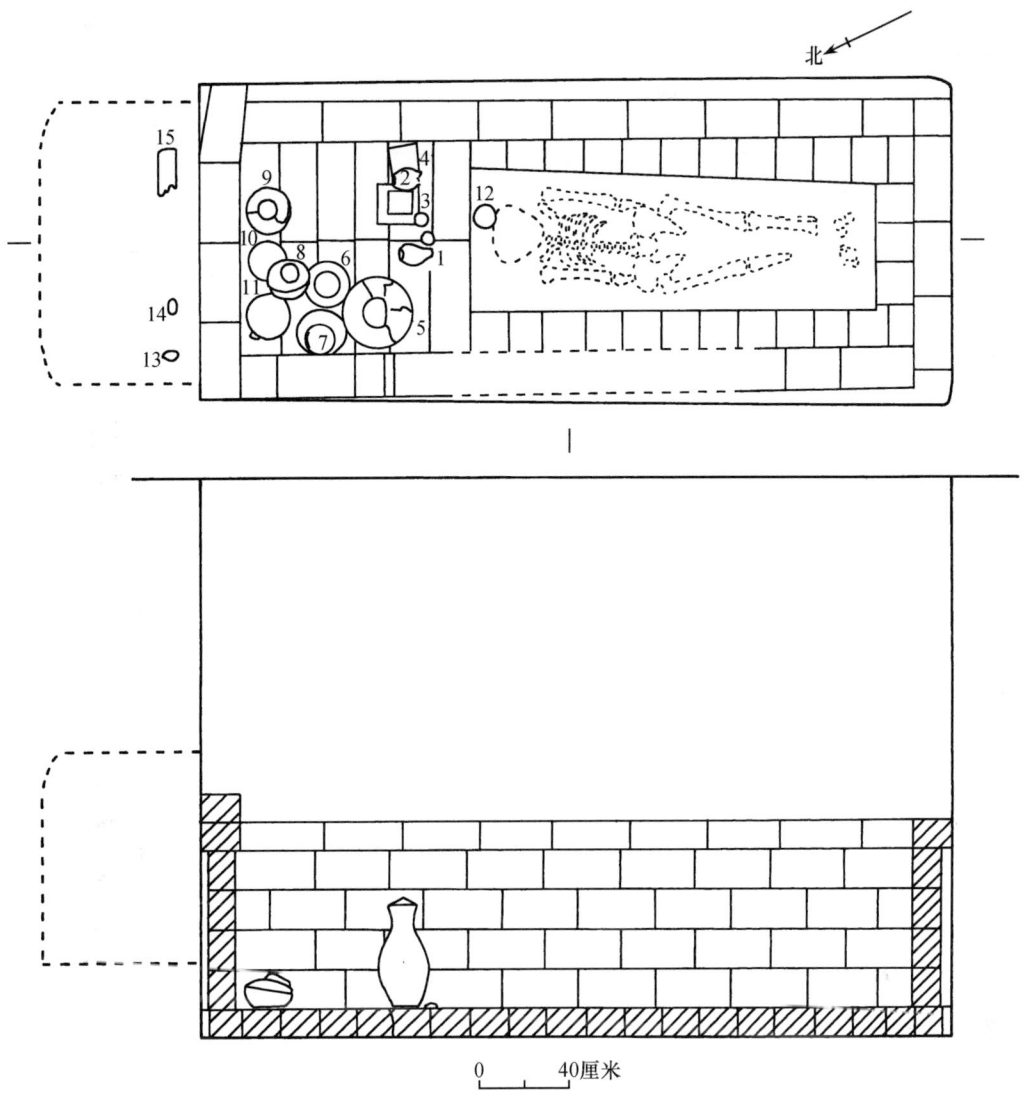

图一四〇　2006QHⅠM19平、剖面图
1、2. 小陶壶　3、4. 陶钫　5~7. 陶罐　8、9. 陶盒　10、11. 陶鼎　12. 陶钵　13、14. 陶人俑头　15. 陶马俑头

陶盒　2件。泥质灰陶。标本2006QHⅠM19：8，子母口，圆唇，弧腹，平底。口沿下饰一周白彩宽带纹，腹部饰白彩卷云纹，部分脱落。盖，隆顶微平，顶有圆形捉手。口沿饰两周白彩宽带纹，顶部饰白彩卷云纹。盖径18、口径15、底径8、通高14厘米（图一四二，1；图版八九，5）。标本2006QHⅠM19：9，与2006QHⅠM19：8器形相同。盖径18.1、口径15.2、底径8、通高14厘米（图一四二，2；图版八九，6）。

陶鼎　2件。泥质灰陶。标本2006QHⅠM19：10，子母口，圆唇，弧腹，圜底，蹄形足稍矮。鼎口附长方形双耳，耳外折直立。腹部饰数周弦纹。盖，隆顶微平。顶部饰数周弦纹。盖径18.5、口径15.5、通高15厘米（图一四二，3；图版九〇，1）。标本2006QHⅠM19：11，与2006QHⅠM19：10器形相同。盖径18.3、口径15.3、通高15厘米（图一四二，4；图版九〇，2）。

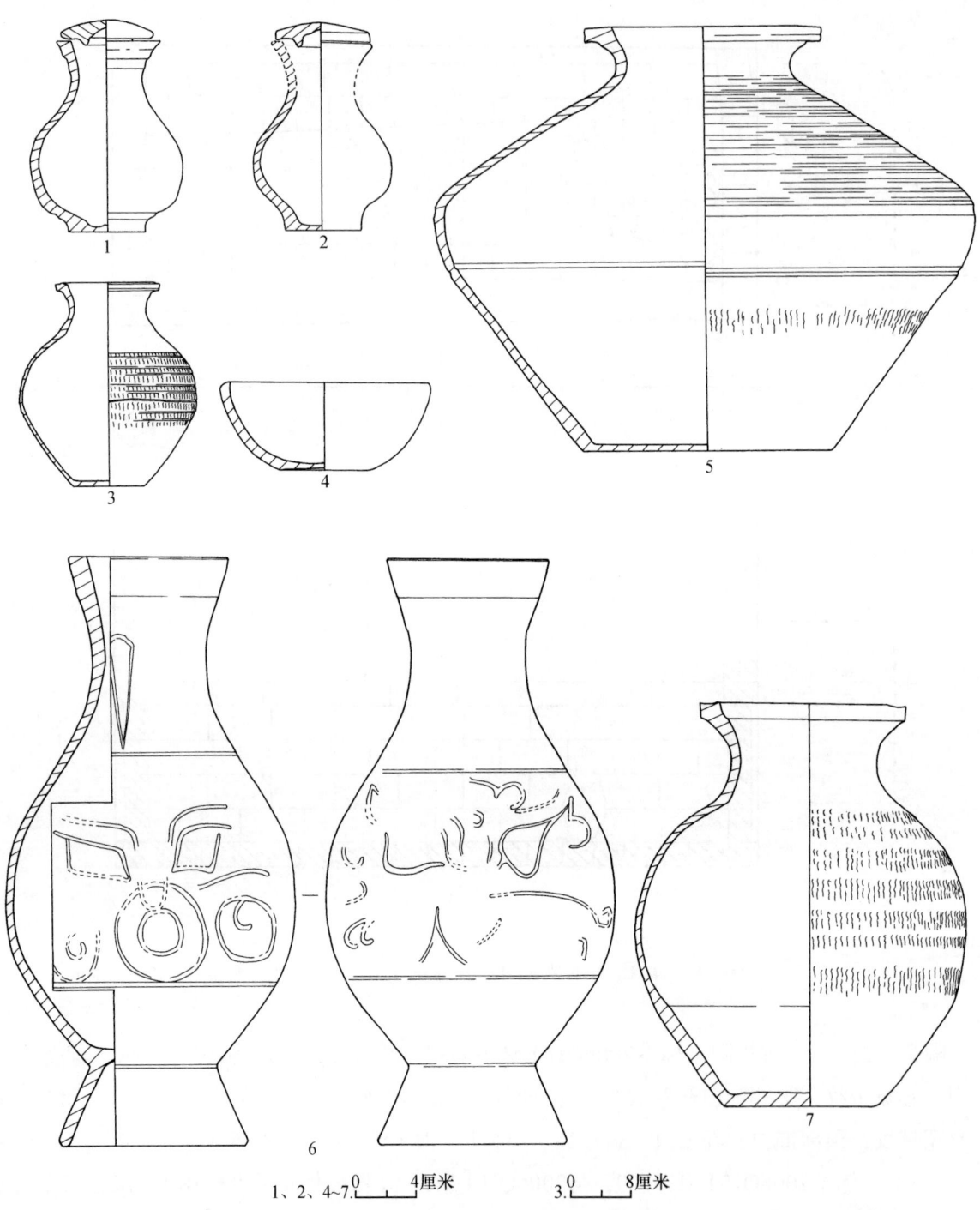

图一四一　2006QHⅠM19出土陶器

1、2. 小陶壶（2006QHⅠM19：1、2006QHⅠM19：2）　3、5、7. 陶罐（2006QHⅠM19：7、2006QHⅠM19：5、2006QHⅠM19：6）　4. 陶钵（2006QHⅠM19：12）　6. 陶钫（2006QHⅠM19：3）

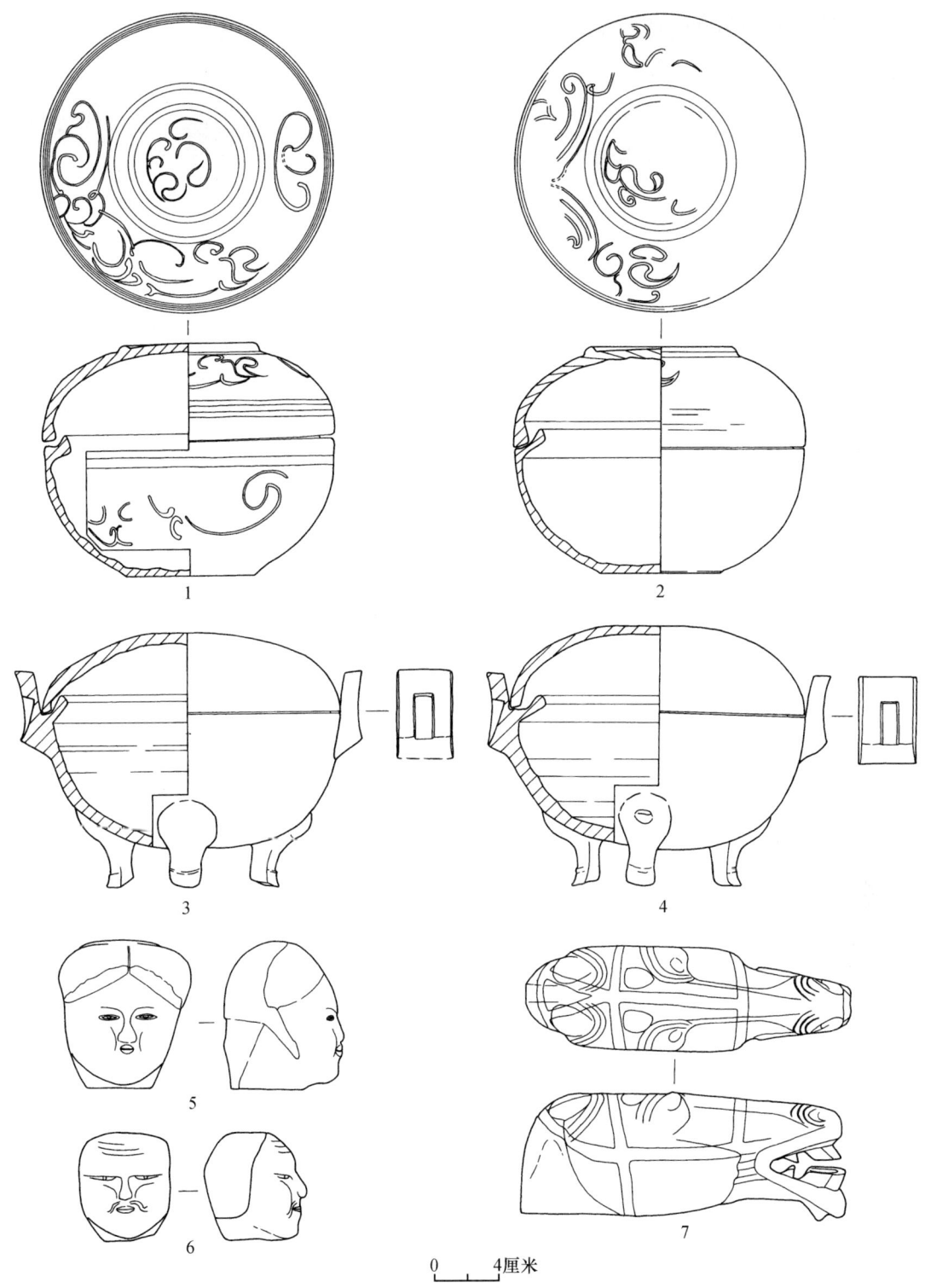

图一四二 2006QHⅠM19出土陶器

1、2. 陶盒（2006QHⅠM19：8、2006QHⅠM19：9） 3、4. 陶鼎（2006QHⅠM19：10、2006QHⅠM19：11）
5、6. 陶人俑头（2006QHⅠM19：13、2006QHⅠM19：14） 7. 陶马俑头（2006QHⅠM19：15）

陶钵　1件。标本2006QHⅠM19：12，泥质灰陶，较粗糙，烧制时火候较低。敛口，圆唇，弧腹，平底内凹。口径13.5、底径6、高6.2厘米（图一四一，4；图版九〇，3）。

陶人俑头　2件。标本2006QHⅠM19：13，面部涂白彩，发髻、眉、眼、鼻用黑彩，唇部涂红彩，中空。最宽处8、高9厘米（图一四二，5；图版九〇，6）。标本2006QHⅠM19：14，面部涂白彩，深眼窝，高鼻梁，嘴部两缕黑胡子，额头上有几缕皱纹，中空。最宽处6、高6.2厘米（图一四二，6；图版九〇，5）。

陶马俑头　1件。标本2006QHⅠM19：15，模制。双目圆睁，张口露齿，牙齿锋利，中空，十字形笼头饰红彩，嘴、牙齿、面部涂白彩，鼻部、眼睛涂黑彩，形象逼真。长21、最宽处6、高7.5厘米（图一四二，7；图版九〇，4）。

（二十）2006QHⅠM20

1. 墓葬形制

位于2006QHⅠT3213东南角。土洞墓，方向20°，由墓道、墓室组成（图一四三；图版七五）。

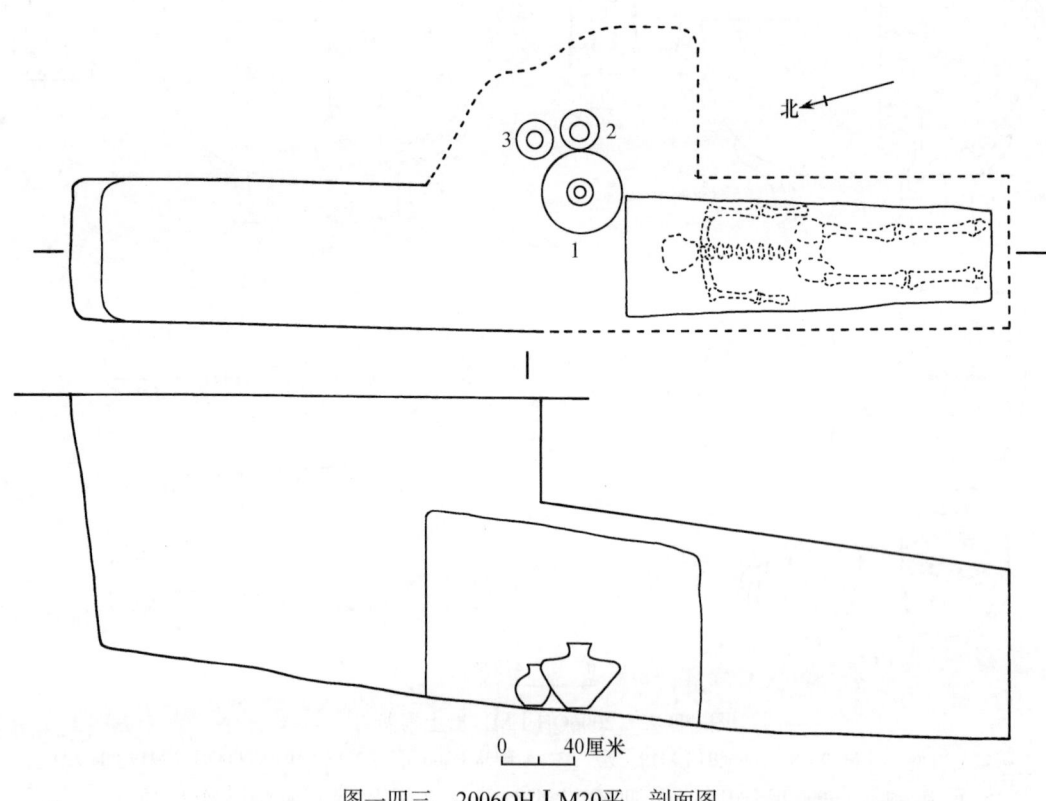

图一四三　2006QHⅠM20平、剖面图
1～3. 陶罐

墓道位于墓室北端，平面呈长方形，底呈斜坡状。长2.6米，宽0.8米，深1.3~1.6米。

墓室平面呈长方形。洞口高1.1米。墓室长2.4米，宽0.8米，高0.9~1.1米。墓室内有木棺痕迹。长2米，宽0.5~0.6米。棺内有人骨架1具，腐朽严重，面向、葬式不详。墓道向南2米处与墓室之间有一土洞耳室。宽1.5米，高1米，进深0.8米。在耳室和墓室之间随葬有3件陶罐，并在耳室底部发现有炭灰痕迹。

2. 随葬器物

陶罐　3件。标本2006QHⅠM20：1，泥质灰陶。敞口，平折沿，方唇，短颈，广折肩，下腹斜收，平底。肩部饰数周暗弦纹，腹上部饰指划纹。口径14.9、腹径40、底径21、高35.3厘米（图一四四，1）。标本2006QHⅠM20：2，泥质灰陶。盘口，圆唇，束颈，圆鼓腹斜收，平底。腹上部饰间断的细绳纹和指划纹。口径12.5、腹径24、底径12.6、高29厘米（图一四四，2；图版九一，1）。标本2006QHⅠM20：3，泥质灰陶。敞口，方唇，束颈，圆鼓腹斜收，平底。口径11.5、腹径20.5、底径12.1、高21厘米（图一四四，3）。

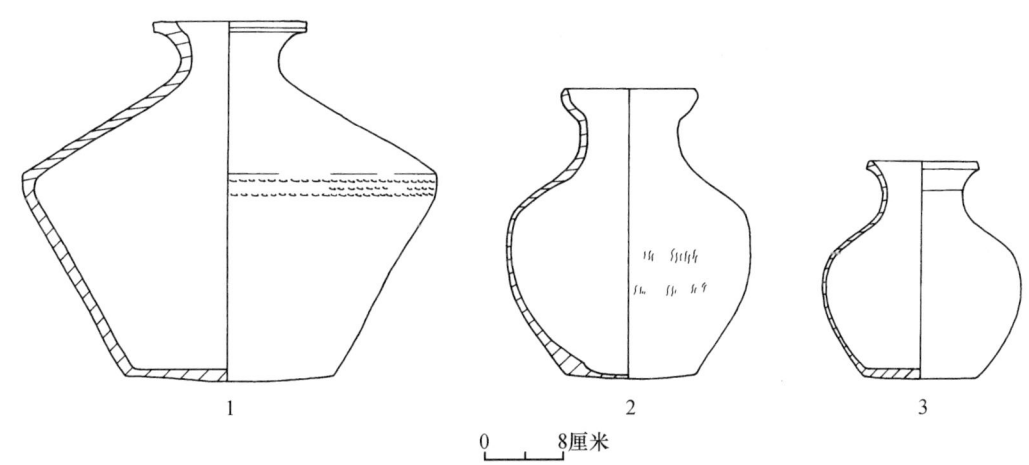

图一四四　2006QHⅠM20出土陶罐
1. 2006QHⅠM20：1　2. 2006QHⅠM20：2　3. 2006QHⅠM20：3

（二十一）2006QHⅠM21

1. 墓葬形制

位于2006QHⅠT3514西南部。土洞墓，方向15°，由墓道、墓室组成（图一四五；图版七六）。

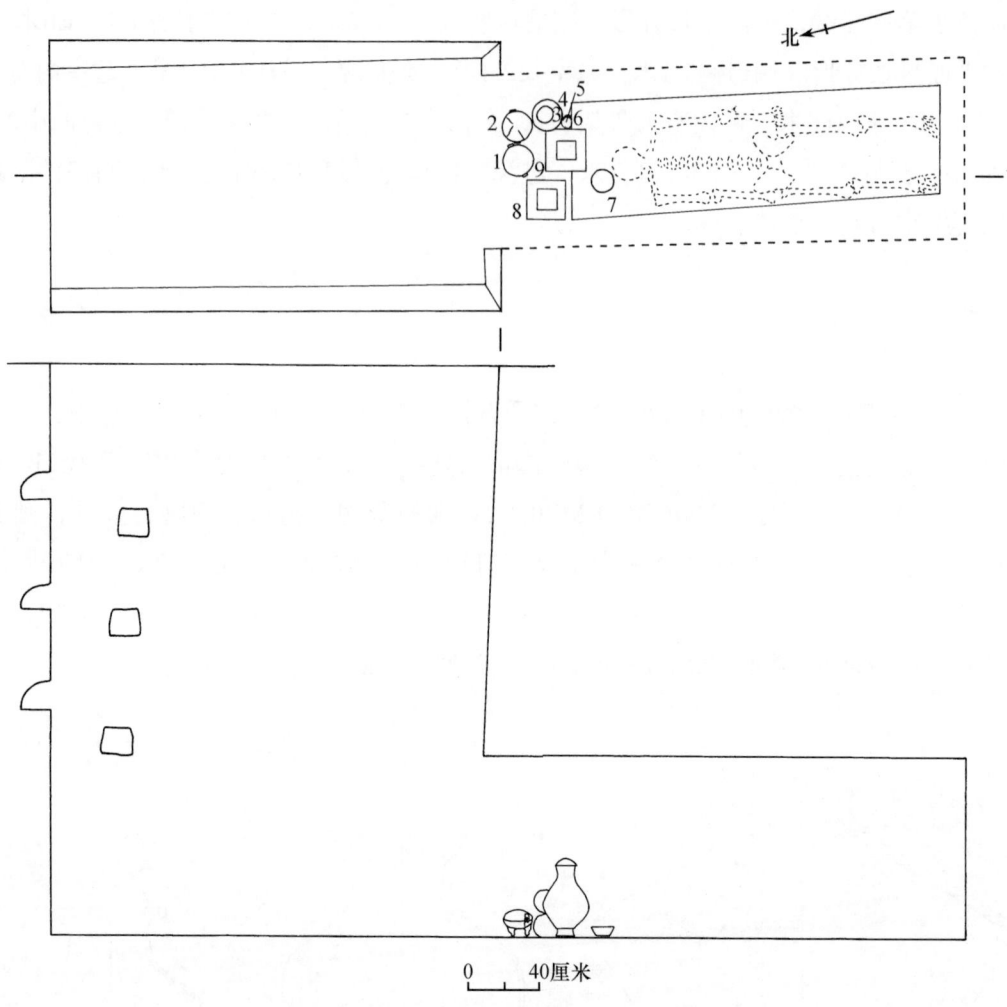

图一四五 2006QHⅠM21平、剖面图
1、2.陶鼎 3、4.陶盒 5、6.小陶壶 7.陶钵 8、9.陶钫

墓道位于墓室北端,平面呈长方形。长2.6米,宽1.5米,深3.15米。墓道东壁北端及北壁由上至下各有脚窝3个,形状略呈方形。长16厘米,宽14厘米,间距0.4~0.6米。

墓室平面呈长方形。长2.75米,宽0.98米,高1米。墓室内有木棺灰痕。长2.1米,宽0.6~0.64米。棺内有人骨架1具,腐朽严重,仰身直肢葬,头向北,面向不详,性别、年龄不详。墓室入口处放置有9件随葬器物。

2. 随葬器物

陶鼎 2件。泥质灰陶。标本2006QHⅠM21：1,子母口,圆唇,弧腹,圜底,蹄形足稍矮。鼎口附长方形双耳,耳外折直立。口沿下饰一周白彩宽带纹,腹部饰三组花蕊花

图一四六　2006QHⅠM21出土陶器

1、2. 陶鼎（2006QHⅠM21：1、2006QHⅠM21：2）　3、4. 陶盒（2006QHⅠM21：3、2006QHⅠM21：4）

叶纹。盖，隆顶微平。顶部中间饰柿蒂纹，外饰卷云纹，口沿上饰一周白彩宽带纹。盖径21、口径18.3、通高14.4厘米（图一四六，1；图版九一，3）。标本2006QHⅠM21：2，与2006QHⅠM21：1器形相同。盖径21、口径18、通高14.5厘米（图一四六，2；图版九一，4）。

陶盒　2件。泥质灰陶。标本2006QHⅠM21：3，子母口，圆唇，弧腹，平底。口沿下饰一周白彩宽带纹，腹部饰三组花蕊花叶纹。盖，隆顶，顶有圆形捉手。捉手内饰柿蒂纹，外饰卷云纹，口沿上饰一周白彩宽带纹。盖径21、口径18、底径9、通高12.8厘米（图一四六，3；图版九一，5）。标本2006QHⅠM21：4，与2006QHⅠM21：3器形相同。盖径21、口径18、底径9.2、通高13厘米（图一四六，4；图版九一，6）。

小陶壶　2件。泥质灰陶。标本2006QHⅠM21：5，器形较小，喇叭口，方唇，束颈，圆鼓腹，平底。口沿饰一周白彩宽带纹，肩腹部饰卷云纹。盖，平顶略弧。顶部纹饰模糊不清。盖径5.2、口径5、底径4.6、通高11.7厘米（图一四七，1；图版九一，2）。标本2006QHⅠM21：6，与2006QHⅠM21：5器形相同。盖径5.1、口径5.1、底径4.2、通高10.5厘米（图一四七，2）。

陶钵　1件。标本2006QHⅠM21：7，泥质灰陶。敛口，圆唇，弧腹，平底。口径13.5、底径6.6、高6厘米（图一四七，3）。

陶钫　2件。泥质灰陶。标本2006QHⅠM21：8，敞口，平沿，方唇，束颈，圆鼓腹，高圈足外撇。纹饰以白彩为主，口沿下、圈足上各饰一组白彩宽带纹，颈部饰正、倒三角形纹，内填圆形花纹，腹部纹饰两面相同，有两组纹饰，一组为铺首衔环，一组为卷云纹。盖，尖顶四面坡

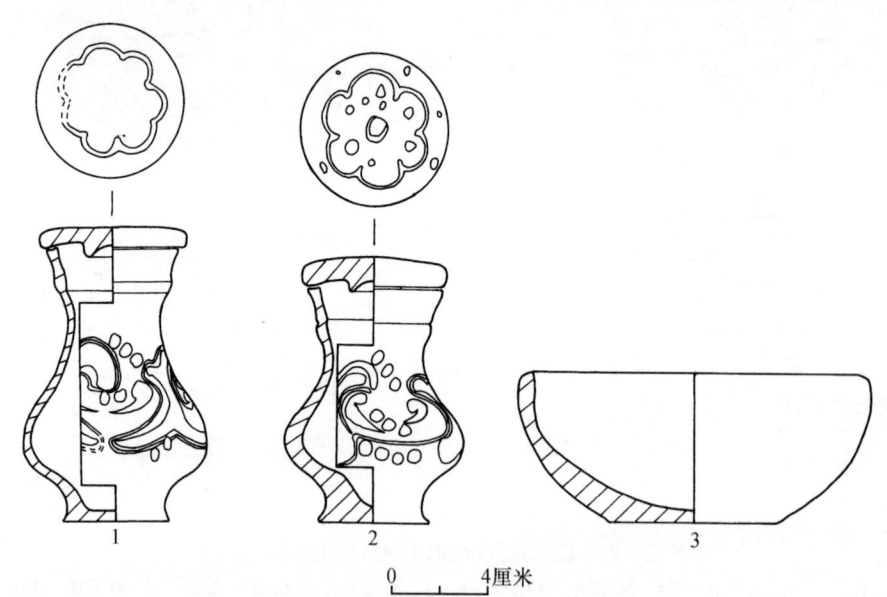

图一四七　2006QHⅠM21出土陶器
1、2. 小陶壶（2006QHⅠM21：5、2006QHⅠM21：6）　3. 陶钵（2006QHⅠM21：7）

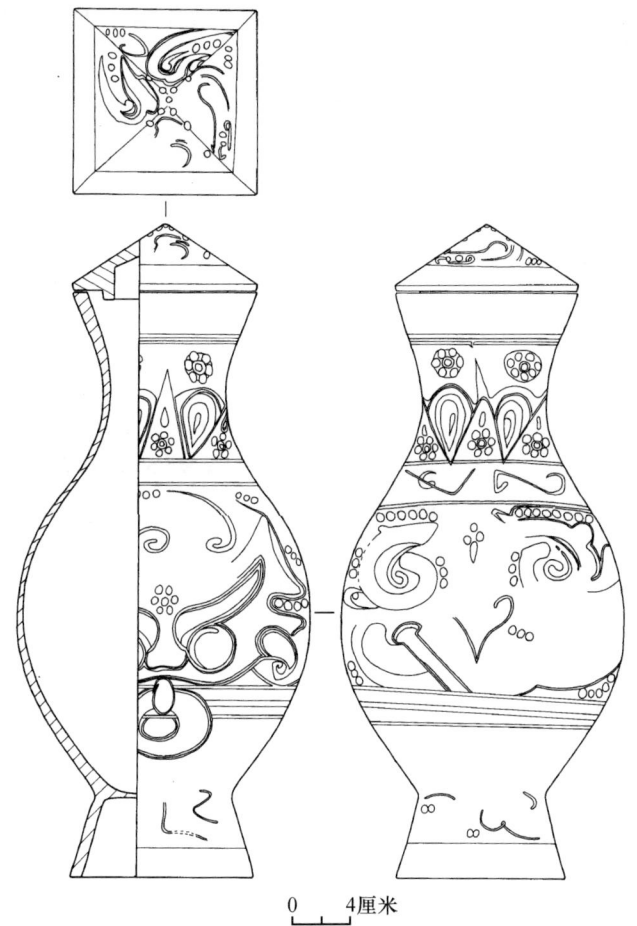

图一四八　2006QHⅠM21出土陶钫
（2006QHⅠM21∶8）

式。四面饰卷云纹，口沿上饰一周白彩宽带纹。盖径12.1、口径12、足径12.6、通高44厘米（图一四八；图版九二，1、2）。标本2006QHⅠM21∶9，与2006QHⅠM21∶8器形相同。盖径12.2、口径12.3、足径12、通高44厘米（图一四九；图版九二，3、4）。

（二十二）2006QHⅠM22

位于发掘区西北部。竖穴土坑墓，方向20°。平面呈长方形。长2.6米，宽0.64米，深0.92米。墓葬被扰乱严重，无人骨架、葬具、随葬品（图一五〇）。

图一四九　2006QHⅠM21出土陶钫
（2006QHⅠM21∶9）

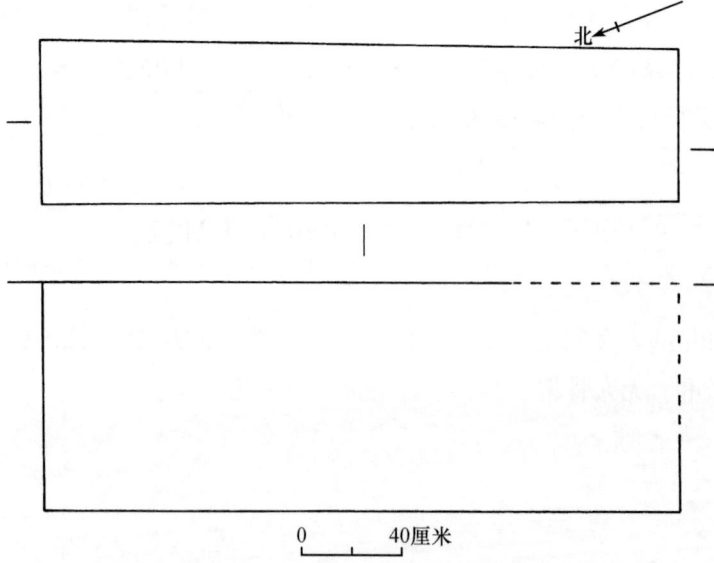

图一五〇　2006QHⅠM22平、剖面图

二、灰　　坑

（一）2006QHⅠH1

位于2006QHⅠT3212南部。平面近长方形，口大底小，四壁较规整，未见加工痕迹，底部略圆弧。坑口距地表深0.4米，长4.8米，宽1.6米~2米；坑底长4米，宽1.3~1.6米；深0.8米。坑内填土土质疏松，土色灰褐色，无出土物（图一五一；图版七七，1）。

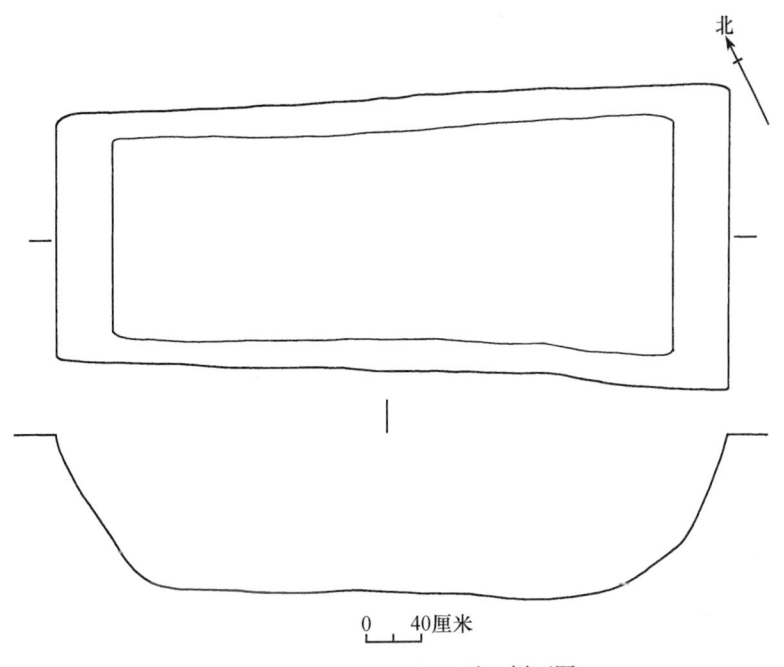

图一五一　2006QHⅠH1平、剖面图

（二）2006QHⅠH2

位于2006QHⅠT3214南部。平面近长方形，四壁不规整。坑口距地表深0.32米，长1.7米，宽0.8米；坑底长1.5米，宽0.8米；深1.4米。坑内填土土质疏松，土色灰褐色，填土内有少许陶片（图一五二；图版七七，2）。

（三）2006QHⅠH3

位于2006QHⅠT3213东部。平面近长方形，口大底小，四壁向下内收，不太规整。坑口距地表深0.24米，长1.68米，宽0.58~0.68米；坑底长1.2米，宽0.6米；深1.33米。无出土物（图一五三）。

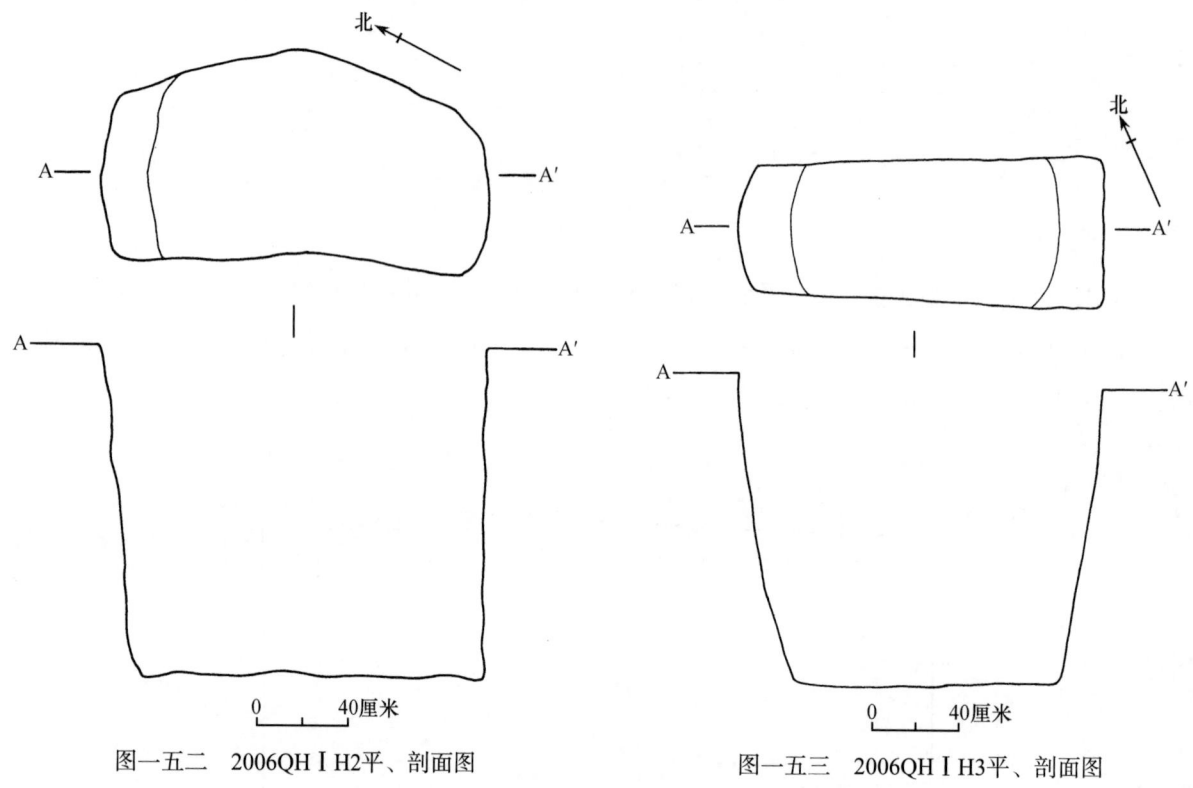

图一五二　2006QHⅠH2平、剖面图

图一五三　2006QHⅠH3平、剖面图

（四）2006QHⅠH4

位于2006QHⅠT3411、2006QHⅠT3412、2006QHⅠT3312、2006QHⅠT3311内。不规则形土坑。坑口距地表深0.25～0.4米，长12.4米，宽0.6～6.45米；坑底长12.4米，宽0.5～5.9米；深0.9米。坑内填土疏松，土色灰褐色，内含有少许石块、沙砾、瓦片与碎陶片（图一五四；图版七八，1）。

三、灰　　沟

（一）2006QHⅠG1

位于2006QHⅠT3315、2006QHⅠT3314、2006QHⅠT3414内。平面近长方形，口大底小，四壁向内斜收成斜坡状。沟口距地表深0.3～0.5米，长14.2米，宽2.8～3米；沟底长12米，宽2.5～2.8米；深0.5米。沟内填土松软，土色灰褐色，内含有细沙石、碎石子等，属一次性填成，未见分层和包含物（图一五五）。

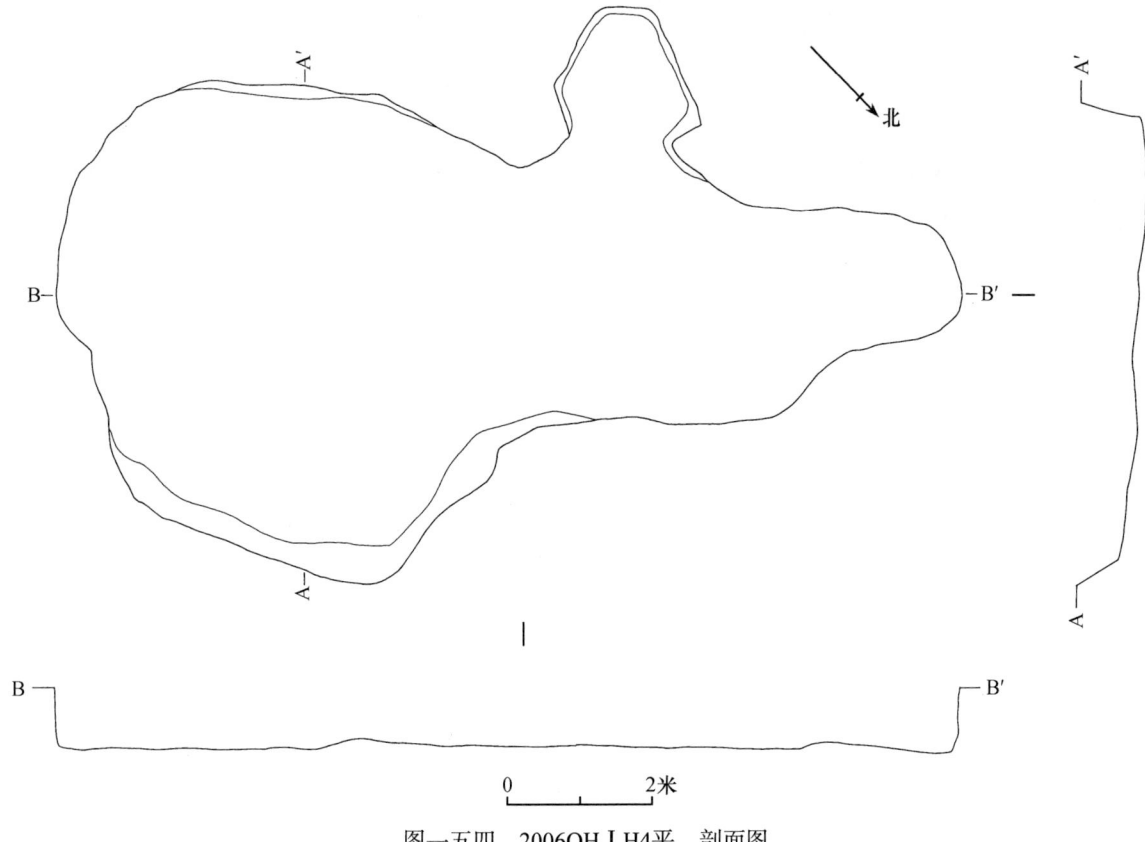

图一五四　2006QHⅠH4平、剖面图

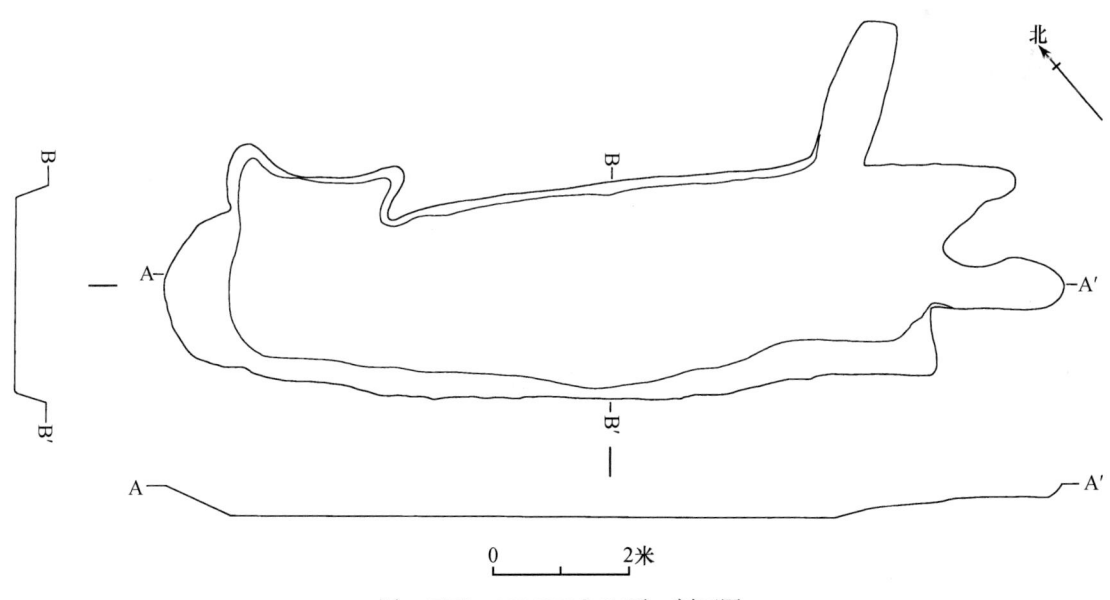

图一五五　2006QHⅠG1平、剖面图

（二）2006QHⅠG2

跨2006QHⅠT3115、2006QHⅠT3214、2006QHⅠT3313等探方。不规则弯曲带状沟。沟口距地表深0.35米，长50米，宽2~8.5米，深0.5米。沟内填土略硬，呈灰褐色，包含有较多的料姜石块、砾石、河卵石及零星陶片（图一五六；图版七八，2）。

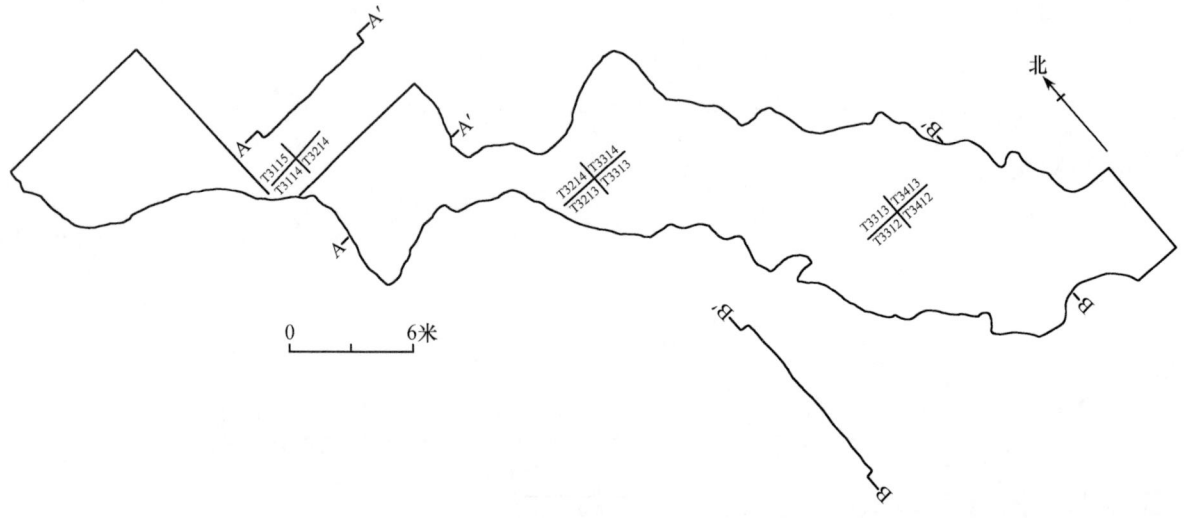

图一五六　2006QHⅠG2平、剖面图

第三节　结　语

1. 墓葬类型和规模

本次发现的墓葬共22座，形制有竖穴土坑墓、竖穴土坑砖室墓、土洞墓。从墓葬规模上看，可分为中型墓和小型墓。其中2006QHⅠM1~2006QHⅠM6、2006QHⅠM11、2006QHⅠM12等属小型墓，2006QHⅠM15~2006QHⅠM19、2006QHⅠM21规模稍大，结构较复杂些，属中型墓。

2. 墓葬年代

这批墓葬的形制与出土器物都与邻近的新乡地区发现的战国以及西汉早、中晚期墓葬相近，具有明显的战国、西汉特征，其中2006QHⅠM8东西两侧带有生土二层台，出土的陶罐带有钵形盖，与河南新乡市老道井墓地战国墓近似[①]，具有战国晚期的特征。再者，

---

① 郑州大学历史学院考古系、河南省文物管理局南水北调文物保护办公室：《河南新乡市老道井墓地战国墓发掘简报》，《华夏考古》2008年第4期。

2006QHⅠM16、2006QHⅠM17、2006QHⅠM18、2006QHⅠM21这些中型墓大部分都有墓道。有些墓葬的墓道与墓室基本等宽，也有一些墓室稍宽于墓道。这种形制的墓葬西汉早中期比较流行，特别是2006QHⅠM17、2006QHⅠM18的墓室用空心砖砌筑，空心砖规格较大，构筑考究。墓室做好之后放置棺木和随葬品，最后用空心砖封顶，空心砖模印有几何形图案。该墓形仅发现于西汉中期以前[①]。2006QHⅠM6、2006QHⅠM9、2006QHⅠM10、2006QHⅠM14、2006QHⅠM20的形制、出土器物都与新乡地区西汉墓相似。黄庄墓地Ⅰ区出土随葬品陶器数量最多，其中近一半为彩绘陶器，其与新乡地区凤凰山西汉墓相近。特别是鼎、盒、钫、小壶、马俑头、人俑头等器物，90%为彩绘陶器。陶鼎、陶盒、陶钫、陶壶的器物组合也多见于河南新乡市火电厂墓地[②]。尤其是陶钫这类器物出现于西汉初年[③]，应是仿战国时的铜钫而制。陶钫上的纹饰在西汉早期多见，后期基本不见。

3. 墓主人身份

从2006QHⅠM15、2006QHⅠM17、2006QHⅠM18、2006QHⅠM19、2006QHⅠM21几座中型墓来看，出土器物大都是仿铜陶礼器，这些仿铜陶礼器，是墓主人贵族身份的标志，但没有随葬铜礼器、玉器之类，说明墓主人可能没有贵族的身份和雄厚的经济实力，只是在形式上依礼而葬。根据我国古代"礼不下庶人"的原则，这些墓的主人很可能是一些没落贵族，或者是一些上等平民。其他一些小型墓葬，随葬品极少，推测其墓主可能是普通平民。

4. 墓地发现意义

鹤壁地区历年来发现的汉代墓葬，多数在东汉时期，出土器物大多是泥质灰陶。本次发掘的汉代墓葬，大多数在西汉时期，并且出土了彩绘陶器，这对于更加全面地认识鹤壁地区汉代墓葬的葬制、葬俗等都具有一定的意义，尤其是陶器上精美绚丽的纹饰，更是我们研究汉代绘画和工艺美术的珍贵资料。

---

① 新乡市文物工作队、河南省文物管理局南水北调文物保护办公室：《新乡凤凰山战国两汉墓地研究》，《中原文物》2007年第6期。
② 新乡市文物考古研究所：《2003年河南新乡市火电厂墓地发掘简报》，《华夏考古》2008年第2期。
③ 张春媚：《新乡汉代彩绘陶器纹饰赏析》，《中原文物》2004年第6期。

后　　记

　　西杨庄墓地、黄庄墓地Ⅰ区是南水北调中线工程鹤壁段内涉及田野考古发掘项目的一部分。领队由河南省文物考古研究院赵新平、韩朝会担任。发掘工作得到了河南省文物管理局南水北调文物保护办公室、鹤壁市文化局领导的不断关注。鹤壁市文物工作队领导的高度重视，也是发掘工作顺利完成的根本保障，分管副队长牛合兵更是对此工作付出了大量的心血。

　　工地领队分别由鹤壁市文物工作队张长安、赵晓瑞承担。参加发掘的人员有鹤壁市文物工作队程霞、贡艳忠、贡万杰、孙文超等，郑州大学杨洋、王子孟，武汉大学向其芳、陈巍、左志强、王昊、张大可、柳青、徐娜、刘佳妮、龚一闻。

　　本书是上述两个墓地发掘成果的汇集，本书的编写工作由张长安、赵晓瑞共同完成，张长安对本书进行了统揽、校对和细部结构的调整。图纸描绘工作由河南省文物考古研究院杨磊、马泰颖承担完成；中国人民大学历史文化学院考古系张林虎对西杨庄墓地出土人骨的性别、年龄进行了鉴定；田野摄影由张长安、孙文超完成；室内器物摄影由张长安、程霞完成；器物纹饰及铜钱拓片由张长安制作。

　　科学出版社的张亚娜、柴丽丽女士对本书的编辑出版提出了珍贵的意见和建议。

　　本书付梓之际，真诚地向为本书的编辑出版给予帮助的单位和个人致以诚挚的谢意！由于作者学识浅疏，书中差误和不足之处在所难免，敬请考古界的前辈、同仁以及读者指正。

图版一

1. 地貌

2. 遗迹（局部）

西杨庄墓地

图版二

1. 2006QXⅠM2墓室全景

2. 2006QXⅠM3前室及前甬道

西杨庄墓地M2、M3

1. 2006QXⅠM4全景

2. 2006QXⅠM6墓室

西杨庄墓地M4、M6

图版四

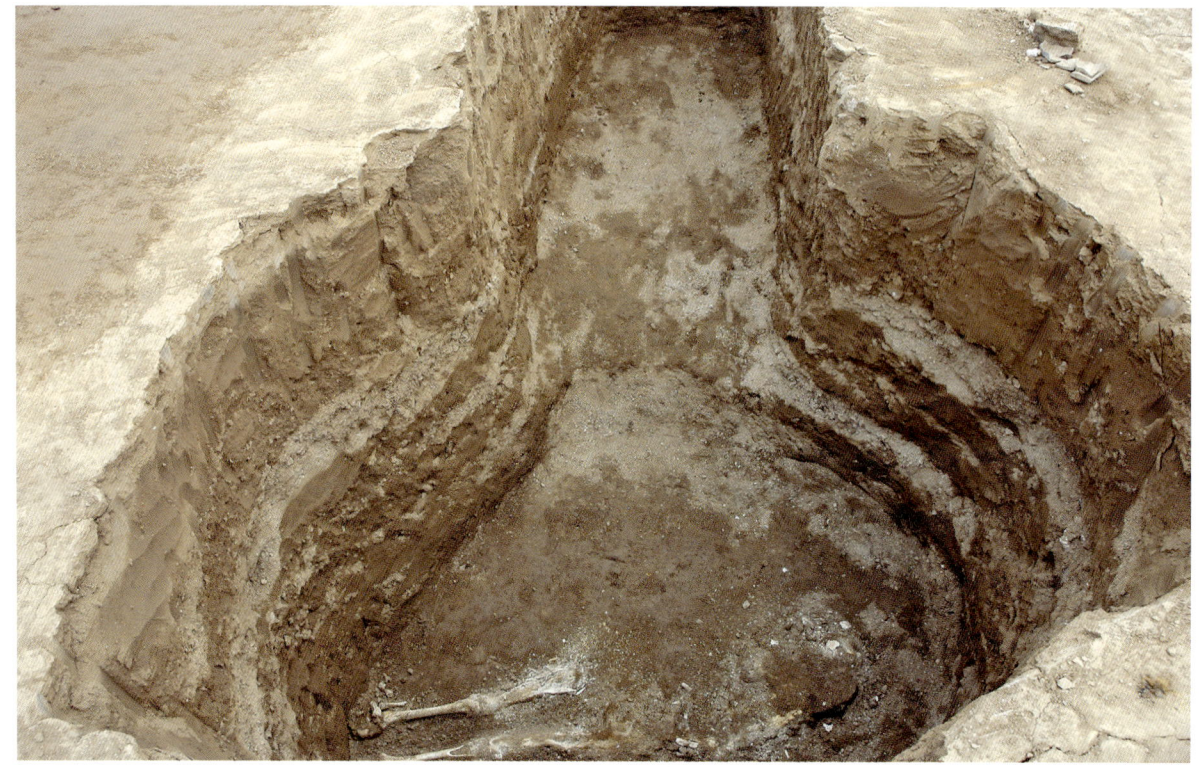

1. 2006QXⅠM5全景

2. 2006QXⅠM5随葬器物

西杨庄墓地M5

图版五

1. 2006QXⅠM8全景

2. 2006QXⅠM7墓室

西杨庄墓地M7、M8

图版六

1. 2006QXⅠM9墓室全景

2. 2006QXⅠM10全景

西杨庄墓地M9、M10

图版七

1. 2006QXⅠM12墓室全景

2. 2006QXⅠM12前室

西杨庄墓地M12

图版八

1. 2006QXⅠM14全景

2. 2006QXⅠM14后室

西杨庄墓地M14

图版九

1. 2006QXⅠM11（上）、2006QXⅠM13（下）全景

2. 2006QXⅠM15墓道

西杨庄墓地M11、M13、M15

图版一〇

1. 2006QXⅠM15墓道内脚窝

2. 2006QXⅠM15出土器物

西杨庄墓地M15

图版一一

1. 2006QXⅠM17砖椁及耳室

2. 2006QXⅠM17出土器物

西杨庄墓地M17

图版一二

1. 2006QXⅠM18全景

2. 2006QXⅠM20全景

西杨庄墓地M18、M20

1. 2006QXⅠM21全景

2. 2006QXⅠM22全景

西杨庄墓地M21、M22

图版一四

1. 2006QXⅠM23全景

2. 2006QXⅠM24全景

西杨庄墓地M23、M24

图版一五

1. 2006QXⅠM25全景

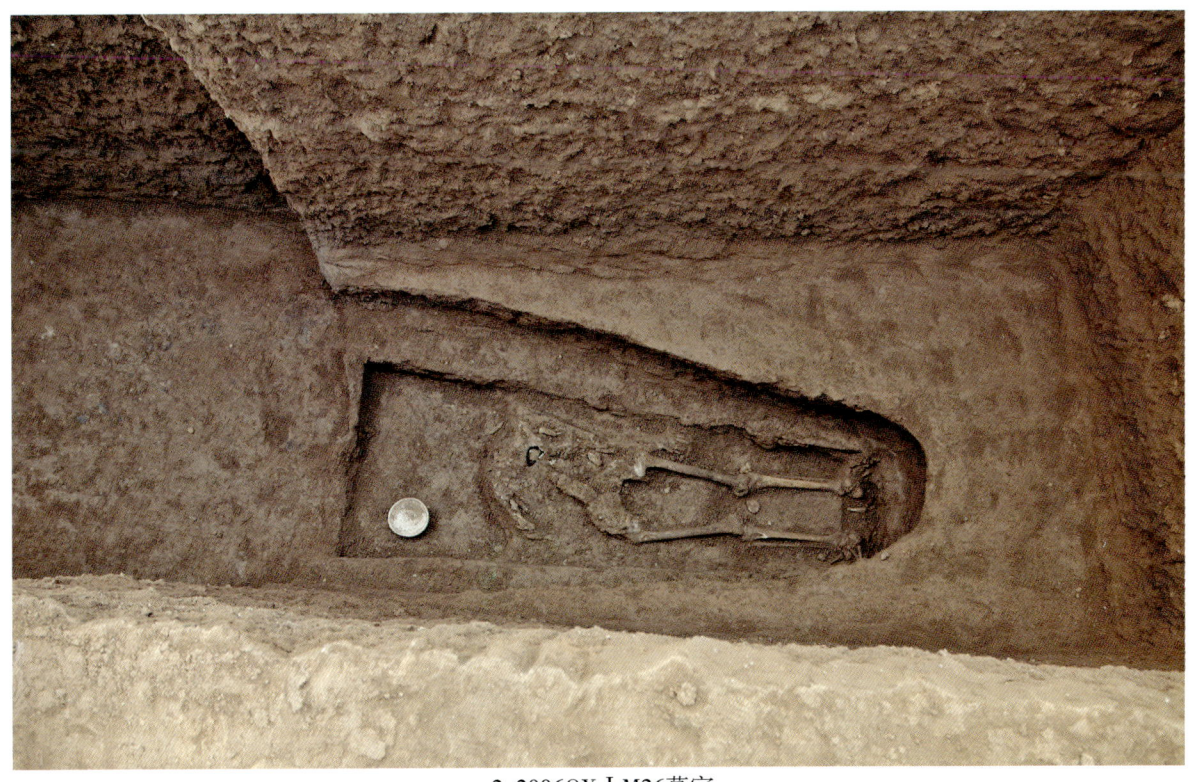

2. 2006QXⅠM26墓室

西杨庄墓地M25、M26

图版一六

1. 2006QXⅠM26墓道

2. 2006QXⅠM26封门石

西杨庄墓地M26

图版一七

1. 2006QXⅠM27墓门

2. 2006QXⅠM27墓室

西杨庄墓地M27

图版一八

1. 2006QXⅠM30全景

2. 2006QXⅠM30出土器物

西杨庄墓地M30

图版一九

1. 2006QXⅠJ1井口

2. 2006QXⅠH7全景

西杨庄墓地J1、H7

1. 2006QXⅠH12

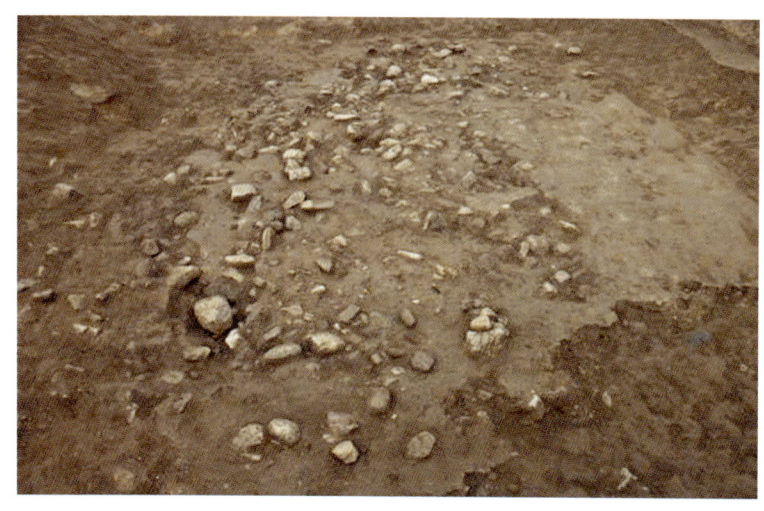

2. 2006QXⅠ积石坑

西杨庄墓地H12、积石坑

图版二一

1. 2006QXⅠG1全景

2. 2006QXⅠG2全景

西杨庄墓地G1、G2

图版二二

1. 2006QXⅠG3全景

2. 2006QXⅠG4全景

西杨庄墓地G3、G4

图版二三

1. 2006QXⅠG5局部

2. 2006QXⅠG6全景

西杨庄墓地G5、G6

图版二四

1. 陶耳杯（2006QXⅠM1:1）

2. 陶耳杯（2006QXⅠM3:10）

3. 陶耳杯（2006QXⅠM3:12）

4. 陶狗（2006QXⅠM3:4）

5. 陶房形器（2006QXⅠM3:9）

6. 石碓（2006QXⅠM3:3）

西杨庄墓地M1、M3出土器物

图版二五

1. 陶仓（2006QXⅠM3:1）

2. 陶盒（2006QXⅠM3:8）

3. 陶盒（2006QXⅠM3:6）

4. 陶盘（2006QXⅠM3:7）

5. 陶碗（2006QXⅠM3:11）

6. 陶甑（2006QXⅠM3:18）

西杨庄墓地M3出土陶器

图版二六

1. 陶釜（2006QXⅠM3:5）

2. 陶井（2006QXⅠM3:14）

3. 陶案（2006QXⅠM3:15）

4. 陶勺（2006QXⅠM3:13）

5. 铁犁铧（2006QXⅠM3:19）

6. 陶勺（2006QXⅠM4:21）

西杨庄墓地M3、M4出土器物

图版二七

1. 2006QXⅠM4:9

2. 2006QXⅠM4:10

3. 2006QXⅠM4:11

4. 2006QXⅠM4:12

5. 2006QXⅠM4:13

6. 2006QXⅠM4:14

西杨庄墓地M4出土陶耳杯

图版二八

1. 陶耳杯（2006QXⅠM4：15）

2. 铁锸（2006QXⅠM4：26）

3. 陶瓮（2006QXⅠM4：24）

4. 陶井（2006QXⅠM4：25）

5. 陶案（2006QXⅠM4：27）

西杨庄墓地M4出土器物

图版二九

1. 陶魁（2006QXⅠM4：19）

2. 陶魁（2006QXⅠM4：17）

3. 陶魁（2006QXⅠM4：18）

4. 陶盘（2006QXⅠM4：4）

5. 陶盘（2006QXⅠM4：23）

6. 陶甑（2006QXⅠM4：5）

西杨庄墓地M4出土陶器

图版三〇

1. 陶盒（2006QXⅠM4∶8）

2. 陶盒（2006QXⅠM4∶7）

3. 陶奁（2006QXⅠM4∶22）

4. 陶圈厕（2006QXⅠM4∶3）

5. 陶灶（2006QXⅠM4∶1）

6. 陶釜（2006QXⅠM4∶1-2）

西杨庄墓地M4出土陶器

图版三一

1. 陶罐（2006QXⅠM8：1）

2. 陶罐（2006QXⅠM8：2）

3. 陶罐（2006QXⅠM6：1）

4. 陶壶（2006QXⅠM6：2）

5. 陶罐（2006QXⅠM6：3）

6. 陶罐（2006QXⅠM9：1）

西杨庄墓地M6、M8、M9出土陶器

图版三二

1. 陶罐（2006QXⅠM9:2）

2. 陶罐（2006QXⅠM9:3）

3. 陶钵（2006QXⅠM10:7）

4. 陶罐（2006QXⅠM10:1）

5. 陶罐（2006QXⅠM10:9）

6. 陶罐（2006QXⅠM10:5）

西杨庄墓地M9、M10出土陶器

图版三三

1. 陶盒（2006QXⅠM10∶2）

2. 陶盒（2006QXⅠM10∶8）

3. 陶鼎（2006QXⅠM10∶4）

4. 陶鼎（2006QXⅠM10∶3）

5. 陶壶（2006QXⅠM10∶11）

6. 陶壶（2006QXⅠM10∶10）

西杨庄墓地M10出土陶器

图版三四

1. 陶钫（2006QXⅠM10∶13）

2. 陶钫（2006QXⅠM10∶12）

3. 陶釜（2006QXⅠM10∶6）

4. 陶罐（2006QXⅠM11∶1）

5. 陶罐（2006QXⅠM11∶2）

6. 陶罐（2006QXⅠM11∶3）

西杨庄墓地M10、M11出土陶器

图版三五

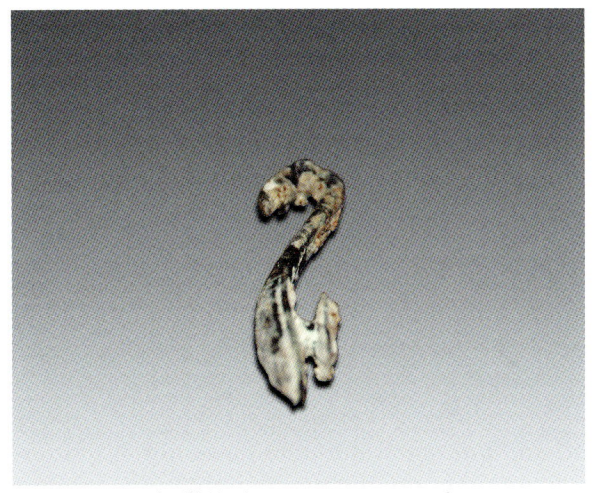

1. 铜带钩（2006QXⅠM11:4）

2. 陶罐（2006QXⅠM13:1）

3. 陶罐（2006QXⅠM13:4）

4. 陶罐（2006QXⅠM13:3）

5. 陶罐（2006QXⅠM13:2）

6. 陶钵（2006QXⅠM13:5）

西杨庄墓地M11、M13出土器物

图版三六

1. 陶罐（2006QXⅠM12∶3）

2. 陶罐（2006QXⅠM12∶2）

3. 陶魁（2006QXⅠM12∶5）

4. 陶魁（2006QXⅠM12∶4）

5. 陶圈厕（2006QXⅠM12∶1）

6. 陶房屋构件（2006QXⅠM12∶21）

西杨庄墓地M12出土陶器

图版三七

1. 陶灶（2006QXⅠM12：6-1）

2. 陶釜（2006QXⅠM12：6-4）

3. 陶甑（2006QXⅠM12：6-3）

4. 陶盆（2006QXⅠM12：6-2）

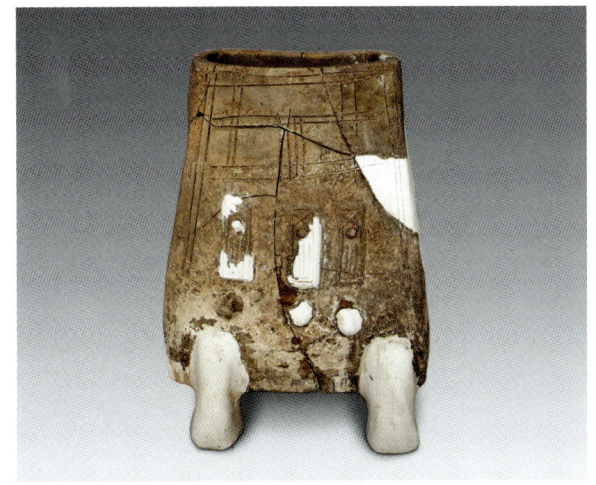

5. 陶仓（2006QXⅠM12：8）

6. 陶井（2006QXⅠM12：7）

西杨庄墓地M12出土陶器

图版三八

1. 2006QXⅠM12:10
2. 2006QXⅠM12:11
3. 2006QXⅠM12:12
4. 2006QXⅠM12:13
5. 2006QXⅠM12:14
6. 2006QXⅠM12:18

西杨庄墓地M12出土陶耳杯

1. 陶耳杯（2006QXⅠM12∶19）

2. 陶耳杯（2006QXⅠM12∶9）

3. 陶耳杯（2006QXⅠM12∶20）

4. 陶案（2006QXⅠM12∶15）

5. 陶盘（2006QXⅠM12∶17）

6. 陶奁（2006QXⅠM12∶16）

西杨庄墓地M12出土陶器

图版四〇

1. 2006QXⅠM14:17

2. 2006QXⅠM14:18

3. 2006QXⅠM14:3

4. 2006QXⅠM14:4

5. 2006QXⅠM14:5

6. 2006QXⅠM14:16

西杨庄墓地M14出土陶耳杯

图版四一

1. 石碓（2006QXⅠM14:1）

2. 陶案（2006QXⅠM14:2）

3. 陶勺（2006QXⅠM14:6）

4. 陶勺（2006QXⅠM14:8）

5. 陶奁（2006QXⅠM14:7）

6. 陶盒盖（2006QXⅠM14:9）

西杨庄墓地M14出土器物

图版四二

1. 陶灶（2006QXⅠM14：10）

2. 陶环形器（2006QXⅠM14：11）

3. 陶盘（2006QXⅠM14：19）

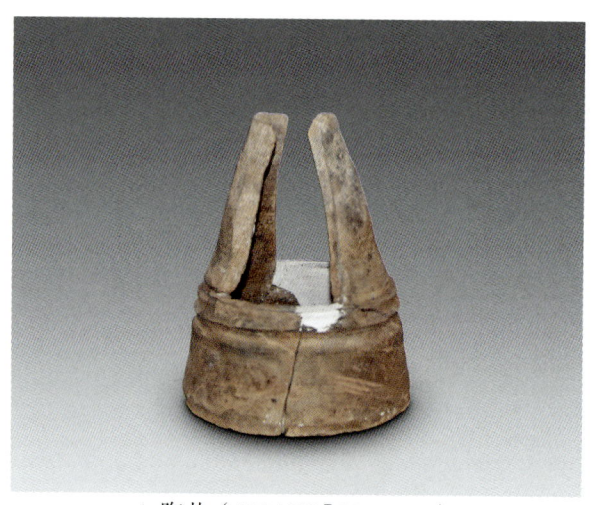
4. 陶井（2006QXⅠM14：20）

5. 陶罐（2006QXⅠM14：12）

6. 陶罐（2006QXⅠM14：13）

西杨庄墓地M14出土陶器

图版四三

1. 2006QXⅠM14:14

2. 2006QXⅠM14:15

3. 2006QXⅠM14:15

4. 2006QXⅠM15:1

5. 2006QXⅠM15:2

6. 2006QXⅠM15:3

西杨庄墓地M14、M15出土陶罐

图版四四

1. 陶壶（2006QXⅠM15:4）

2. 陶壶（2006QXⅠM15:5）

3. 陶瓶（2006QXⅠM15:8）

4. 陶瓶（2006QXⅠM15:9）

5. 陶盒（2006QXⅠM15:6）

6. 陶盒（2006QXⅠM15:7）

西杨庄墓地M15出土陶器

图版四五

1. 陶鼎（2006QXⅠM15:10）

2. 陶鼎（2006QXⅠM15:11）

3. 陶钵（2006QXⅠM15:12）

4. 陶罐（2006QXⅠM16:1）

5. 陶罐（2006QXⅠM16:2）

6. 陶罐（2006QXⅠM16:3）

西杨庄墓地M15、M16出土陶器

图版四六

1. 陶钵（2006QXⅠM16∶4）

2. 铜带钩（2006QXⅠM16∶5）

3. 陶罐（2006QXⅠM17∶1）

4. 陶罐（2006QXⅠM17∶2）

5. 陶罐（2006QXⅠM17∶13）

6. 陶钵（2006QXⅠM17∶3）

西杨庄墓地M16、M17出土器物

图版四七

1. 陶壶（2006QXⅠM17：4）

2. 陶壶（2006QXⅠM17：5）

3. 陶壶盖（2006QXⅠM17：7-1）

4. 陶壶（2006QXⅠM17：7）

5. 陶盘（2006QXⅠM17：6）

6. 陶壶（2006QXⅠM17：8-2）

西杨庄墓地M17出土陶器

图版四八

1. 陶盒（2006QXⅠM17∶9）

2. 陶盒（2006QXⅠM17∶10）

3. 陶鼎（2006QXⅠM17∶11）

4. 陶鼎（2006QXⅠM17∶12）

5. 陶罐（2006QXⅠM18∶1）

6. 陶罐（2006QXⅠM18∶3）

西杨庄墓地M17、M18出土陶器

图版四九

1. 陶罐（2006QXⅠM18∶6）

2. 陶罐（2006QXⅠM18∶5）

3. 陶壶（2006QXⅠM18∶4）

4. 陶钵（2006QXⅠM18∶2）

5. 陶罐（2006QXⅠM22∶1）

6. 陶罐（2006QXⅠM22∶3）

西杨庄墓地M18、M22出土陶器

图版五〇

1. 陶罐（2006QXⅠM22：5）

2. 陶罐（2006QXⅠM22：7）

3. 陶人俑头（2006QXⅠM22：4）

4. 陶人俑头（2006QXⅠM22：4）

5. 陶马俑头（2006QXⅠM22：6）

6. 陶马俑头（2006QXⅠM22：6）

西杨庄墓地M22出土陶器

1. 陶钵（2006QXⅠM22:2）

2. 铜带钩（2006QXⅠM22:8）

3. 陶罐（2006QXⅠM23:1）

4. 陶罐（2006QXⅠM23:2）

5. 陶罐（2006QXⅠM23:3）

6. 铜镜（2006QXⅠM23:4）

西杨庄墓地M22、M23出土器物

图版五二

1. 陶罐（2006QXⅠM24：1）

2. 陶罐（2006QXⅠM24：4）

3. 陶罐（2006QXⅠM24：3）

4. 陶钵（2006QXⅠM24：2）

5. 陶罐（2006QXⅠM27：2）

6. 陶罐（2006QXⅠM27：21）

西杨庄墓地M24、M27出土陶器

图版五三

1. 2006QXⅠM27:3

2. 2006QXⅠM27:26

3. 2006QXⅠM27:24

4. 2006QXⅠM27:27

5. 2006QXⅠM27:28

6. 2006QXⅠM27:29

西杨庄墓地M27出土陶罐

图版五四

1. 陶瓮（2006QXⅠM27：1）

2. 陶勺（2006QXⅠM27：6）

3. 陶鐎斗（2006QXⅠM27：7）

4. 陶鐎斗（2006QXⅠM27：8）

5. 陶盘（2006QXⅠM27：4）

6. 陶盘（2006QXⅠM27：5）

西杨庄墓地M27出土陶器

图版五五

1. 陶案（2006QXⅠM27∶18）

2. 陶奁（2006QXⅠM27∶19）

3. 陶耳杯（2006QXⅠM27∶9）

4. 陶耳杯（2006QXⅠM27∶11）

5. 陶耳杯（2006QXⅠM27∶10）

6. 陶耳杯（2006QXⅠM27∶13）

西杨庄墓地M27出土陶器

图版五六

1. 陶耳杯（2006QXⅠM27：12）

2. 陶耳杯（2006QXⅠM27：15）

3. 陶耳杯（2006QXⅠM27：14）

4. 陶耳杯（2006QXⅠM27：17）

5. 陶耳杯（2006QXⅠM27：16）

6. 陶猪（2006QXⅠM27：20）

西杨庄墓地M27出土陶器

图版五七

1. 陶灶（2006QXⅠM27:23）

2. 陶甑（2006QXⅠM27:23-2）

3. 陶猪圈（2006QXⅠM27:25、2006QXⅠM27:20）

4. 陶井（2006QXⅠM27:22）

5. 铁削刀（2006QXⅠM27:33）

6. 铅镜（2006QXⅠM27:30）

西杨庄墓地M27出土器物

图版五八

1. 铁棺钉（2006QXⅠM27：34）

2. 铜铃（2006QXⅠM27：32）

3. 陶罐（2006QXⅠM30：1）

4. 陶罐（2006QXⅠM30：2）

5. 陶罐（2006QXⅠM30：3）

6. 陶钵（2006QXⅠM30：4）

西杨庄墓地M27、M30出土器物

图版五九

1. 陶罐（2006QXⅠH4:1）

2. 筒瓦（2006QXⅠH7:1）

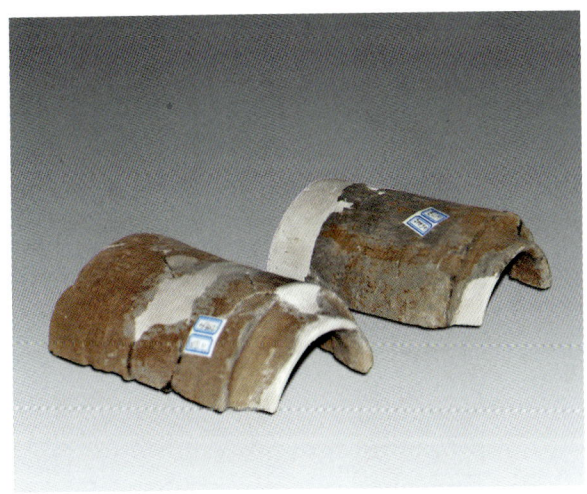

3. 筒瓦（2006QXⅠH7:2、2006QXⅠH7:3）

4. 陶甑（2006QXⅠH7:4）

5. 瓷盏（2006QXⅠM5:1）

6. 陶罐（2006QXⅠM5:2）

西杨庄墓地H4、H7、M5出土器物

图版六〇

1. 瓷瓜棱罐（2006QXⅠM7:1）

2. 瓷碗（2006QXⅠM20:1）

3. 瓷碗（2006QXⅠM26:1）

4. 瓷灯（2006QXⅠH1:19）

5. 陶盆（2006QXⅠH1:1）

6. 陶盆（2006QXⅠH1:2）

西杨庄墓地M7、M20、M26、H1出土器物

图版六一

1. 陶盆（2006QXⅠH1∶3）

2. 陶盆（2006QXⅠH1∶4）

3. 陶器座（2006QXⅠH1∶5）

4. 陶盆（2006QXⅠH1∶6）

5. 陶盆（2006QXⅠH1∶7）

6. 陶盆（2006QXⅠH1∶8）

西杨庄墓地H1出土陶器

图版六二

1. 瓷碗（2006QXⅠH1:13）

2. 瓷盂（2006QXⅠH1:14）

3. 瓷碗（2006QXⅠH1:15）

4. 瓷碗（2006QXⅠH1:16）

5. 瓷碗（2006QXⅠH1:17）

6. 瓷碗（2006QXⅠH1:18）

西杨庄墓地H1出土瓷器

图版六三

1. 发掘前工地周边地貌

2. 发掘工地现场（局部）

黄庄墓地Ⅰ区

图版六四

1. 2006QHⅠM3全景

2. 2006QHⅠM3全景

黄庄墓地Ⅰ区M3

1. 2006QHⅠM4全景

2. 2006QHⅠM4全景

黄庄墓地Ⅰ区M4

图版六六

1. 2006QHⅠM6全景

2. 2006QHⅠM6墓室

黄庄墓地Ⅰ区M6

1. 2006QHⅠM7全景

2. 2006QHⅠM7墓室

黄庄墓地Ⅰ区M7

图版六八

1. 2006QHⅠM8墓室

2. 2006QHⅠM8出土器物

黄庄墓地Ⅰ区M8

图版六九

1. 2006QHⅠM9全景

2. 2006QHⅠM9墓室

黄庄墓地Ⅰ区M9

图版七〇

1. 2006QHⅠM10墓室

2. 2006QHⅠM10墓道

黄庄墓地Ⅰ区M10

图版七一

1. 2006QHⅠM15墓室

2. 2006QHⅠM15出土器物

黄庄墓地Ⅰ区M15

图版七二

1. 2006QHⅠM17全景

2. 2006QHⅠM17墓室

黄庄墓地Ⅰ区M17

1. 2006QHⅠM18全景

2. 2006QHⅠM18墓室

黄庄墓地Ⅰ区M18

图版七四

1. 2006QHⅠM19墓室

2. 2006QHⅠM19出土器物

黄庄墓地Ⅰ区M19

1. 2006QHⅠM20全景

2. 2006QHⅠM20墓室

黄庄墓地Ⅰ区M20

图版七六

1. 2006QHⅠM21墓室

2. 2006QHⅠM21墓道

黄庄墓地Ⅰ区M21

图版七七

1. 2006QHⅠH1全景

2. 2006QHⅠH2全景

黄庄墓地Ⅰ区H1、H2

图版七八

1. 2006QHⅠH4全景

2. 2006QHⅠG2全景

黄庄墓地Ⅰ区H4、G2

图版七九

1. 陶钵（2006QHⅠM8：1）

2. 陶罐（2006QHⅠM8：3）

3. 陶罐（2006QHⅠM8：2）

4. 带盖陶罐（2006QHⅠM8：4）

5. 陶罐（2006QHⅠM9：1）

6. 陶罐（2006QHⅠM9：2）

黄庄墓地Ⅰ区M8、M9出土陶器

图版八〇

1. 陶鼎（2006QHⅠM10：1）

2. 陶鼎（2006QHⅠM10：2）

3. 陶盒盖（2006QHⅠM10：7）

4. 陶盒身（2006QHⅠM10：6）

5. 陶盒（2006QHⅠM10：5）

6. 陶钵（2006QHⅠM10：8）

黄庄墓地Ⅰ区M10出土陶器

图版八一

1. 2006QHⅠM10:3

2. 2006QHⅠM10:3

3. 2006QHⅠM10:4

4. 2006QHⅠM10:4

黄庄墓地Ⅰ区M10出土陶钫

图版八二

1. 2006QHⅠM15:1

2. 2006QHⅠM15:1

3. 2006QHⅠM15:2

4. 2006QHⅠM15:2

黄庄墓地Ⅰ区M15出土陶钫

图版八三

1. 陶盒（2006QHⅠM15:3）

2. 陶鼎（2006QHⅠM15:4）

3. 陶鼎（2006QHⅠM15:5）

4. 陶鼎（2006QHⅠM17:9）

5. 陶罐（2006QHⅠM17:1）

6. 陶罐（2006QHⅠM17:5）

黄庄墓地Ⅰ区M15、M17出土陶器

图版八四

1. 陶盒盖（2006QHⅠM17∶3）

2. 陶盒身（2006QHⅠM17∶2）

3. 陶甑（2006QHⅠM17∶10）

4. 陶炉（2006QHⅠM17∶11）

5. 陶盒（2006QHⅠM17∶12）

6. 陶钵（2006QHⅠM17∶14）

黄庄墓地Ⅰ区M17出土陶器

图版八五

1. 2006QHⅠM17:6

2. 2006QHⅠM17:7、2006QHⅠM17:6

3. 2006QHⅠM17:8

4. 2006QHⅠM17:13、2006QHⅠM17:8

黄庄墓地Ⅰ区M17出土陶壶

图版八六

1. 陶钵（2006QHⅠM18：1）

2. 陶罐（2006QHⅠM18：12）

3. 陶罐（2006QHⅠM18：5）

4. 陶罐（2006QHⅠM18：8）

5. 陶盒（2006QHⅠM18：7）

6. 陶盒（2006QHⅠM18：2）

黄庄墓地Ⅰ区M18出土陶器

图版八七

1. 2006QHⅠM18:4

2. 2006QHⅠM18:9

3. 2006QHⅠM19:3

4. 2006QHⅠM19:4

黄庄墓地Ⅰ区M18、M19出土陶钫

图版八八

1. 陶鼎（2006QHⅠM18∶10）

2. 陶鼎（2006QHⅠM18∶11）

3. 铁釜（2006QHⅠM18∶3）

4. 铁铲（2006QHⅠM18∶14）

5. 陶人俑头（2006QHⅠM18∶13）

6. 陶罐（2006QHⅠM19∶5）

黄庄墓地Ⅰ区M18、M19出土器物

图版八九

1. 小陶壶（2006QHⅠM19∶2）

2. 小陶壶（2006QHⅠM19∶1）

3. 陶罐（2006QHⅠM19∶6）

4. 陶罐（2006QHⅠM19∶7）

5. 陶盒（2006QHⅠM19∶8）

6. 陶盒（2006QHⅠM19∶9）

黄庄墓地Ⅰ区M19出土陶器

图版九〇

1. 陶鼎（2006QHⅠM19：10）

2. 陶鼎（2006QHⅠM19：11）

3. 陶钵（2006QHⅠM19：12）

4. 陶马俑头（2006QHⅠM19：15）

5. 陶人俑头（2006QHⅠM19：14）

6. 陶人俑头（2006QHⅠM19：13）

黄庄墓地Ⅰ区M19出土陶器

图版九一

1. 陶罐（2006QHⅠM20：2）

2. 小陶壶（2006QHⅠM21：5）

3. 陶鼎（2006QHⅠM21：1）

4. 陶鼎（2006QHⅠM21：2）

5. 陶盒（2006QHⅠM21：3）

6. 陶盒（2006QHⅠM21：4）

黄庄墓地Ⅰ区M20、M21出土陶器

图版九二

1. 2006QHⅠM21：8

2. 2006QHⅠM21：8

3. 2006QHⅠM21：9

4. 2006QHⅠM21：9

黄庄墓地Ⅰ区M21出土陶钫